高等职业教育电子商务专业系列教材

商 贸 实 务

主 编 汪志祥

参 编 贲志红 孙增兵 陈晓冬 景宝华

机 械 工 业 出 版 社

本书在内容上体现了课程综合化的现代课程改革理念，采用职业岗位项目化的编写体例，反映了当前职业教育改革的方向。本书融现代市场营销理论与企业商贸实务于一体，以营销员、电子商务师、调查员、营业员等职业岗位能力培养为目标，设计了感知市场、市场调查、企业登记、商务谈判、商品采购、商品销售、商品推销和商务礼仪共 8 个项目。

本书可以作为高职高专和五年制高职商贸类、财经类专业的教材，还可以作为商贸财经类社会培训的参考用书。

本书提供了教师专用的电子课件，选择本书作为教材的教师可以从机械工业出版社网站 www.cmpedu.com 下载或联系编辑（010-88379197）咨询。

图书在版编目（CIP）数据

商贸实务/汪志祥主编．—北京：机械工业出版社，2013.8（2025.10 重印）
高等职业教育电子商务专业系列教材
ISBN 978-7-111-43003-2

Ⅰ．①商… Ⅱ．①汪… Ⅲ．①商业经营—高等职业教育—教材 Ⅳ．①F715

中国版本图书馆 CIP 数据核字（2013）第 158434 号

机械工业出版社（北京市百万庄大街 22 号　邮政编码 100037）
策划编辑：李绍坤　梁　伟　　责任编辑：李绍坤
责任校对：王晓峥　　　　　　封面设计：鞠　杨
责任印制：刘　媛

北京建宏印刷有限公司印刷

2025 年 10 月第 1 版第 8 次印刷
184mm×260mm · 15.5 印张 · 381 千字
标准书号：ISBN 978-7-111-43003-2
定价：43.00 元

电话服务　　　　　　　　　　网络服务
客服电话：010-88361066　　　机 工 官 网：www.cmpbook.com
　　　　　010-88379833　　　机 工 官 博：weibo.com/cmp1952
　　　　　010-68326294　　　金 书 网：www.golden-book.com
封底无防伪标均为盗版　　　机工教育服务网：www.cmpedu.com

前　言

　　本书融现代市场营销理论与企业商贸实务于一体，在内容上体现了课程综合化的现代课程改革理念，采用了职业岗位项目化的编写体例，反映了当前职业教育改革的方向。根据企业商务活动的实际，本书共设计了感知市场、市场调查、企业登记、商务谈判、商品采购、商品销售、商品推销和商务礼仪 8 个项目。其中，每个项目包含若干个任务，每个任务包括任务要点、任务情境、任务分析、任务实施和触类旁通等内容，重点介绍完成任务的操作步骤和技巧，以培养读者的社会认知能力、处理问题的能力、职业岗位能力等。

　　本书由汪志祥任主编，参加编写的还有贲志红、孙增兵、陈晓冬和景宝华。其中，项目 5、项目 6 和项目 7 由汪志祥编写，项目 1 和项目 2 由贲志红编写，项目 4 由孙增兵编写，项目 3 由陈晓冬编写，项目 8 由景宝华编写。

　　本书编写过程中参考了大量国内外专家学者的研究成果及相关文献，得到金鹰国际集团（溧阳）、江苏文峰集团（文峰大世界连锁股份公司）的大力支持，在此表示感谢！

　　因编者水平所限，书中难免有不妥之处，恳请读者批评指正。

编　者

目 录

前言

项目 1 感知市场 ... 1
- 任务 1 初识客观市场 ... 2
- 任务 2 建立营销概念 ... 7
- 任务 3 消费市场分析 ... 14
- 任务 4 产业市场分析 ... 21
- 任务 5 网销市场分析 ... 27
- 学习成果展示 ... 33

项目 2 市场调查 ... 35
- 任务 1 掌握调查流程 ... 36
- 任务 2 制订调查方案 ... 40
- 任务 3 实施调查活动 ... 46
- 任务 4 撰写调查报告 ... 52
- 学习成果展示 ... 56

项目 3 企业登记 ... 58
- 任务 1 企业工商登记 ... 59
- 任务 2 企业税务登记 ... 66
- 任务 3 企业税务申报 ... 75
- 任务 4 银行开户结算 ... 84
- 学习成果展示 ... 91

项目 4 商务谈判 ... 92
- 任务 1 感知商务谈判 ... 93
- 任务 2 做好谈判准备 ... 99
- 任务 3 谈判过程控制 ... 105
- 任务 4 谈判语言技巧 ... 112
- 学习成果展示 ... 120

项目 5 商品采购 ... 121
- 任务 1 确定采购策略 ... 121
- 任务 2 拟订采购计划 ... 126
- 任务 3 签订采购合同 ... 132
- 任务 4 验收入库商品 ... 140
- 学习成果展示 ... 147

项目 6 商品销售 ... 149
- 任务 1 制订销售策略 ... 150
- 任务 2 熟悉销售流程 ... 156
- 任务 3 掌握销售推广 ... 162
- 任务 4 销售系统管理 ... 167
- 学习成果展示 ... 173

项目 7 商品推销 ... 174
- 任务 1 寻找终端顾客 ... 175
- 任务 2 拓展渠道销售 ... 182
- 任务 3 维系忠诚客户 ... 188
- 任务 4 店堂推销策略 ... 194
- 任务 5 正确处理异议 ... 199
- 任务 6 把握成交时机 ... 206
- 学习成果展示 ... 212

项目 8 商务礼仪 ... 214
- 任务 1 商务形象礼仪 ... 215
- 任务 2 商务会面礼仪 ... 223
- 任务 3 商务沟通礼仪 ... 229
- 任务 4 商务活动礼仪 ... 234
- 学习成果展示 ... 241

参考文献 ... 242

项目 1

感 知 市 场

 开篇案例

无 鞋 岛

英国和美国的两家皮鞋工厂,各自派了一名推销员到太平洋中的某个岛屿开辟市场。两名推销员到达后的第二天,各对自己的工厂发回一封电报。其中一封电报的内容是:"这座岛上没有人穿鞋子,我明天搭第一班飞机回去。"另一封电报的内容是:"好极了,这座岛上没有一个人穿鞋子,我将驻在此地大力推销。"

根据开篇案例,思考并回答以下 3 个问题。
1) 你赞同哪位推销员的观点,为什么?
2) 如果让你设想出第 3 个观点,是什么?
3) 两名推销员形成不同观点的共同依据是什么?

项目描述

市场是客观存在的,只要有需求就有市场。通过本项目的学习与讨论,让学生感受到市场的存在和市场的作用,建立市场营销的概念,学会如何通过细分市场寻找市场机会,提升按照市场经济规律分析问题和解决问题的能力。

学习目标

- 知识目标:建立市场和市场营销的概念,了解消费市场、产业市场和网络市场的特点。
- 能力目标:会进行市场细分。
- 情感目标:揭开市场和市场营销的神秘面纱,增强对市场营销的兴趣,提升学习的目标与自觉性。

要点剖析

- 项目重点:建立市场和市场营销的概念,掌握市场细分的方法。
- 项目难点:学生缺少市场感性认识,思考问题难以突破校园消费市场的界限,对市场特点的认识存在局限性。

商贸实务

任务1　初识客观市场

任务要点

关　键　词：市场、市场要素、市场特性、市场分类。
理论要点：市场必须回答4个基本问题，即在哪里、为谁、提供什么商品或服务、怎么实现，开展市场机会分析。
实践要点：联系熟知各类知识，开放式讨论发言，感知市场。

任务情境

给你10万元创业基金，你做什么？

如果学校为某一个班级设立一个10万元校园服务创业基金，那么请问该选择一个怎样的校园服务项目，开展有效的创业活动。提示：校园服务项目以服务校园学生为主线；有效创业即要确保创业基金保值增值。

任务分析

通过对具体案例的讨论分析，形成对市场的正确理解，形成市场的概念，有助于引导大家的思维由抽象变为具体。学生要在老师设定的特殊情境下，联系熟知的社会知识、经济知识和生活知识展开思考，采用开放式讨论发言，与老师形成互动。

任务实施

步骤一　建立市场的概念

市场是商品经济的产物，由于商品经济发展阶段的不同，人们看市场的角度不同，因而对市场的认识也有所不同。

市场起源于古时人类对于固定时段或地点进行交易的场所的称呼，当城市成长并且繁荣起来后，住在城市邻近区域的农夫、工匠、技工们就会开始互相交易并且对城市的经济作出贡献。显而易见，最好的交易方式就是在城市中有一个集中的地方，如市场，可以让人们在此提供货物以及买卖服务，方便人们寻找货物及接洽生意。

在现代经济社会中，市场是商品交换顺利进行的条件之一，是商品流通领域一切商品交换活动的总和。市场体系是由各类专业市场，如商品服务市场、金融市场、劳务市场、技术市场、信息市场、房地产市场、文化市场和旅游市场等组成的完整体系。同时，在市场体系中的各专业市场均有其特殊的功能，它们互相依存、相互制约，共同作用于社会经济。

关于市场的概述主要有以下三种。

1)场所论。市场是商品交换的场所。
2)综合论。市场是在一定的时间、地点和条件下的商品交换关系的总和。
3)需求论。市场是所有购买者对商品或劳务具有购买力需求的总和。

这是从市场营销角度对市场的定义。更确切地说,这是站在企业市场营销的立场上对市场的理解。因为商品的需求总是通过买主体现出来的,因此可以说,市场是某一产品的所有现实买主和潜在买主所组成的群体。明确自己的市场有多大、由哪些消费者或用户构成,是企业营销战略和各项具体决策的基本出发点,对正确组织企业营销活动具有极其重要的意义。通常,企业要面向市场即面向消费需求。

那么,哪一类市场与生活联系最紧密呢?从现实生活中,可以直接感受到,商品、服务市场与人们的关系最为密切。商品、服务市场遍及人们生活的每一个角落,常见的商场、理发店、家具店、农贸市场、宾馆饭店等都属于商品、服务市场。

随着社会交往的网络虚拟化,市场不一定是真实的场所和地点,现在许多交易都是通过互联网来实现的,中国最大的电子商务网站淘宝网就是提供交易的虚拟市场。淘宝网是亚洲第一大网络零售商圈,致力于创造全球首选网络零售商圈,由阿里巴巴集团于2003年5月10日投资创办。淘宝网目前的业务跨越C2C(消费者之间)和B2C(商家对个人)两大部分。

步骤二 了解市场要素及其特性

1. 市场要素

市场要素是构成市场和市场矛盾运动的基本因素,决定着市场的现状和发展趋势。一般,市场要素主要包括4个方面。

1)**市场客体**。能够满足消费者某种需要的一定数量和质量的商品或劳务,是构成市场的物质基础,是市场营销活动的交换对象。如果没有可供交换的商品和劳务,市场也就不存在了。

2)**市场主体**。人口是构成市场和决定市场客体的最基本因素。人口数量、文化结构、地理分布、民族习惯等对市场的分布、规模、特色起决定性作用。

3)**市场媒体**。一定量的货币购买力,在交换中表现为有一定支付能力的需求。没有一定量的货币购买力,就无法实现商品价值和交换活动,市场也就无法存在。从经济学和市场分析角度看,购买力取决于消费者的收入水平。在研究消费者的收入水平及其对消费的影响时,通常是通过研究人均国民收入水平、个人收入水平、个人可以支配的收入水平和个人可以任意支配的收入水平这几个层次的指标进行的。

4)**市场意识**。市场意识包括两个方面,一是市场购买意识或购买动机,即为什么买,买什么,到何处买,买多少。市场的客体和媒体是激发消费者购买意识的主要因素。二是市场营销意识,即为什么营销,营销什么,到何处销售,销售多少,向谁推销。激发市场营销意识的主要因素是货币购买力和购买动机。一个企业要在市场竞争中求得发展,既要有良好的市场营销意识,又要有良好的购买意识。

2. 市场特性

市场存在于各种不同的社会形态中,不同社会形态下的市场具有不同的特性。我国市场是以公有制为主体的社会主义市场,其特性表现为4个方面。

1)**市场体系的统一性**。所谓统一性就是各行业、各地区打破"条块"分割、相互封锁的状态,相互开放市场,广泛开展扬长避短、互惠互利、风险共担的经济联合和协作。

2）市场运行的有序性。由于我国坚持的是以公有制为主体、多种所有制经济共同发展的基本经济制度，因此决定了我国的市场是独立自主的，由国家监控和调节的市场。国家对企业经营的调控和引导将由直接的行政措施逐步过渡到通过监控和调节市场来间接影响企业的行为。国家对市场运行控制的目的，一是维护消费者的权益不受侵犯，二是建立和完善公平竞争机制，三是促进和保护我国企业参与国际市场平等竞争。

3）市场主体的自主性。我国市场的主体是商品生产者和需求者，他们参与市场经营和市场竞争具有充分的自主性。企业所具有的自主经营的权力、自负盈亏的压力和自我发展的动力，是保证我国市场健康运行的关键。

4）市场竞争的公平性。公平性是企业在市场竞争中权利和义务一致，各种行为的准则对所有竞争者等同，市场机会均等。随着社会主义市场经济体制的建立和完善，市场公平竞争机制也将逐步建立和完善。

步骤三　了解市场的分类

市场是一个完整而复杂的体系，为了更好地研究和了解市场，必须对市场进行分类，以便从不同的角度对其加以考察，充分把握市场整体和局部的特性。

1. 常见的市场分类

按购买者的性质，可分为消费者市场和组织市场 2 类；按购销对象的性质，可分为商品市场、要素市场和服务市场 3 类；按购销活动的区域，可分为国内市场和国际市场 2 类。

2. 中国商品交易市场类别目录见表 1-1

表 1-1　中国商品交易市场类别目录（2008 年）

代码	市场类别	说　明
	一、综合市场	根据商品交易市场的经营范围、市场定位进行划分，分为综合市场和专业市场 2 类
010	综合贸易市场	生产资料综合市场、工业消费品综合市场、产品综合市场、其他综合市场
	二、专业市场	指经营某类商品为主的现货商品交易市场
020	生产资料市场	农业生产用具市场、农用生产资料市场、煤炭市场、木材市场、建材市场、化工材料及制品市场、金属材料市场、机械设备市场、其他生产资料市场
030	农产品市场	粮油市场、肉禽蛋市场、水产品市场、蔬菜市场、干鲜果品市场、棉麻土畜、烟叶市场、其他农产品市场
040	食品、饮料及烟酒市场	食品饮料市场、茶叶市场、烟酒市场、其他食品饮料及烟酒市场
050	纺织、服装、鞋帽市场	布料及纺织品市场、服装市场、鞋帽市场、其他纺织服装鞋帽市场
060	日用品及文化用品市场	小商品市场、箱包市场、玩具市场、文具市场、图书及报刊市场、音像制品及电子出版物市场、体育用品市场、其他日用品及文化用品市场
070	黄金、珠宝、玉器等首饰市场	
080	电器、通信器材、电子设备市场	家电市场，通信器材市场，照相、摄像器材市场、计算机及辅助设备市场、其他电器、通信器材及电子设备市场
090	医药、医疗用品及器材市场	中药材市场、其他医药、医疗用品及器材市场
100	家具、五金及装饰材料市场	家具市场、装饰材料市场、灯具市场、厨具及盥洗设备市场、五金材料市场、其他装修市场
110	汽车、摩托车及零配件市场	汽车市场、摩托车市场、机动车零配件市场
120	花、鸟、鱼、虫市场	花卉市场、鸟市场、观赏鱼市场、其他花鸟鱼虫市场
130	旧货市场	古玩、古董及字画市场、邮票及硬币市场、其他旧货市场
990	其他专业市场	

步骤四 了解西方经济理论对市场的理解

1. 古典经济理论的"自由放任"秩序

亚当·斯密以"个人满足私欲的活动将促进社会福利"为逻辑起点,推演出市场就是"自由放任"秩序,政府完全不能干预个人追求财富的活动,也完全不用担心这种自由放任将制造混乱,"一只看不见的手"将把自由放任的个人经济活动安排得井井有条。也就是说,亚当·斯密的市场概念重点在于强调限制政府对个人经济活动的干预上。《国富论》也用相当的篇幅去抨击干预个人经济活动,限制个人经济权力(产权)的重商主义政策。以后的古典经济学家也一直坚持自由放任的观点。

2. 新古典经济理论的"完美"价格机制

新古典经济理论在引入边际概念和数学论证的基础上,为新古典的"自由放任秩序"建立了形式上"完美"的数学模型:一般均衡。在这个模型中价格是最重要的自变量,这一模型也被称为价格机制。达到一般均衡的过程,也是社会资源在价格的指引下流动的过程,所以,价格机制调节社会资源的配置。

新古典的市场概念除了增加形式上的"完美"以外,实质上并没有对古典理论增加新的思想内涵。也就是说,在新古典"完美"的数学模型的表皮下,依然是古典的自由放任秩序,"新"只是"新"在形式上。而且这种形式上的完美是以牺牲思想深度为代价的,精美的一般均衡模型武断地抽象掉了"个人追求满足私欲的活动促进社会福利"的逻辑支撑。

3. 宏观经济学的"需政府干预"

20世纪二三十年代的经济"大萧条"迫使西方的经济理论家反思古典理论对市场的定义。最后的答案是,完全的自由放任是不行的,"看不见的手"有时并不存在,市场会失灵,政府应该对经济活动"总量"进行干预,于是宏观经济学就诞生了。罗斯福也接纳了凯恩斯的建议,实施政府干预经济的"新政"。现在已经形成了在全世界基本达成共识的政府干预经济手段:财政政策和货币政策。

4. 新制度的"产权明确是前提"

同样面对市场失灵,科斯却给出了截然相反的回答,外部性效用问题无需政府干预,可以通过明确相关产权利用市场来解决。而张五常说根本就不存在所谓的外部效用,只存在不明确的产权状态。无论如何,科斯为市场概念带来了革命性的创新。他让人们意识到,市场的关键并不在于非人格化的机械的"价格机制",而是在于经济活动参与者的权力(产权)。如果说古典经济学家阐释了"市场"是"自由放任秩序",那么科斯就回答了怎么去实现"自由放任秩序"或者"价格机制"。

 **触类旁通**

校园消费分析

1. 大学生服装消费特点

记者走访了首都师范大学、北京交通大学、北京大学和北京外国语大学共4所大学,随机对20位在校大学生进行了采访。

记者发现，几乎所有的受访大学生都表示购买最多的是休闲类的服装和鞋帽；购买服装的地点主要是街边服装小店、服装批发市场和休闲装专卖店，去大型百货商场购买服装的大学生只占少数；大学生每月总消费在800～1 000元的居多，单件服装消费的价格多在100元以下，男生每个月用于服装方面的消费大多在100元以下，而女生在200元以下。

北京交通大学的两位大四男生告诉记者，大学生在选择服装的时候，第一看中的是价格，在价格之后，最关心的是款式和色彩，而面料则不那么关心。同时，大学生由于消费能力不高，对品牌的认识也有限，大部分大学生熟悉的品牌是耐克、阿迪达斯、锐步和李宁等国内外知名运动品牌，以及美特斯邦威、佐丹奴和班尼路等青春休闲品牌。在首都师范大学内，几个艺术系的学生都表示，要是遇到自己喜欢的名牌运动鞋或运动服，还是会"咬牙"花几百元购买，这也是大学生在穿戴上比较"奢侈"的消费了。而对于价格过千元的中高档服装，大学生的反应多是"太不合算"。

对于流行和时尚的看法，大学生似乎更多的是关注潮流但并不急于追捧。在采访过程中，不少女大学生都表示喜欢看时尚类杂志和电视节目，希望对自己的穿衣戴帽作参考。但是，一般时尚杂志和电视节目推荐的商品超出了大学生的消费水平，所以大学生不会对这些推荐样品"照方抓药"。在北京大学，一个女生告诉记者，有的女生经济条件好一些，会经常购买时尚杂志，而周围的同学基本都会借阅。

另外值得关注的是，有半数受访大学生表示愿意将休闲运动服装或鞋作为礼物送给恋人和朋友。

2. 校园文化促进休闲装畅销

在北京外国语大学，几个正在打羽毛球的学生告诉记者，运动休闲装在大学校园内畅销，主要有两个原因：一个原因是运动休闲装穿着舒适随意，好清洗打理，可以适应任何活动，不像衬衣那样难"伺候"；另一个原因是大学轻松活泼的文化氛围让运动休闲装有了很好的适应性，学生穿着西服皮鞋反倒让人感到别扭。

近几年来，运动休闲的穿着风格成为时尚，这让大学校园内穿着西裤衬衣的学生越来越少，取而代之的是牛仔裤与圆领套头衫、休闲裤加夹克衫或者运动服配篮球鞋。这些服装轻松舒适，款式青春活跃，无论上课还是旅游运动都可以穿着，打理也方便，扔进洗衣机中就可以洗，晒干了就可以穿。

青春活跃的校园文化，对大学生的穿着也影响巨大，比如周杰伦的歌曲、周星驰的电影和美国的职业篮球赛，这些洋溢着活力与个性的文化体育形式，在带给人们欢乐的同时也带来了无数时尚动感元素。这些流行文化对大学生的时尚观念产生了巨大的影响，比如大学生对承载这些流行文化的明星的穿着进行模仿便是一个证明。

 分析与思考

校园消费市场机会有多大？

校园也是一个鲜活的市场，学生生活在其中，亲身感受到他的存在。请从校园生活需求入手，分析校园消费市场具有哪些机会。

任务2　建立营销概念

任务要点

关　键　词：市场营销、营销观念、营销环境分析。
理论要点：建立市场营销观念、掌握市场营销环境方法，是正确开展市场营销活动的重要指引。
实践要点：在学习思考、讨论交流中形成市场营销相关概念，在案例分析中加以应用。

任务情境

剑走偏锋，统一润滑油高端突围

"多一些润滑，少一些摩擦"。统一润滑油的成功有其历史背景的偶然性，2003年1月～6月，统一SG以上级别的润滑油销售量占企业全部产品的40%，2002年同期只有14%；SF以下级别润滑油的销售从上年同期的23%降至15%。统一润滑油2003年实现销售12亿元的目标，2004年目标锁定为20亿元。

背景：2002年，中国汽车保有量超过2100万辆，而在未来五年内，中国汽车保有量将达到5000万辆，车用润滑油品的需求量剧增。在需求量逐年上升的同时，用油档次也将实现跨越式发展。到2005年，高端用油占整辆车用油的比重已上升到48%左右。

2003年以前，统一润滑油还不为人所知，人们印象中的石化产品只有美孚、壳牌、长城、昆仑等品牌，但在2003年，经过短短几个月的市场运作，统一迅速完成了品牌提升，成为润滑油的强势品牌。

任务分析

市场营销、市场营销环境等概念以及市场营销一般规律，是人们开展市场营销活动的重要指引，学生要在老师设定的特殊情境下，联系熟知的相关知识展开思考，以学习小组为单位，采用开放式讨论发言。老师作为平等的讨论参与者，要充当好议题的发起人、聆听者和组织者。在阅读、思考和讨论中形成市场营销的概念。

任务实施

步骤一　建立市场营销的概念

市场营销（Marketing）又称为市场学、市场行销或行销学，简称"营销"，是个人或集体通过交易其创造的产品或价值，以获得所需之物，实现双赢或多赢的过程。它包含两种含义，一种是动词理解，指企业的具体活动或行为，这时称之为市场营销或市场经营；另一种是名词理解,指研究企业的市场营销活动或行为的学科,称之为市场营销学、营销学或市场学等。

关于市场营销的定义较多,目前比较权威的定义主要有以下 4 种。

1)美国市场营销协会的定义:市场营销是创造、沟通与传送价值给顾客以及经营顾客关系以便让组织与其利益关系人受益的一种组织功能与程序。

2)菲利普·科特勒(Philip Kotler)的定义:市场营销是指认识目前未满足的需要和欲望,估量和确定需求量大小,选择和决定企业能最好地为其服务的目标市场,并决定适当的产品、劳务和计划(或方案),以便为目标市场服务。

3)麦卡锡(E.J.Mccarthy)的定义:市场营销是企业经营活动的职责,它将产品及劳务从生产者直接引向消费者或使用者以便满足顾客需求及实现公司利润,同时也是一种社会经济活动过程,其目的在于满足社会或人类的需要,实现社会目标。这一定义虽然比美国市场营销协会的定义前进了一步,指出了满足顾客需求及实现企业赢利成为公司的经营目标,但是这两种定义都说明,市场营销活动是在产品生产活动结束时开始的,中间经过一系列经营销售活动,当商品转到用户手中就结束了,因而把企业营销活动仅局限于流通领域的狭窄范围,而不是视为企业整个经营销售的全过程,即包括市场营销调研、产品开发、定价、分销广告、宣传报道、销售促进、人员推销和售后服务等。

4)格隆罗斯的定义:营销是在一种利益之上,通过相互交换和承诺,建立、维持和巩固与消费者及其他参与者的关系,实现各方的目的。这一定义强调营销的目的在于协调各方面的利益。

综述:市场营销是企业以消费者需求为中心,并通过满足需求来达到企业目标而展开的整体活动。可见,市场营销既不同于通常所说的经营,又有别于通常所说的推销。通常说的经营活动主要是企业的购销活动,推销是企业为出售产品所做的工作,它重视的是卖方的需要。而市场营销则是企业决定首先生产什么产品,然后如何销售而做的工作。市场营销的核心是发现消费者的需求,并通过一系列活动满足这种需求,从中获利。

步骤二 了解市场营销的研究内容

市场营销是研究企业的整体营销过程,这一过程具体包括了 11 个方面,这 11 个方面的英文拼写都以"P"开头,简称为 11P。其中 4 个 P 具体是四大策略,策略(Strategy)的第一个英文字母为 S,通常称其为 4PS,具体如下。

产品(Product)——这是企业营销的基础性战术,包括整体产品、整体概念、产品生命周期和产品组合等问题。

价格(Price)——产品和劳务的定价具有很高的策略性和技巧性,它是产品能顺利进入市场并长期占领市场的重要杠杆。

促销(Promotion)——从企业整体营销的角度,采取总体促销组合策略,将产品推向市场,送达消费者手中。

渠道(Place)——任何产品或劳务若要进入市场,必须有合适的渠道。从企业整体营销的角度出发,应采取一整套行之有效的策略去选择渠道。

4PS 涉及企业营销的战术问题,这 4 个战术性原则确定得是否恰当,还要取决于战略性原则,具体如下。

探查(Probing)——这里是市场调研,它是市场营销活动的起点。

分割（Partitioning）——即市场细分，目的是区分不同类型的消费群，为下一步选择市场做准备。

优先（Prioritizing）——分割的目的在于为选择提供对象，而选择本身就有标准，应优先选择符合标准的市场作为目标市场。

定位（Positioning）包括企业和产品的定位。

4PS对企业的整体营销具有长远的、全局的重大影响，因而具有战略意义。

另外2个P是政治权力（Political Power）和公共关系（Public Relations），它们是改善外部环境的手段，以促进市场营销的成功。最后1个P是人（People），它的意思是人和向人们提供服务，它始终贯穿于企业营销活动的过程中。

步骤三 了解市场营销观念

市场营销观念的演变与发展，可归纳为5种，即生产观念、产品观念、市场营销观念、客户观念和社会市场营销观念。

1）生产观念。生产观念是指导销售者行为的最古老的观念之一。企业经营者不是从消费者的需求出发，而是从企业生产出发。其主要表现是"我生产什么，就卖什么"。生产观念认为，消费者喜欢那些可以随处买得到而且价格低廉的产品，企业应致力于提高生产效率和分销效率，扩大生产、降低成本以扩展市场。例如，美国汽车大王亨利•福特曾宣称："不管顾客需要什么颜色的汽车，我只有一种黑色的。"显然，生产观念是一种重生产、轻市场营销的商业哲学。

生产观念是在卖方市场条件下产生的。在资本主义工业化初期以及第二次世界大战末期和战后一段时期内，由于物资短缺，市场产品供不应求，生产观念在企业经营管理中颇为流行。中国在计划经济旧体制下，由于市场产品短缺，企业不愁其产品没有销路，工商企业在其经营管理中也奉行生产观念，具体表现为工业企业集中力量发展生产，轻视市场营销，实行以产定销，商业企业集中力量抓货源，工业生产什么就收购什么，工业生产多少就收购多少，也不重视市场营销。

除了物资短缺、产品供不应求的情况之外，有些企业在产品成本高的情况下，其市场营销管理也受产品观念支配。例如，亨利•福特在20世纪初期曾倾全力于汽车的大规模生产，努力降低成本，使消费者购买得起，借以提高福特汽车的市场占有率。

2）产品观念。它也是一种较早的企业经营观念。产品观念认为，消费者最喜欢高质量、多功能和具有某种特色的产品，企业应致力于生产高值产品，并不断加以改进。它产生于市场产品供不应求的卖方市场形势下。最容易滋生产品观念的时间，莫过于当企业发明一项新产品时。此时，企业最容易导致"市场营销近视"，即不适当地把注意力放在产品上，而不是放在市场需要上，在市场营销管理中缺乏远见，只看到自己的产品质量好，看不到市场需求在变化，致使企业经营陷入困境。

例如，美国某钟表公司自1869年创立到20世纪50年代，一直被公认为是美国最好的钟表制造商之一。该公司在市场营销管理中强调生产优质产品，并通过著名珠宝商店、大百货公司等构成的市场营销网络分销产品。在1958年之前，公司销售额始终呈上升趋势。但此后其销售额和市场占有率开始下降。造成这种状况的主要原因是市场形势发生了变化，这一时期的许多消费者对名贵手表已经不感兴趣，而趋于购买那些经济、方便且新颖的手表。而且，许多制造商迎合消费者的需要，已经开始生产低档产品，并通过廉价商店、超级市场等大众分销渠道积极推销，从而夺得了该钟表公司的大部分市场份额。该钟表公司竟没有注意到市场形势的变化，依然迷恋于生产精美的传统样式手表，仍旧借助传统渠道销售，认为自己的产品质量好，顾客必然会找上门。结果，致使企业经营遭受重大挫折。

3）市场营销观念。市场营销观念是作为对上述诸观念的挑战而出现的一种新型的企业经营哲学。这种观念是以满足顾客的需求为出发点的，即"顾客需要什么，就生产什么"。尽管这种思想由来已久，但其核心原则直到20世纪50年代中期才基本定型。当时社会生产力迅速发展，市场趋势表现为供过于求的买方市场，同时居民的个人收入迅速提高，有可能对产品进行选择，企业之间产品的竞争加剧，许多企业开始认识到，必须转变经营观念才能求得生存和发展。市场营销观念认为，实现企业各项目标的关键在于正确确定目标市场的需要和欲望，并且比竞争者更有效地传送目标市场所期望的物品或服务，进而比竞争者更有效地满足目标市场的需要和欲望。

市场营销观念的出现，使企业经营观念发生了根本性变化，也使市场营销学发生了一次革命。市场营销观念与推销观念相比具有重大的差别。

西奥多·莱维特曾对推销观念和市场营销观念作过深刻的比较，指出推销观念注重卖方需要，市场营销观念则注重买方需要。推销观念以卖方需要为出发点，考虑如何把产品变成现金；而市场营销观念则考虑如何通过制造、传送产品以及与最终消费产品有关的所有事物来满足顾客的需求。可见，市场营销观念的4个支柱是市场中心、顾客导向、协调的市场营销和利润。推销观念的4个支柱是工厂、产品导向、推销和赢利。从本质上说，市场营销观念是一种以顾客需要和欲望为导向的哲学，是消费者主权论在企业市场营销管理中的体现。

许多优秀的企业都是奉行市场营销观念的。如日本本田汽车公司要在美国推出一种雅阁牌新车。在设计新车前，他们派出工程技术人员专程到洛杉矶地区考察高速公路的情况，实地丈量路长、路宽，采集高速公路的柏油，拍摄进出口道路的设计。回到日本后，他们专门修建了一条9 mile长的高速公路，包括路标和告示牌都与美国公路上的完全一样。在设计行李箱时，设计人员意见有分歧，他们就到停车场看了一个下午，看人们如何放取行李。这样，意见很快统一起来。结果本田公司的雅阁牌汽车一到美国就备受欢迎，被称为是全世界都能接受的好车。

再如美国的迪斯尼乐园，欢乐如同空气一般无所不在。它使得每一位来自世界各地的儿童的美梦得以实现，使各种肤色的成年人产生喜爱。因为迪斯尼乐园成立之时便明确了它的目标：它的产品不是米老鼠、唐老鸭，而是快乐。人们来到这里是享受欢乐的，公园提供的全是欢乐，公司的每一个人都要成为欢乐的灵魂。游人无论向哪位工作人员提出问题，都必须用"迪斯尼礼节"回答，决不能说"不知道"。因此游人们一次又一次地重返这里，享受欢乐，并愿意付出代价。反观中国的一些游乐园，那单调的节目，毫无表情的解说，冷漠的面孔，使人只感到寒意，哪有欢乐可言。由此可见中国企业树立市场营销观念之迫切。

4）客户观念。随着现代营销战略由产品导向转变为客户导向，客户需求及其满意度逐渐成为营销战略成功的关键所在。各个行业都试图通过卓有成效的方式，及时准确地了解和满足客户的需求，进而实现企业目标。实践证明，不同子市场的客户存在着不同的需求，甚至同属一个子市场的客户的个别需求也会经常变化。为了适应不断变化的市场需求，企业的营销战略必须及时调整。在此营销背景下，越来越多的企业开始由奉行市场营销观念转变为客户观念或顾客观念。

客户观念是企业注重收集每一位客户以往的交易信息、人口统计信息、心理活动信息、媒体习惯信息以及分销偏好信息等，根据由此确认的不同客户终生价值，分别为每位客户提供各自不同的产品或服务，传播不同的信息，通过提高客户忠诚度，增加每一位客户的购买量，从而确保企业的利润增长。市场营销观念与之不同，它增强的是满足一个子市场的需求，而客户观念则强调满足每一位客户的特殊需求。

需要注意的是，客户观念并不是适用于所有的企业。一对一营销需要以工厂定制化、运营计算机化、沟通网络化为前提条件，因此，贯彻客户观念要求企业在信息收集、数据库建设、计算机软件和硬件购置等方面进行大量投资，而这并不是每一个企业都能够做到的。有些企业即使舍得花钱，也难免会出现投资大于由此带来的收益的局面。客户观念最适用于那些善于收集单个客户信息的企业，这些企业所营销的产品能够借助客户数据库的运用实现交叉销售，或产品需要周期性地重购或升级，或产品价值很高。客户观念通常会给这类企业带来很好的效益。

5）社会市场营销观念。社会市场营销观念是对市场营销观念的修改和补充。它产生于20世纪70年代西方资本主义出现能源短缺、通货膨胀、失业增加、环境污染严重、消费者保护运动盛行的新形势下。因为市场营销观念回避了消费者的需要、消费者利益和长期社会福利之间隐含着冲突的现实。社会市场营销观念认为，企业的任务是确定各个目标市场的需要、欲望和利益，并以保护或提高消费者和社会福利的方式，比竞争者更有效、更有利地向目标市场提供能够满足其需要、欲望和利益的物品或服务。社会市场营销观念要求市场营销者在制定市场营销政策时，要统筹兼顾三方面的利益，即企业利润、消费者需要的满足和社会利益。

步骤四　认识市场营销环境

市场营销环境包括营销微观环境与营销宏观环境两个方面。

1. 市场营销微观环境

市场营销微观环境是对企业营销活动产生直接影响的介于4PS策略与宏观环境之间的一种营销环境。它包括营销部门所在的企业、供应者、营销中介、顾客、竞争者和公众等因素。这些因素对市场营销活动有直接的影响，经过努力一些因素可以不同程度地被加以控制。

1）企业。企业本身是微观环境第一个因素，企业内部各个部门、各个管理层次之间分工是否科学，协作是否和谐，企业营销部门能否与企业内部其他部门默契配合，发生矛盾能否妥善处理，这些将影响到企业营销管理决策和营销方案的实施。

2）供应者。供应者是向企业及其竞争者提供生产经营所需资源的企业和个人，包括提供原材料、设备、能源、劳务和资金等。

供应者这一环境因素对企业营销的影响很大。如所提供资源的价格和供应量，直接影响企业产品的价格、销售量和利润；供应短缺或其他供应环节出现事故都可能影响企业按期完成任务等。从短期来看，损失销售额；从长远来看，则损害企业在顾客中的声誉。因此，企业应从多方面获得供应，而不可依赖于任何单一的供应者，以免受其控制。

3）营销中介。营销中介是在产品分销、商品实体转移及促进销售等方面给企业以帮助的那些机构，包括中间商、营销服务机构（调研公司、广告公司和咨询公司等）、金融中间人（银行、信托公司和保险公司等）。这些都是市场营销不可缺少的中间环节，大多数企业的营销活动，都需要有他们的协助才能顺利进行，生产集中和消费分散的矛盾，必须通过中间商的分销来解决；资金周转不灵，则必须求助于银行或信托公司等。可以说，商品经济愈发达，社会分工愈细，就越需要处理好同这些机构的合作关系。

4）顾客。顾客也就是目标市场。企业与供应商及营销中间商保持密切关系的目的就是为了有效地向目标市场提供商品或劳务。这些目标市场的顾客不同，需求的特点不同，要求企业以不同的服务方式提供不同的产品或劳务，这对企业决策和企业营销能力的形成有制约作用。

5）竞争者。从消费需求的角度看，每个企业在其营销活动中都面临着4种类型的竞争者。

愿望竞争者，指提供不同产品以满足不同需求的竞争者。如果厂家是电视机制造商，那么生产冰箱、洗衣机、家具等不同的厂家就是愿望竞争者，如何使消费者更多地首先购买电视机，而不是首先购买其他产品，就是一种竞争关系。

平等竞争者，就能满足同一种需求的不同产品的竞争。例如，自行车、摩托车和小轿车都可以用来作为交通工具，这3种产品的生产经营者之间形成一种竞争关系，它们也就相互成为各自的平行竞争者。

产品形式竞争者，是生产同种产品但不同规格、型号和款式的竞争者，如自行车有28in、26in、24in等型号和三速、五速、十速等不同形式。

品牌竞争，是产品类型相同，规格和型号等也相同，但品牌不同的竞争者。如电视机有"日立""松下""孔雀""金星"等品牌。

6）公众。公众是对一个企业实现其目标有实际或潜在利害关系和影响力的一切团体和个人。企业的营销活动，必然会影响公众的利益，因而各种公众必然会关注、监督、影响和制约企业的营销活动。

2．市场营销宏观环境

市场营销宏观环境包括政治、经济、人口、法律、技术、自然和文化等环境因素，一切营销组织都处于这些宏观环境之中，因而不可避免地要受其影响和制约。

1）政治法律环境。政治与法律主要是国家政局、政体、经济管理体制以及与其相关的法令、法规、方针政策对企业经营活动产生的影响。

政治法律因素对企业市场营销的影响，主要表现在以下几个方面：国家或地区政局变化对企业市场营销活动的影响；有关法律、法规对企业市场营销活动的制约；有关法律、法规给企业带来的市场营销机会；有关政策对企业市场营销活动的影响，这些政策包括人口政策、就业政策、能源政策、物价政策、财政金融与货币政策。

现代国家政治法律环境有三种变动趋势：一是管制企业的立法增多；二是政策机构执法更严；三是公众利益团体的力量增强。

2）人口环境。市场是由那些具有购买愿望与购买能力的人构成的，营销活动的最终对象也是人。因此，人口数量直接决定市场潜在容量，人口的自然构成、地理分布、婚姻状况、出生率、死亡率、人口密度、流动性、文化教育程度等人口特性，又会对市场需求格局产生深刻影响。分析人口环境可以从人口的数量、质量、结构、分布等方面的变动趋势着手。范围可以是企业的目标市场，也可以是企业所在地区、所在国家乃至更大的范围。

3）经济环境。市场营销的经济环境主要是社会购买力。影响购买力水平的主要因素包括消费者收入、消费者支出、消费信贷及居民储蓄等。

恩格尔通过对许多家庭的收入和各类开支进行深入的分析研究，发现了一种带有普遍性的消费结构走势和规律，即收入愈少的家庭，用于食物的开支占家庭收入的比重愈大，其次是衣着、住房,而用于教育、文化娱乐和医药卫生方面的开支随着家庭收入的减少,所占的比重也愈小。由此,恩格尔得出结论:在其他条件相同的情况下,居民消费支出中用于食物部分的数量,可以作为其消费水平高低的标志。他认为这是衡量居民福利的最好尺度。他还指出,食品支出比率的大小,是随富裕程度的降低按几何级数增大的。从方法论上看,恩格尔定律是首次借助统计资料来建立的计量法则。

恩格尔系数的计算公式见下式。

$$恩格尔系数 = \frac{食物支出变动的百分比}{收入变动的百分比}$$

恩格尔系数通常称为食物支出的收入弹性,它反映人们收入增加时支出变化的一般趋势,已成为衡量家庭、地区及国家富裕程度的重要参数。当消费者的收入一定时,储蓄数量越大,现实支出数量就越小。同时,居民储蓄越多,潜在购买力越强。因此营销人员必须了解影响居民储蓄的诸因素,了解消费储蓄目的的差异,以便准确地预测消费需求发展趋势和发展水平,寻求新的市场机会。消费者信贷也是影响购买力的一个重要因素,它是消费者凭信用取得商品使用权,然后按约归还贷款。主要有短期赊销、分期付款和信用卡信贷等方式。

国际上常用恩格尔系数来衡量一个国家和地区人民生活水平的状况。根据联合国粮农组织提出的标准,恩格尔系数在59%以上为贫困,50%~59%为温饱,40%~50%为小康,30%~40%为富裕,低于30%为最富裕。

4)社会文化环境。社会文化环境主要是一个国家、地区或民族的传统文化,如风俗习惯、信仰观念、价值观念和知识水平、审美观等。它制约和影响着人们的行为,对消费者的市场需求和购买行为产生着强烈而持续的影响。

价值观是人们对于事物的评价标准和崇尚风气,它对人们的消费影响很大。在经济发达地区,人们的时间观念很强,"时间就是金钱""今天能做的事决不拖到明天"已成为人们生活的准则。因此像快餐、速溶咖啡、成衣等节约时间的商品和服务需求旺盛。

知识水平主要是人们的文化素质,它对人们的消费行为产生重要的影响。经济发达的国家和地区教育水平较高,人们对新产品鉴别能力较强,购买商品时富有理性。

审美观是在一定文化背景下形成的美学观念,一个国家、地区或民族的审美观与它的文化背景有关。不注意消费者的审美观,就很难提供适销对路的产品。如不同国家的人对同一种图案和色彩的理解可能存在着很大的差异,梅花在我国得到赞颂,在日本却被认为是不祥之花,我国认为红色象征吉祥,而有的国家认为红色代表妖魔。

人们的信仰不同,对事物的认识和行为标准也不同。其中宗教信仰的影响最为明显,宗教信仰不仅决定人们的社会观、生活观,而且还影响对产品的要求和购买方式。

物质文明也影响着人们的需求水平,如家用电器在电力供应充分的国家比较畅销、普及,但在电力供应紧张的国家就受到限制,电动切肉机、电动开罐机等在美国销路较广,而在较贫困的国家却无人问津。

5)自然环境。自然环境指能够影响社会生产过程的自然因素,包括自然资源、环境保护等方面的动态。目前国际上自然环境的主要趋势是某些原料的短缺迫在眉睫、能源成本不稳定、环境污染程度越来越严重等。企业在目前和今后都面临着来自政府和各社会团体的强大压力。对此,企业不应束手无策,而应采取积极的态度,将威胁转化为机会。

如企业面对资源短缺、原材料涨价,一般可实行降低或保持通常业务量的营销策略。还

可以采取一些具体措施,如寻找代用品、节约能源和降低原材料消耗等。

6)科技环境。科学技术是第一生产力的观点已成为人们的共识。科技的发展对企业营销有重大影响。主要表现为新产品的出现会冲击老行业、老产品,比如晶体管的出现冲击电子管,集成芯片的出现冲击晶体管;新技术为企业创造新的经营机会,拓宽市场范围,如信息产业的出现和发展就是计算机科学技术发展的结果,必将进一步渗透到人们工作、生活的各个方面,为相关企业提供了大量发展机会;企业抢先掌握最新技术,改变生产、营销和管理方式,从而增加企业竞争实力,在企业竞争中占据有利地位。

触类旁通

吉列公司成功的启示

资料:吉列公司通过给顾客免费赠送刀具而留住顾客,因为这将促使顾客长年累月地购买吉列刀片。20世纪70年代,当Bic公司在欧洲推出一次性剃须刀并很快占领了市场时,吉列却忘记了留住顾客的方法。它比Bic公司抢先在美国推出一次性剃须刀,同时利用购物优待券、价格刺激、零售打折等手段来推销新产品,开发新顾客。虽保住了市场,却损失了利润。在1974~1980年赢利情况令人失望。公司营销人员意识到由于在价格上做文章而使顾客流失、利润下降,决定回到以留住顾客为出发点制定营销战略。当公司投资几千万美元研制出新式剃须刀时,改变营销策略,将以往用在优惠销售上的营销费用使用在媒体广告上以树立品牌形象。活动目标是吸引年轻男子使用较少的钱试用新产品,同时留住老顾客。实践证明,Sensor刀片的营销获得了成功,成为20世纪90年代留住顾客的营销典范之一。

分析与思考

分析校园超市和校园餐厅的营销环境。

任务3　消费市场分析

任务要点

关　键　词:消费者市场、购买行为、市场细分。

理论要点:消费者的消费需求形成购买动机,动机激发购买行为;通过市场细分寻找市场机会。

实践要点:联系自身消费实际,认识消费者市场,应用市场细分理论分析中国的消费者市场。

项目1 感知市场

 任务情境

精确细分,"动感地带"赢得新一代

中国移动作为国内专注于移动通信发展的通信运营公司,曾成功推出了"全球通""神州行"两大子品牌,成为中国移动通信领域的市场霸主。但市场的进一步饱和、联通的反击、小灵通的搅局,使中国移动通信市场弥漫着价格战的狼烟,如何吸引更多的客户资源、提升客户品牌忠诚度、充分挖掘客户的价值,成为运营商成功突围的关键。

作为霸主,中国移动如何保持自己的市场优势?

根据麦肯锡对中国移动用户的调查资料表明,中国将超过美国成为世界上最大的无线市场,从用户绝对数量上,到2005年中国的无线电话用户数量将达到1.5亿~2.5亿个,其中将有4 000万~5 000万用户使用无线互联网服务。

从调查资料中可看出,25岁以下的年轻新一代消费群体将成为未来移动通信市场最大的增值群体,因此,中国移动将以业务为导向的市场策略率先转向了以细分的客户群体为导向的品牌策略,在众多的消费群体中锁住15~25岁年龄段的学生、白领,产生新的增值市场。锁定这一消费群体作为自己新品牌的客户,是中国移动"动感地带"成功的基础。2003年3月,中国移动推出子品牌"动感地带",宣布正式为年龄在15~25岁的年轻人提供一种特制的电信服务和区别性的资费套餐。

 任务分析

通过对经典案例的分析,逐步形成消费者市场的概念,理解消费者市场的特点,认识消费者的购买行为,应用市场细分理论,分析中国的消费者市场,为营销策划等商务活动奠定基础。

 任务实施

消费者市场是个人或家庭为满足生活需求而购买或租用商品的市场,它是市场体系的基础,是起决定作用的市场。它又称为最终消费者市场、消费品市场或生活资料市场。

步骤一 了解消费者市场特征

消费者市场有其独特的市场特征,可为商家提供有效的决策信息,包括以下10项。

1)非赢利性。消费者市场是为消费者个人或家庭提供最后的、直接的消费品的市场。人们购买消费品不是为了转卖或赢利,而是为了获得某种使用价值,以满足生活方面的某种消费需要。

2)非专业性。消费者一般缺乏专门的商品知识和市场知识。消费者在购买商品时,通常容易受厂家和商家的广告宣传、促销方式、商品包装和服务态度的影响。

3)层次性。由于消费者的经济收入、文化程度、生活习惯以及性别、年龄、职业等方面存在差异,对商品的质量、品种、规格、价格和花色等方面的需要必然是千差万别。而且,随着生产的发展和消费水平的提高,消费者在消费总量、结构和层次上也会不断变化。

4)替代性。消费品中除了少数商品不可替代外,大多数商品都可以找到替代品或可以

互换使用的商品。因此，消费者市场中的商品有较强的替代性。

5）广泛性。由于消费者市场是与全社会人口等同的最大群体，众多的消费者连续不断地从事购买活动，决定了消费者市场的需求总量和交易规模极其庞大。由于消费者的广泛分布，形成消费者市场在空间布局和交易范围上的无限广阔。

6）流行性。消费需求不仅受消费者内在因素的影响，还会受环境、时尚和价值观等外在因素的影响。时代不同，消费者的需求也会随之不同，消费者市场中的商品具有一定的流行性。

7）购买行为可诱导性。生产和经营部门可通过商品的宣传广告指导消费，一方面做好消费者的参谋，另一方面也能有效地引导消费者的购买行为。

8）购买决策具有冲动性。消费者时常出现冲动型购买决策，因此商家可通过有效的视觉冲击力吸引顾客，激发顾客的购买欲望，形成购买行为。

9）明显需求弹性。消费者购买商品的数量、品级和式样等是随着购买力水平的变化而变化，随着商品价格的高低而转移。这反映消费者在收入和价格的作用下需求弹性的变化。其中日常生活必需品需求弹性较小，但其他大多数选择性较强的商品则需求弹性较大，如中高档服装、耐用消费品等。这种消费需要的伸缩性决定了消费者市场也具有这种收缩性特征。

10）周期性。从人们的消费情况看，有些商品是长年均衡消费，需要经常购买；有些商品则属于季节性或节日消费；有些高档耐用消费品，消费者一般要在其使用价值基本消费完毕或有更好的新产品取代时，才能够重新购买。这样消费者需求就表现出一种周期性，这种周期性也同样会反映在消费者市场中。

步骤二　了解消费者市场购买对象

消费者市场的购买对象即消费品，不同消费品在性能、功用、使用方式等方面具有不同的特性，从而对消费者的需求和购买行为产生不同的影响。对消费品进行分类，是企业制定营销策略的重要依据。

1．根据消费者的购买方式分类，可分为简便品、选购品和特殊品3类

1）简便品。一般是售价低、不需要挑选、能迅速购买的商品。简便品包括日用品、冲动型商品和应急商品。日用品是消费者经常购买或价值较低的商品，如牙膏、调味品和洗涤剂等。对于日常用品，消费者随时购买而且不需太多挑选。冲动型商品是消费者事先没有购买的心理准备，以外部刺激如广告而诱发购买欲望导致购买行为的商品，如儿童玩具和糖果点心等。消费者从产生购买欲望到实现购买的过程通常很短暂。应急商品是人们平时不会购买或没有购买的需求，而在需求突然出现时急速购买的商品，如应急药品、雨具等。人们购买应急商品通常目标明确、购买迅速，希望在最短时间、最近距离实现购买。

2）选购品。消费者在购买前要经过充分的挑选、比较才决定购买的商品。这类商品是人们经常使用但又不是经常购买的价值较高的商品，如时装、家具和家电等。对这类商品，消费者在购买前要对商品的质量、款式、价格和服务等方面进行比较，然后从中选择满意程度较高的商品。因此，消费者对选购品的购买持慎重态度，购买过程相对较长。

3）特殊品。这种商品是消费者对其有特殊偏好的商品，如渔具、钢琴和古玩等。消费者对这类商品通常有较多了解，并偏爱名牌或特定品牌，因而在购买时具有明确的指向性，很少接受替代品。

2．根据消费品的形态和使用频率分类，可分为3类

1）耐用品。一般是单位价值较高，使用时间较长的商品，如汽车、空调和电视机等。

由于耐用品的价格昂贵，消费者在购买时通常十分谨慎，经过反复比较选择后才能决策，同时特别注意产品质量，要求企业提供完备的质量保障和售后服务。

2）非耐用品。通常只能使用一次或几次的易消耗商品，如食品和日用杂品等。由于非耐用品的单价较低、容易消耗、购买频率高，消费者常对此类商品形成偏好或习惯，不断重复购买同一品牌的商品。

3）劳务。为消费者获得利益或满足而提供的服务，如技术指导、维修和理发等。

步骤三　了解消费者购买行为

1．消费者购买行为概念

消费者购买行为是人们为满足需要和欲望而寻找、选择、购买、使用、评价及处置产品、服务时介入的过程活动，包括消费者的主观心理活动和客观物质活动两个方面。根据心理学理论，消费动机是引起消费者行为的原动力，要分析消费者的购买行为，首先要研究消费者的购买动机。

2．了解马斯洛消费需求层次论

在需要层次的分析方面，美国心理学家马斯洛的需求层次理论最有影响、最为代表。1943年马斯洛首次提出人的需求分为生理需求、安全需求、社交需求、尊重需求和自我实现需求这5个层次，依次由较低层次到较高层次排列。马斯洛需求层次图如图1-1所示。

1）5种需求像阶梯一样从低到高，按层次逐级递升，但这种次序不是完全固定的，可以变化，也有种种例外情况。

2）需求层次理论有两个基本出发点，一是人人都有需求，某层需求获得满足后，另一层需求才出现；二是在多种需求未获满足前，首先满足迫切需求；该需求满足后，后面的需求才显示出其激励作用。

3）一般来说，某一层次的需求相对满足了，就会向高一层次发展，追求更高一层次的需求就成为驱使行为的动力。相应的，获得基本满足的需求就不再是一股激励力量。

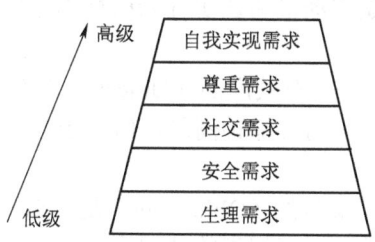

图1-1　马斯洛需求层次图

4）5种需求可以分为2级，其中生理上的需求、安全上的需求和感情上的需求都属于低一级的需求，这些需求通过外部条件就可以满足；而尊重的需求和自我实现的需求是高级需求，他们是通过内部因素才能满足的，而且一个人对尊重和自我实现的需求是无止境的。同一时期，一个人可能有几种需求，但每一时期总有一种需求占支配地位，对行为起决定作用。任何一种需求都不会因为更高层次需求的发展而消失。各层次的需求相互依赖和重叠，高层次的需求发展后，低层次的需求仍然存在，只是对行为影响的程度大大减小。

5）马斯洛和其他的行为心理学家都认为，一个国家多数人的需求层次结构，是同这个国家的经济发展水平、科技发展水平、文化和人民受教育的程度直接相关的。在不发达国家，生理需求和安全需求占主导的人数比例较大,而高级需求占主导的人数比例较小;在发达国家,则刚好相反。马斯洛认为,这5个层次是严格按照顺序从低层次到高层次逐步发展的。一般来说,当低层次需求基本满足后,就会出现较高层次的需求,人们在不断的追求中,出现新的需求,产生新的行为动力。

3. 消费者的购买动机

根据马斯洛需求层次论,消费者的需求是多层次,这决定了消费者购买行为的复杂多样。因而在此基础上产生的购买动机也是多样化的,可概括为两大类。

1)生理性购买动机。它是消费者由于生理上的需求而产生的、购买用于满足其生理需求的商品而产生的购买动机。消费者为寻求温饱与安全、逃避痛苦与危害、组织家庭与延续后代以及增强体质与智能等方面的需求所引发的购买动机都属于此类。生理性购买动机是消费者本能的、最能促使购买行为发生的内在驱动力,在所有的购买动机中最具普遍性和主导性。

2)心理性购买动机。它是消费者由于心理需求或精神需求而引起的、购买用于满足其精神或感情需求的商品的动机。由于社会经济的发展和社会生活的多元化,心理性购买动机对于购买行为的影响占越来越重要的地位。它包括感情动机、理智动机和惠顾动机。感情动机是消费者的需求是否得到满足,会引起对事物的好恶态度,从而产生肯定或否定的感情体验。而这些不同的感情体验反映在不同的消费者身上,就会体现出不同的购买动机。根据感情动机中不同的侧重点,又可以把它化解为求新倾向、好胜倾向、求名倾向和求美倾向。理智动机是建立在消费者对商品的客观认识基础上,经过充分的分析比较后产生的购买动机,它具有客观性和周密性的特点,在具体的购买活动中表现为求实倾向和求谦倾向。惠顾动机是消费者由于对特定的商品或特定的商店产生特殊的信任和偏好而形成的习惯性的、重复光顾的购买动机。这种动机具有经常性和习惯性的特点,具体表现为嗜好倾向和求新倾向。

步骤四 消费者购买行为分析

1. 消费者购买行为基本框架

市场营销学家把消费者的购买动机和购买行为概括为6W和6O,从而形成消费者购买行为研究的基本框架。

1)市场需要什么(What)——有关产品(Objects)是什么。通过分析消费者希望购买什么、为什么需要这种商品而不是需要那种商品,研究企业应如何提供适销对路的产品去满足消费者的需求。

2)为何购买(Why)——购买目的(Objectives)是什么。通过分析购买动机的形成(生理的、自然的、经济的、社会的、心理因素的共同作用),了解消费者的购买目的,采取相应的市场策略。

3)购买者是谁(Who)——购买组织(Organizations)是什么。分析购买者是个人、家庭还是集团,购买的产品供谁使用,谁是购买的决策者、执行者、影响者。根据分析,组合相应的产品、渠道、定价和促销。

4)如何购买(How)——购买组织的作业行为(Operations)是什么。分析购买者对购买方式的不同要求,有针对性地提供不同的营销服务。在消费者市场,分析不同类型消费者的特点,如经济型购买者对性能和廉价的追求,冲动性购买者对情趣和外观的喜好,手头拮据的购买者要求分期付款,工作繁忙的购买者重视购买方便和送货上门等。

5)何时购买(When)——购买时机(Occasions)是什么。分析购买者对特定产品的购买时间的要求，把握时机适时推出产品，如分析自然季节和传统节假日对市场购买的影响程度等。

6）何处购买（Where）——购买场合（Outlets）是什么。分析购买者对不同产品的购买地点的要求，如消费品中的方便品，顾客一般要求就近购买，而选购品则要求在商业区（地区中心或商业中心）购买，以便挑选对比，特殊品通常会要求直接到企业或专业商店购买等。

2. 影响消费者购买行为的主要因素

消费者购买行为受到多种因素影响，它是消费者个人与环境相互作用的结果。

1）个人因素。个人因素是影响消费者购买行为的直接因素，它主要包括年龄、性别、职业、收入和个性等方面。消费者的年龄、性别、职业不同，消费需求也各不相同，购买行为也就存在差异。例如，老年人喜欢端庄、朴素、实惠的服装，而年轻人喜欢新潮款式。多数男性消费者购买商品比较果断迅速，而女性消费者则仔细谨慎。教师、科研人员对书籍、报刊的花费较高。消费者购买能力的大小，是由收入水平决定的。收入水平高，购买能力大；收入水平低，购买能力小。个性对购买行为也会产生重要影响。例如，在服装选择方面，性格外向的人，通常偏爱色彩鲜艳、对比强烈、款式新颖的服装，而性格内向的人，一般比较喜欢素淡、深沉的色调。

2）社会环境因素。社会环境主要包括人口环境、社会群体环境、政治环境、经济环境和社会文化环境等。尤其是社会群体环境和社会文化环境对消费者购买行为的影响更直接而具体。

① 社会群体环境。指消费者所处的家庭、社会阶层、社会组织和参照群体等。家庭是与消费者关系最为密切的初级群体。家庭的规模、类型及所处生命周期不同，消费者的购买投向也会有明显不同。处于不同社会阶层的消费者，不仅收入水平、职业特点不同，而且在消费观念、审美标准、消费内容和方式上也会有明显差异。社会组织如机关、学校、军队、企业和医院等，是消费者参与社会实践活动的主要场所，其工作性质、组织结构及活动内容同样会给人们的消费生活带来某种限制和影响。各种参照群体通常会对消费者产生示范或诱导作用，消费者通常会有意识或不自觉地模仿、追从参照群体的消费方式，指导自己的购买选择。

② 社会文化环境。社会文化环境对消费者购买行为的影响已经越来越为人们所重视。事实证明，不同国家、地区、民族的消费者，由于历史传统、文化背景、宗教信仰、道德观念、风俗习惯以及社会价值标准不同，在消费观念和购买行为方式上也表现出明显差异。

3. 了解消费者购买行为特征

消费者在购买不同类的商品时，由于心理承受的压力不同，因而表现为不同的行为特征。消费者购买商品行为特征分析见表1-2。

表1-2 消费者购买商品行为特征分析

商品类别	购买次数	挑选性	购买时间	价格	经营特点	厂牌商标
日用品	多	无选择	短	低	分散	不重要
选购品	较多	有选择	较长	中等	较集中	一般
特殊品	少	选择性强	很长	高	集中	重要

步骤五 细分消费者市场

1. 市场细分的概念

市场细分——把市场分割为具有不同需要、性格或行为的购买者群体，在市场研究中使用聚类分析、CHAID 等方法定义不同的细分市场，目的是使同一细分市场内个体之间的固有差异减少到最小，使不同细分市场之间的差异增加到最大。

2．典型市场细分方式

1）地理细分。即按消费者所处的地理区域、地形气候等来细分市场。这是因为处于不同地理位置的消费者，对于同一类产品的需求和偏爱通常有所不同。如北方人爱吃辣的、咸的；南方人的口味则清淡些，爱吃甜食；多雨地区需要大量胶鞋，干旱地区胶鞋几乎没有销路等。企业应尽量把自己的资源投入到最有利的区域市场中。地理因素相对来讲是一种静态因素，较容易辨别，所以，常被人们划分市场所使用，通常也被作为细分市场的第一步。由于同一地区的消费者的需求还有很大的差异，市场还要按其他因素进一步细分。

2）人口细分。就是按人口统计资料所反映的内容，如年龄、性别、家庭规模、收入、职业、文化水平和宗教信仰等因素细分市场，这些因素与消费者的需求有密切的关系。如青年人服饰多追求新颖时髦，中老年人则以偏爱端庄大方的居多。化妆品的女性市场要比男性市场大得多。大家庭需要大口径炊具，小家庭则需要小口径炊具。收入高的经常是高价商品的光顾者，而收入水平低的购物者时常受求廉心理的支配。人口因素比较容易衡量，所以是细分市场最常用的标准。

3）心理细分。是根据购买者所处的社会阶层、生活方式和个性特点等对市场进行细分，在地理因素和人口因素类同的消费者中，对商品的偏爱程度也不一样，这就在于人们的心理区别。持不同生活方式的消费者，对产品的兴趣也会不同。奉公守法的消费者喜欢经济安全、污染程度低的汽车，而那些"玩车者"就喜欢灵敏度高的花哨的汽车。性格独立的、易冲动的、机灵善变的、自信的消费者喜欢福特汽车，而保守的、节俭的、注重利益的、冷静的消费者则偏好通用公司的雪佛兰汽车。心理因素是较复杂的动态因素，企业必须根据消费者的不同心理变化随时进行调查研究，获得可靠的衡量数据，从而确定自己的目标市场。

4）行为细分。即以购买者对产品的购买动机、使用情况、信赖程度等来划分消费者群。购买动机不同，追求的利益就不同。如同样买牙膏，有的人注意防龋，有的人追求洁白光亮，有的人对牙膏的味道很讲究，有的人则强调经济实惠，所以经营牙膏就可以根据购买动机来细分市场。另外对本企业产品的经常使用者、信赖者，一般无须多作广告等宣传，对不曾使用或不常使用本企业产品的消费者，就应采取必要的促销手段。

 触类旁通

日本资生堂公司的市场细分

日本资生堂公司 1982 年对日本妇女用化妆品市场作了调查研究，按照妇女消费者的年龄，把所有潜在的妇女顾客分为 4 种类型（即把妇女用化妆品市场细分为 4 个不同的市场部分或亚市场）。

第 1 种类型为 15～17 岁的妇女消费者，她们正当妙龄，对化妆品的需求意识较强烈，但购买的通常是单一的化妆品。

第 2 种类型为 18～24 岁的妇女消费者，她们对化妆品也非常关心，采取积极的消费行动，只要是中意的化妆品，价格再高也在所不惜。这一类妇女消费者通常购买整套化妆品。

第 3 种类型为 25～34 岁的妇女消费者，她们大多数已结婚，因此对化妆品的需求心理和购买行为也有所变化，化妆也是她们的日常生活习惯。

第 4 种类型为 35 岁以上的妇女消费者，她们可分为积极派和消极派，但也显示了对单一化妆品的需要。

 **分析与思考**

参照资生堂公司的市场细分方式，细分以下两个市场。
1）中国服装市场。
2）中国饮料市场。

任务 4　产业市场分析

 任务要点

关　键　词：产业市场、购买行为、市场细分。
理论要点：产业市场用户决策过程复杂，购买需求波动性、区域性和派生性比较明显，通过市场细分寻找市场机会。
实践要点：联系区域产业结构，认识产业市场特点；理解产业用户决策过程，学会细分市场，寻找市场机会。

 任务情境

营销为王，中央电视台广告从坐商到行商

2004 年，中央电视台的黄金段位广告招标总额达 44.1157 亿元，创下 10 年招标历史的新高，比 2003 年的 33.1465 亿元增长 10.9692 亿元，增长幅度达到 33.3%。

长期以来，中央电视台作为我国的媒介之王，因其资源的独占性而无人可以匹敌。但面对日益泛滥的资讯和多样化的传播途径，其开始了锐意的改革来应对挑战。在一系列的改革措施下，节目资源的优化促进了广告资源的优化。

2003 年，中央电视台加快了塑造精品栏目和名牌主持人的步伐，促进了节目质量的提高和收视率的上扬。数据表明，中央电视台改版效果明显，《新闻联播》的收视份额在近几个月提升了 2 个百分点，同时在每晚 20：00 点档和 22：00 点档形成了两个新的收视高峰，黄金时段大大延长，观众忠诚度得到了提升。

同时，中央电视台的广告经营部门开始更加注重客户服务。中标 A 特段的企业，不仅能够在这个收视率极高的段位做 15s 广告，还享有套播的各种优惠，在包括新闻频道和 2、3、4 套等收视良好频道及时段中都可以安排免费播出。黄金时段按季度甚至月份来招标，就没有了标王的称呼，每个企业根据自己的产品销售情况和产品的特点，来确定广告投放的情况。

中央电视台广告招标的进一步细化，使过去一年一次的局部时段招标发展到了现在的季度标和单元标。业内人士指出，今后不排除出现单月标、旬标的可能性。在天气预报中的 2 条 7.5s 广告也被调整为天气预报提示收看组合广告和 2 条 10s 的广告。

 任务分析

通过几个经典案例的分析，逐步认识产业市场的特点，理解产业市场的购买决策过程，应用市场细分理论，分析中国的产业市场，为进入产业市场营销策划等商务活动奠定基础。

 任务实施

步骤一　建立产业市场的概念

1．产业市场的概念

产业市场又叫工业市场，是由那些购买货物和劳务，并用来生产其他货物和劳务，以出售、出租给其他人的个人或组织构成。它对于国民经济的发展具有重要的作用。

一般认为，产业市场主要由以下产业组成：农业、林业、渔业、采矿业、制造业、建筑业、运输业、通信业、公用事业、银行业、金融业、保险业和服务业等。与向最终消费者销售产品相比，对产业用户的销售，要涉及更多的资金流动及商品项目。比如，就服装的生产与销售来说，首先需要农民将生产的棉花卖给纺织厂，纺织厂生产的坯布再卖给印染厂，印染企业加工过的布再卖给服装生产商，而生产的服装又需依次经过批发商、零售商，最终才到达消费者。生产和销售链条上的每一环节都需要购买许多商品和服务，这就说明生产者的购买要远多于消费者的购买。

2．产业市场购买对象

产业市场的交易对象既有初级产品和半成品也有成品，品种十分繁杂。通常按照商品参与生产过程的程度可划分为如下 3 种。

1）完全参与生产过程的产品。包括农产品、原油、矿产等作为原材料的初级产品和钢材、水泥、布匹、铸锻件、轮胎等各种经过加工的原材料和部件。

2）部分参与生产过程的产品。包括厂房、办公楼等建筑物和土地、机床、发电机组等固定设备和工具、办公桌椅等辅助设备。

3）不参与生产过程的产品。主要指各种作业供应品和服务产品，如打字纸、扫帚、维修服务等。

这样分类便于供应者分析采购企业哪些环节的人员参与采购过程及如何去影响他们的采购决策。另外，还可按产品不同的自然属性分类，以便采取不同的销售方法和营销策略。

3．产业市场的购买者

产业市场的购买者多为组织机构，具体从事采购活动的职能部门多种多样。参与采购和影响采购决策的人在购买决策过程中，通常分别担任多种角色。

1）使用者。所要采购物品的实际使用者。通常采购物品的要求是由他们首先提出来的，他们在规格型号的决定上有很大的作用。

2）影响者。企业内直接或间接影响采购决策的人，其中技术人员是特别重要的影响者。他们可以提供评价方案的有关资料信息，以待采购决策。

3）采购者。具体执行采购任务的人员，他们负责选择供应者并与之谈判签约。在较复杂的采购过程中，常有企业高级管理人员亲自参加交易谈判。

4）决策者。企业里有权决定采购项目和供应者的人有时就是采购者；但在较大的企业和复杂的采购中，决策者通常是企业的主管。

5）把关者。可控制信息流向的人员，他们可控制外界与采购有关的信息流入企业。如采购代理商有权阻止供应商的推销人员直接会见被代理企业的使用者和决策者。

步骤二　理解产业市场的特点

1. 购买者数量较少而规模较大

在消费者市场上，购买者是个人和家庭，购买者数量很大，但规模较小。而产业市场上的购买者，绝大多数都是企事业单位，购买的目的是为了满足其一定规模生产经营活动的需要，因而购买者的数量很少，但购买规模很大。由于生产集中和规模经济，要达到一定的生产批量，一次的购买额必然很大。但是，在产业市场内部，购买者的规模和购买批量的分布是不均衡的。

2. 产业分布的地理位置集中

由于国家的产业政策、自然资源、地理环境、交通运输、社会分工与协作和销售市场的位置等因素对生产力空间布局的影响，容易导致其在生产分布上的集中，如我国现代化大工业主要集中于东北、华北和东南沿海一带。正因为这样，企业把生产资料卖给企业购买者的费用就可以降低。

3. 产业市场的需求是派生需求

派生需求又叫引申需求，即产业市场的需求是由消费者市场需求派生和引申出来的。例如，消费者对电视机的需求引申出电视机厂对电视机生产资料的需求。派生需求要求产业市场的企业不仅要了解直接服务对象的需求情况，而且要了解连带的消费者市场的需求动向，同时企业还可以通过刺激最终消费者对最终产品的需求来促进自己的产品销售。

4. 产业市场的需求波动性较大

产业市场比消费者市场的需求波动性更大。这是因为，产业市场内部的各种需求之间具有很强的连带性和相关性，而且消费品市场需求的结构性变化会引起产业市场需求的一系列连锁反应；受经济规律的影响，消费品市场需求的少量增加与减少，会导致产业市场需求较大幅度的增加和减少；产业市场的需求更容易受各种环境因素（尤其是宏观环境因素）的影响，从而产生较大的波动。

5. 产业市场的需求一般都缺乏弹性

在产业市场上，生产资料购买者对价格不敏感，一般不受市场价格波动的影响。产业市场的需求在短期内尤其缺乏弹性。这首先是因为生产者不能在短期内明显改变其生产工艺。例如，建筑业不能因水泥涨价而减少用量，也不能因钢材涨价而用塑料代替钢材。其次是因为产业市场需求的派生性，只要最终消费品的需求量不变（或基本不变），引申的生产资料价格变动不会对其销量产生大的影响。再次是因为一种产品通常是由若干零件组成的,如果某种零件的价值很低,这种零件的成本在整个产品的成本中所占比重很小,即使其价格变动,对产品的价格也不会有太大影响,因此对这些零件的需求也缺乏弹性。

6．产业市场供应关系相对长期稳定

产业市场上的买卖双方倾向于建立长期的业务联系,相互依存,卖方在顾客购买决策的各个阶段通常要参与决策,帮助顾客解决一些购买过程中的问题,提供完善的售前咨询、答疑及售中、售后服务,有时要帮助顾客寻找能满足其需要的商品,甚至按顾客要求的品种、性能、规格和时间定期向顾客供货。产业市场的供方一定要通过有效的服务与顾客建立长期的业务联系,以保持自己产品的市场占有率和企业的稳定客户。

【案例】

沃尔玛成立全球采购中心,供应商如何应对?

2009年10月,沃尔玛公司首次在投资社区年会上宣布了以新的全球采购中心(GMCs)为核心的统一的全球采购架构。这个新架构将会发挥公司在非食品采购及全球食品采购上的全球规模优势。

2010年1月6日,沃尔玛宣布为了控制成本,将加大直采力度,缩短供应链。

2010年1月28日,沃尔玛正式宣布采用全球采购的新模式,创立全球采购中心,进行领导及架构调整等一系列相关项目。

2010年2月4日,沃尔玛在福建的一名采购代理商陈某表示,由于沃尔玛采购策略的调整,他所在的公司已停止帮助沃尔玛采购,在过去的3年,其每个季度采购的商品总额达百万元。

长期依赖沃尔玛的供应商陷入了困境,一场沃尔玛中国供应商的变革由此开始。一家在广东茂名的沃尔玛渔具系列产品供应商由于订单减少,引发裁员。

7．生产资料的购买要求较为严格

这是因为,生产资料所购买的产品将被用于生产经营活动,不易替代,且单位产品价值较高,购买的数量较大,其质量好坏、适用性、经济性和供应等会给企业的生产经营过程、满足市场需求、应变能力、竞争能力及赢利能力等方面形成较大的影响。因此,生产资料购买者对所购产品在技术经济性等方面有严格的要求。

8．购买者更愿意从一个供应商处购买一揽子产品

组织购买设备组建技术性比较强的生产性或实验系统时,涉及软件与硬件的配套问题,此时会要求供应商具有将系统进行集成的能力,这样不至于因购买了几个供应商分别提供的产品不配套,运行不协调,造成无法确定责任。因此,购买者更愿意从一个供应商处购买一揽子产品,以回避技术风险。

步骤三　把握产业用户的购买行为

产业用户的购买行为受到众多因素的影响,购买决策过程有其特殊性。

1．影响产业用户购买决策的主要因素

影响产业用户购买决策的因素可以归纳为4类,如图1-2所示。

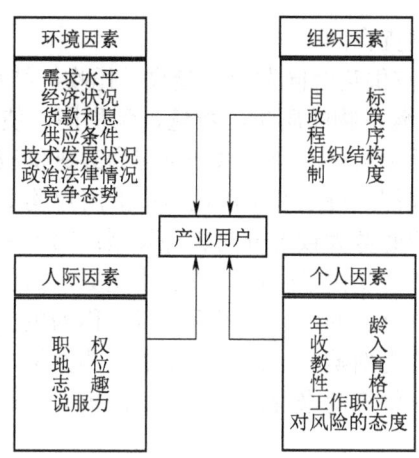

图 1-2　影响产业用户购买决策的因素

1）环境因素。它是企业外部的影响因素。生产者购买行为经常受到社会经济、政治等各种因素的制约。

2）组织因素。它是企业自身的采购目标、政策、程序、组织结构和相应的制度等。这5个方面的组织因素交互影响,通过组织的力量,确定购买一方在制定购买决策中的期望、目标和使用资料,是影响购买者行为的重要因素之一。

3）人际因素。影响生产者购买决策的人际因素,经常由许多具有不同地位、权力和职能的人组成,可以是一个企业的采购中心,包括使用者、采购者、决策者和控制者等,这些人参与购买生产资料的决策过程,他们在企业中的地位、职级、影响力等以及彼此之间的关系有所不同,通常会导致决策的矛盾和决策过程的复杂化。

4）个人因素。它指购买决策参加者的年龄、收入、教育程度、职业和个性特征等。通常人们认为生产资料市场购买是有组织的购买而忽视购买者的个人特点。实际上,所有组织的购买行为最终都是在组织的相互影响基础上产生的一种个人行为,特别是供应商的感觉印象及对风险的态度。

2．产业用户的购买决策过程

产业用户的购买决策过程从确认需求到评价购买结果大致经历 8 个阶段。

1）确认需求。导致确认需求的原因是新的生产计划的确定、原有设备的报废、决定开发新产品、发现现有原材料或零配件。

2）确定需求特征和数量。由企业管理者结合有关工程技术人员、财务人员、采购人员共同确定所需产品的特征和数量,编制需求总说明书。

3）确定购买要求。将采购工作落实到个人,确定购买的各项要求,如待购品的具体规格、性能、型号、价格以及交货期等。

4）寻找供应商。在采购新材料、新设备的情况下,可由设计、生产部门提出供应商建议名单,由采购部门调查和鉴别供应商。

5）分析供应商的建议。供应商向采购者提供建议书,包括可供应的产品目录,产品详细说明书等,甚至派专门推销人员前来洽谈。采购人员对各个供应商的建议书进行评价,分析和比较各个供应商的产品。

6）选择和确定供应商。在上述比较的基础上,与供应商就购买的各项要求进行详细商谈，选择和确定供应商签订供货合同。

7）履行购货手续。双方按供货合同发货、验收、托收、结算等，履行购货手续。

8）评价购买结果。对所购货物的质量、数量、到货期、使用效果进行分析总结，并通过采购人员将分析总结信息反馈给供应商，以利供应商改进供应工作。

然而，并非每次采购过程都经过这8个阶段，产业用户购买行为的复杂程序取决于采购业务的类型。产业用户的采购业务大致可分为3种类型：第1种是已买过的商品，按常规继续进货，称为直接续购；第2种是由于生产的改进或变更，需要修订采购方案，改变进货的规格、型号等条件，或寻找更合适的供应商组织进货，称为更改续购；第3种是购买从来没买过的全新的产品或劳务，称为新购。这是最复杂的采购类型，其决策过程较为复杂，参与购买决策的人数较多。新购对供应商来说是一种最好的机会，这是一个还未被任何竞争对手占据有待于争取的市场。

步骤四　了解产业市场细分标准

除心理因素对产业市场的购买行为影响很小外，消费者市场细分标准一般都可以用于产业市场，但产业市场细分还应考虑以下2个因素。

1）最终用户。最终用户不同，所追求的需求利益通常不相同。如电子产品市场按最终用户可分为军事用户、工业用户和商业用户3个子市场。一般来说，军事用户重视产品质量，特别是产品的可靠性，而价格不是主要考虑的因素；工业用户则重视产品的质量和售后服务，在质量保证的前提下，力求价格便宜，以降低制造成本。商业用户则重视价格和交货期。因此，企业应根据上述不同用户的需求特点制定不同的营销策略。

2）用户规模。企业的规模大小主要依据企业资金的多少和购买力大小来划分。一般来说，大企业数量少，资金多，购买次数少而一次购买数量大；小企业数量多，资金少，购买次数多而一次购买量少。因此，企业可根据用户的规模大小细分市场，对于大企业可用人员推销、登门服务的方式；对于小企业，可通过间接销售途径。另外，在客户接待方式上有所不同。大客户通常由主要业务负责人接待洽谈，一般中小企业由推销员接待。

 触类旁通

一家水泥公司的成功秘诀

某国政府准备在国内某城市附近招标建一个水泥厂。一家A国公司上交一份建议书，其中包括选择厂址、设计工厂、招聘建筑工程队、调集材料和设备，最后交给某国政府一个建好的工厂。另一家B国公司，在拟订建议书时，除包括以上各条款之外还雇用和培训工人，并通过其贸易公司替该厂把水泥向国外出口，用该厂生产的水泥修建一些通往此城市的公路，并在此城市建一些办公大楼。尽管B国公司的建议书耗资较多，但该建议的吸引力更大因而中了标。显然，B国公司并不是仅从建一个水泥厂来看问题（狭义的系统销售观点），而是把建厂与将给国家带来经济利益联系在一起，它们并不把自己仅当作一个工程建筑公司，而是当作一个经济发展机构。它们从最宽的角度来看待顾客的要求，这才是真正的系统销售。

项目1　感知市场

  分析与思考

本地区主要大宗产品有哪些？其主要市场在哪里？

任务5　网销市场分析

  任务要点

关　键　词：网销市场、市场特点、网销市场环境。

理论要点：网络营销理论基于直复营销理论、网络关系营销论、软营销理论和网络整合营销理论；广阔的发展前景注定市场有巨大空间。

实践要点：了解网销现状和发展趋势，理解网销特点，熟悉网销环境。

 **任务情境**

网上麦当劳

麦当劳与投资公司 Accel-KKR 合作，为食品公司成立全球互联网公司，协助公司降低运作成本。这个企业端电子商务的网络新公司名为 eMacDigital，企业总部位于芝加哥，公司目标将锁定在提高企业效率、降低成本、建立新市场与销售渠道。

同时，麦当劳公司还宣布它已经投资于 Food.com 公司，以便使人们能够方便地从网上定购它的食品，所定购的食品将由该公司送货上门。Food.com 公司的网站上不仅能够定购食品，还能提供新闻和电子商务。但是麦当劳公司并没有透露该项投资的具体内容，人们只知道这项投资是由它的一个子公司进行的。麦当劳公司总裁堪塔路普说，虽然麦当劳还是专注于其老本行，但他们也重视新技术的利用。他还说，创新仍然是麦当劳在全球战略中的核心。如今，麦当劳在全球 118 个国家中有 2.6 万个连锁店，每天为 430 万人提供麦当劳食品。

  任务分析

认识网销市场及其特点、网络营销环境，了解网销市场的现状与发展前景，做好进入网销市场的知识储备与心理准备。

任务实施

步骤一　建立网销市场的概念

网销市场，即网络营销市场

网络营销（Online Marketing 或 E-Marketing）就是以互联网络为基础，利用数字化的信

27

息和网络媒体的交互性来辅助营销目标实现的一种新型的市场营销方式。简单地说，网络营销就是以互联网为主要手段进行的，为达到一定营销目的的营销活动。

网络营销是以互联网为载体，以符合网络传播的方式、方法和理念实施营销活动，以实现组织目标或社会价值。网络营销产生于 20 世纪 90 年代，发展于 20 世纪末至今。网络营销产生和发展的背景主要有 3 个方面，即网络信息技术发展、消费者价值观改变和激烈的商业竞争。

网络营销的理论基础主要包括直复营销理论、网络关系营销论、软营销理论和网络整合营销理论。

1）直复营销理论是 20 世纪 80 年代引人注目的一个概念。美国直复营销协会对其定义是"一种为了在任何地方产生可度量的反应和（或）达成交易所使用的一种或多种广告媒体的相互作用的市场营销体系。"

2）关系营销理论是 1990 年以来受到重视的营销理论，它主要包括两个基本点：①在宏观上认识到市场营销会对范围很广的一系列领域产生影响，包括顾客市场以及影响者市场；②在微观上，认识到企业与顾客的关系不断变化，市场营销的核心应从过去简单的一次性交易关系转变到注重保持长期的关系。

3）软营销理论认为客户购买产品不仅是满足基本的生理需求，还要满足高层次的精神与心理需求。传统的营销策略在满足客户基本需求的前提下更多考虑的是企业自身营销目标的需要，因此在很多方面表现出"强势营销"的特征，典型的如传统广告与人员推销。而网络的交互与虚拟性为企业和客户之间的互动提供了便捷的渠道，客户可以主动、有选择地与企业沟通，因此企业必须改变传统的以自我为主的方式，以加强企业内涵，增强企业吸引力，使消费者在某种个性化需求的驱动下在网上寻找相关信息或广告。因此，软营销理论是针对工业经济时代以大规模生产为主要特征的"强势营销"而提出的，它强调企业在进行营销活动的同时必须尊重消费者的感受和体验，让消费者主动接受企业的营销活动。

4）网络整合营销理论主要包括以下几个关键点。网络营销首先要求把消费者整合到整个营销过程中，从他们的需求出发开始整个营销过程。根据客户的行业背景分析、目标对象的特点、客户的实际情况及商业目的等进行综合分析，结合网络营销市场的现状与需求设计一套符合客户整体商业运作的策划方案，其中包括网站所属行业市场分析、目标对象分析、网站定位分析、栏目及页面分析、功能需求分析以及网站推广方案建议等一系列内容。

步骤二　了解网络营销现状与发展前景

1. 我国网络营销现状

在我国，网络营销起步较晚，到 1996 年才开始被一些企业尝试。

1997～2000 年是我国网络营销的起始阶段，电子商务快速发展，越来越多的企业开始注重网络营销。

2000 年至今，网络营销进入应用和发展阶段，网络营销服务市场初步形成，企业网站建设迅速发展，网络广告不断创新，营销工具与手段不断涌现和发展。

到 2008 年 6 月底，我国网民高达 2.53 亿，居世界第一位，网购人数达 6 329 万人。

到 2009 年底，我国网民高达近 4 亿，居全球第一。

2010 年 6 月，总体网民规模达到 4.2 亿。

截至 2011 年 6 月底，我国网民总数达到 4.85 亿，互联网普及率为 36.2%，较 2010 年年底提高 1.9 个百分点。

目前，网络调研、网络广告、网络分销、网络服务和网上销售等网络营销活动，正非常活跃地进入企业的生产经营中。

2．网络营销发展前景

2011年6月，我国网民达到4.85亿人，位居全球第一。巨大的上网人数，带来了巨大的商机。在欧美国家，90%以上的企业都建立了自己的网站；通过网络寻找自己的客户、寻找需要的产品，这已经成为习惯。如果企业想购买些什么，特别是首次购买时，会先在网上进行初步的查找和选择，再进一步与供应者取得联系。网上巨大的消费群体特别是企业的商务习惯变化，给网络营销提供了广阔的空间。网络营销的跨时空性无疑是一个"重型炮弹"，将对整个营销产生巨大的冲击。

随着我国网络营销的发展壮大，企业对网络营销人才的需求不断加大。网络营销相关岗位的需求与日俱增，随之而来是巨大的从业机会，同时，也对从业者的技能有了新的要求。

步骤三　理解网络营销的特点

随着互联网技术发展的成熟以及联网成本的降低，互联网类似一种"万能胶"将企业、团体、组织以及个人跨时空联结在一起，使得他们之间信息的交换变得"唾手可得"。市场营销中最重要也最本质的是组织和个人之间进行信息传播和交换。如果没有信息交换，那么交易也就是无本之源。正因为如此，互联网具有营销所要求的某些特性，使得网络营销呈现出一些特点。

1．时域性

营销的最终目的是占有市场份额，由于互联网能够超越时间约束和空间限制进行信息交换，使得营销脱离时空限制进行交易变成可能，企业有了更多时间和更大的空间进行营销，可每周7d，每天24h随时随地提供全球性营销服务。

2．富媒体

互联网被设计成可以传输多种媒体信息，如文字、声音、图像等信息，使得为达成交易进行的信息交换能以多种形式存在和交换，可以充分发挥营销人员的创造性和能动性。

3．交互式

互联网通过展示商品图像、商品信息资料库提供有关查询，来实现供需互动与双向沟通。还可以进行产品测试与消费者满意调查等活动。互联网为产品联合设计、商品信息发布以及各项技术服务提供最佳工具。

4．个性化

互联网上的促销是一对一的、理性的、消费者主导的、非强迫性的、循序渐进式的，而且是一种低成本与人性化的促销，避免推销员强势推销的干扰，并通过信息提供与交互式交谈与消费者建立长期良好的关系。

5．成长性

互联网使用者数量快速增长并遍及全球，使用者多属年轻、中产阶级、高教育水准。这部分群体购买力强而且具有很强的市场影响力，因此是一项极具开发潜力的市场渠道。

6. 整合性

互联网上的营销可由商品信息至收款、售后服务一气呵成，因此也是一种全程的营销渠道。另一方面，企业可以借助互联网将不同的传播营销活动进行统一设计规划和协调实施，以统一的传播资讯向消费者传达信息，避免不同传播中的不一致性产生的消极影响。

7. 超前性

互联网是一种功能强大的营销工具，它同时兼具渠道、促销、电子交易、互动顾客服务以及市场信息分析与提供的多种功能。它所具备的一对一营销能力，正是符合定制营销与直复营销的未来趋势。

8. 高效性

计算机可储存大量的信息，代消费者查询，可传送的信息数量与精确度远超过其他媒体，并能应市场的需求及时更新产品或调整价格，因此能及时有效了解并满足顾客的需求。

9. 经济性

通过互联网进行信息交换，代替实物交换，一方面可以减少印刷与邮递成本，可以无店面销售，免交租金，节约水电与人工成本，另一方面可以减少由于迂回多次交换带来的损耗。

10. 技术性

网络营销大部分是通过网上工作者的一系列宣传、推广，其中的技术含量相对较低，对于客户是小成本大产出的经营活动。网络营销是建立在高技术作为支撑的互联网的基础上的，企业实施网络营销必须有一定的技术投入和技术支持，改变传统的组织形态，提升信息管理部门的功能，引进懂营销与计算机技术的复合型人才，这样才能具备市场竞争优势。

步骤四 掌握网络营销基本原则

网络营销的核心思想是"营造网上经营环境"。网上经营环境，是企业内部和外部与开展网上经营活动相关的环境，包括网站本身、顾客、网络服务商、合作伙伴、供应商、销售商和相关行业的网络环境等，网络营销的开展就是与这些环境建立关系的过程，这些关系处理好了，网络营销也就有成效了。网络推广营销策划的基本原则如下。

1. 创新性原则

网络为顾客对不同企业的产品和服务所带来的效用和价值进行比较带来了极大的便利。在个性化消费需求日益明显的网络营销环境中，通过创新创造和顾客的个性化需求相适应的产品特色和服务特色是提高效用和价值的关键。特别的奉献才能换来特别的回报。创新带来特色，特色不仅意味着与众不同，而且意味着额外的价值。在网络营销方案的策划过程中，必须在深入了解网络营销环境尤其是顾客需求和竞争者动向的基础上，努力营造旨在增加顾客价值和效用、为顾客所欢迎的产品特色和服务特色。

2. 系统性原则

网络推广营销是以互联网为工具的系统性的企业经营活动，它是在网络环境下对市场营销的信息流、商流、制造流、物流、资金流和服务流进行管理的。因此，网络营销方案的策划是一项复杂的系统工程。策划人员必须站在企业机构的战略高度和行业环境综合资源配套的情况下以系统论为指导，对企业网络营销活动的各种要素进行整合和优化。

3．持续性原则

网络营销是建立在网络基础上的、围绕网络平台而展开的系列营销行为，因而网络营销依然属于传统营销理论的范畴，只是在传统营销理论的基础上演变出一些新的特点。

从这个角度看，网络营销要想取得效果，依然要遵从传统营销必须要遵从的多个要点，很多情况下不是网络营销没有效果而是企业各方面能力的欠缺使得网络营销的效果打了折扣，网络营销只是企业营销的一部分，要服从企业的战略任务以及长短期目标。

4．经济性原则

网络营销策划必须以经济效益为核心。网络营销策划不仅消耗一定的资源，而且通过网络营销方案的实施，改变企业经营资源的配置状态和利用效率。网络营销策划的经济效益是策划所带来的经济收益与策划和方案实施成本之间的比率。成功的网络营销策划，应当是在策划和方案实施成本既定的情况下取得最大的经济收益，或花费最小的策划和方案实施成本取得目标经济收益。

5．操作性原则

网络营销策划的结果是形成网络营销方案。网络营销方案必须具有可操作性，否则毫无价值可言。这种可操作性表现为在网络营销方案中策划者根据企业网络营销的目标和环境条件就企业在未来的网络营销活动中做什么、何时做、何地做、何人做和如何做的问题进行周密的部署、详细的阐述和具体的安排。也就是说，网络营销方案是一系列具体的、明确的、直接的、相互联系的行动计划的指令，一旦付诸实施，企业的每一个部门、每一位员工都能明确自己的目标、任务、责任以及完成任务的途径和方法，并懂得如何与其他部门或员工相互协作。

步骤五　了解网络营销的分类

1．以服务的对象不同分类

1）个人网络营销。个人可以通过网络的方式进行营销。目前这种方式已经广泛地被广大网民使用，典型的应用如"淘宝卖家""Anzone"等通过网络方式出名的网络炒家。

2）企业网络营销。网络的商用价值应该成为互联网营销的主流。目前大量企业通过网络营销的方式拓展自己的业务。

2．以应用范围划分

1）广义的网络营销。网络营销就是以互联网为主要手段（包括 Intranet 企业内部网、EDI 行业系统专线网及互联网）开展的营销活动。

2）狭义的网络营销。狭义的网络营销是组织或个人基于开放便捷的互联网，对产品、服务所做的一系列经营活动，从而达到满足组织或个人需求的全过程。

3）整合网络营销。网络营销是企业整体营销战略的一个组成部分，是为实现企业总体经营目标所进行的，以互联网为基本手段营造网上经营环境的各种活动。

4）颠覆式网络营销。2010 年爆发"颠覆式网络营销"模式。创始人郑俊雅认为，企业应跳出此普通层面，以高端的商业策划为指导，突破常规网络营销方法，创造出独特、新颖、创意、吸引、持久的颠覆式网络营销方法，才能实现网络营销效果。

5）社会化媒体营销。社会化媒体营销就是利用社会化网络、在线社区、博客、百科或者其他互联网协作平台媒体进行营销、销售、公共关系和客户服务维护开拓的一种方式。

6）非对称网络营销。非对称竞争是传统企业兴起的一种理念。2010年在网络营销爆发的时代，万成卫先生将其引入网络营销，并把非对称竞争理念成功转换成可运用的网络营销模式。

7）量贩式网络营销。也称量贩式网络推广，2011年由星之传媒总经理、著名网络营销策划师王天星先生提出。由于网络营销市场在国内刚起步，服务水平参差不齐，急需一种量贩化、快餐化的网络营销方式来规范行业发展，让企业能真正自主选择。

触类旁通

B2C 网络营销典型案例：亚马逊书店

1．亚马逊书店介绍

成立于1995年7月的亚马逊（Amazon）书店，是第一家互联网上的虚拟书店，成立之初是一个名不见经传的网站，经过短短4年的运作，已成为全球最成功的网络公司。亚马逊书店在网络商业界建立了一个前所未有的网络书海，为全世界100多个国家的顾客提供服务。1999年，近620万人次在该网站购物，比1998年增长了64%。亚马逊书店为顾客提供了多达470万种书籍。如今，亚马逊书店的产品扩展到音乐CD、DVD、玩具、软件、厨具、电子产品和硬件等，已取得了不俗的销售业绩。

2．网络带来的市场机会

当网络刚兴起时，亚马逊书店创始人（杰夫·贝洛斯）就意识到一个新的市场营销时代即将到来。杰夫·贝洛斯创办亚马逊时认为，虚拟书店与现实书店相比具有很大的优势，一个虚拟书店的存书量理论上没有限制，而这是传统书店无法相比的。到1999年年底，亚马逊书店已经提供了470万册书，而且亚马逊书店正把目标转移到数千个更小的、独立的、从不把书放到书店的发行商，将这些小发行商发行的书籍放在网上出售。网络营销的采用为亚马逊书店提供了极好的市场机遇，凭借自己的服务夺取登上世界第一网上书店的桂冠。

3．亚马逊书店营销策略

亚马逊书店在营销方面十分舍得投入，每收入1美元就要拿出24美分用于开展营销活动，而传统的零售商则仅花4美分左右。从具体营销策略来看，亚马逊书店的营销策略主要有以下几种。

（1）产品策略

亚马逊书店根据所售商品的种类不同，分为三大类：书籍（book）、音乐（music）和影视产品（video）。每一类商品都设置了专门的页面。同时，在各个页面中也很容易看到其他几个页面的内容和消息。它将书店中不同的商品进行分类，并对不同的电子商品实行不同的营销策略和促销手段。

（2）价格策略

亚马逊书店采取价格折扣的策略。价格折扣策略是企业为了刺激消费者增加购买，在商品原价格上给予一定的折扣。它通过扩大销量来弥补折扣费用和增加利润。亚马逊书店对大多数商品都给予了相当数量的折扣。例如，在音乐类商品中，书店承诺"you will enjoy everyday savings of up to 40% on CDs, including up to 30% off Amazon. com's 100 bestselling CDs"（对CD类给40%的折扣，其中包括对畅销CD的30%的回扣）。

（3）促销策略

传统营销中的促销方式主要有广告、人员推销、公共关系和营业推广4种。在亚马逊书店的网页中，除了人员推销外，其余部分都有体现。

主页上广告的位置也很合理，首先展示的是当天的最畅销书，然后是最近的畅销书介绍，还有读书俱乐部的推荐书以及著名作者的近期书籍等。不仅在亚马逊书店的网页上有大量的多媒体广告，而且在其他相关网络站点上，也经常可以看到他的广告。亚马逊书店广告的一大特色是动态实时性。每天都更新的广告版面使顾客能够了解到最新的出版物和最权威的评论。不但广告每天更换，而且还可以从"Check out the Amazon.com Hot100. Updated hourly!"中读到每小时都在更换的消息。

亚马逊书店千方百计地推销自己的网站，不断寻求合作伙伴。由于有许多合作伙伴和中间商加入，顾客进入其网点的方便程度和购物机会都大大增加。他甚至慷慨地作出了如下的承诺：只要你成为亚马逊书店的合作伙伴，那么由贵网点售出的书，不管是否达到一定的配额，亚马逊书店将支付给你 15%的介绍费。这是其他合作型伙伴关系中很少见的。目前，Yahoo!、Excie 等知名的网站，已成为亚马逊书店的合作伙伴。

亚马逊书店还专门设置了一个礼品（gift）页面，为成年人和儿童都准备了各式各样的礼物，这是促销策略中的营销推广活动。这种策略通过向各个年龄段的顾客提供购物券或者精美小礼品的方法，吸引顾客长期购买亚马逊书店的商品。此外，亚马逊书店还为长期购买其商品的顾客给予优惠，这也是一种营销推广的措施。

分析与思考

从亚马逊书店给大家的启示中，请找出10种不便通过电子商务方式在网上销售的商品。

学习成果展示

1. 展示方式

以学习小组（每组 3~4 人，一般以座位相邻的同学组建学习小组）为单位，在班级学习专栏张贴学习成果或以报告会的方式交流。

2. 展示内容

1）以校园消费需求分析为基础，细分吃、穿、日用等三大类校园消费市场的具体名称，列举三大类校园消费市场的 20 个细分市场。

2）根据学习者所在地区主要生产的产品的结构特点，列出具有地方特色商品的主要市场方向，并简要分析其发展的前景。

3. 学习评价

（1）组内成员相互评价

组别_____ 项目_____

成 员	学习参与情况		成果贡献率		得 分
	积极（5分）	一般（3分）	大（5分）	小（3分）	
成员1					
成员2					
成员3					
成员4					

（2）学习组相互评价

组别_____ 项目_____

学习组	展示内容		表现效果		得 分
	好（5分）	一般（3分）	好（5分）	一般（3分）	
小组1					
小组2					
小组3					
……					
小组N					

项目 2 市场调查

 开篇案例

报喜鸟西服的市场调查研究

成立于 1996 年的报喜鸟集团已连续 6 年进入全国西服销售收入前 10 名,主导品牌报喜鸟被认定为"中国驰名商标"。我国已成为服装大国,但还不是服装强国,主要表现在生产厂家众多、产量大,但缺乏强势品牌、产品价格低。随着买方市场的形成,服装企业依靠数量、质量占领市场的策略不再奏效。

面对国内西服市场品牌众多、竞争激烈的现状,报喜鸟集团组建后,创立品牌成为迫切任务。在经过市场调研后,报喜鸟老总吴志泽认为"男性进口名牌服饰优选的面料、新颖的款式吸引了高收入群体,但是中低收入群体无力购买,而国内一些实力雄厚的名牌产品则以一流品质赢得了自己的消费者群体,但在色调选择和款式变化上仍难以满足中高收入阶层中追求时尚的男性消费者"。从细分市场角度看,价格在 1 800~2 000 元的中端市场还少有人涉足,由此切入,可以避免同国内实力雄厚的品牌正面竞争,同时这也是有利可图的市场。

项目描述

随着人类经济社会的发展,人们生活水平的提升,消费升级推进市场的不断升级、延续,不是缺少市场机会,而是缺少市场发现。掌握市场调查的方法,开展市场调查研究,学会寻找发现市场机会。

学习目标

- 知识目标:认识市场调查的内容、方法与程序。
- 能力目标:能进行市场调查策划,会设计调查问卷,会开展市场调查。
- 情感目标:通过具体的目标市场调查方案制定,参与调查问卷设计、现场调查等实践性活动,激发对参与商务活动和课程学习的热情。

要点剖析

- 项目重点:市场调查程序、市场调查方案设计和现场调查。
- 项目难点:市场调查方案设计、问卷制作、现场调查实施与控制。

任务1 掌握调查流程

任务要点

关　键　词：市场调查、市场调查内容、市场调查程序、问卷调查。
理论要点：市场调查是开展市场研究的基础性工作，市场调查的内容确定、方法选择等直接影响市场调查的科学性和客观性。
实践要点：熟悉市场调查程序，掌握市场调查方法。

任务情境

如何开展校园消费需求调查？

为争取学校 10 万元校园服务创业基金，必须选择一个好的校园服务项目，做一个可行性报告，为此，必须开展校园消费需求调查。
讨论：校园消费调查要做哪些事情？如何进行？

任务分析

认识开展市场调查的意义，了解市场调查的基本内容，掌握开展市场调查的程序，参与具体市场调查方案的设计，为进一步开展市场调查活动奠定基础。

任务实施

步骤一　建立市场调查的概念

1. 市场调研是企业制订营销计划和策略的基础工作

在市场竞争日益激烈的今天，只有质量优异的产品和服务，没有强有力的市场营销活动，很难确保企业的经营成功。而市场营销计划必须与企业内、外条件相吻合，由此才能制订出切实可行的营销方案。企业营销策略也要考虑企业内、外部的条件，而且更多的是外部条件。只有根据市场形势的不断发展变化制定的企业的营销组合，营销活动才能做到正确而有效。而要了解和掌握这些企业外部情况，就必须依赖市场调研，依赖市场调研获取的市场信息资料，分析这些信息资料，预测市场发展趋势。通过市场调研，可以了解市场总的供求情况、市场的大小和趋势，以便确定企业的生产计划和销售方案。通过市场调研，可以对日益复杂的分销渠道进行筛选，确立最有效的分销途径和分销方式，以尽量减少流通环节，缩短运输路线，降低仓储费用，降低销售成本。

2. 市场调查的定义

市场调查（Marketing Research）是运用科学的方法，有目的地、有系统地搜集、记录、整理有关市场营销的信息和资料，分析市场情况，了解市场的现状及其发展趋势，为市场预测和营销决策提供客观的、正确的资料。

3．市场调查的含义是随着商品经济的发展而变化的

在自给自足的自然经济社会里，由于商品经济很不发达，商品生产和规模很小，市场范围极其狭小，市场的供求比较稳定，人们只要通过耳闻目睹就能够基本了解到市场的动态和趋势，而无须专门对市场进行深入细致的调查。随着商品经济的发展和市场的日益扩大以及市场营销观念的转变，社会生产、流通和消费三大环节日益活跃，不仅在空间上突破了狭小的地域界限，使市场范围越来越大，而且在供求数量、产销平衡等方面的矛盾日益尖锐，市场逐步由卖方市场转变为买方市场，同时，国际贸易的迅速发展更显示出以往那种不注意市场调查研究的传统营销模式已远远不能适应商品经济发展的需要。于是，现代市场调查随之应运而生，并作为企业管理的系统科学方法，在企业经营和管理中起着重要的作用。

步骤二　了解市场调查的内容

市场调查的内容很广，主要包括市场环境调查、市场需求调查和商品资源供应状况的调查，还包括消费者及消费需求、企业产品、产品价格、影响销售的社会和自然因素、销售渠道等。企业市场调查的基本内容主要有市场专题调查和市场环境调查两类。

1．市场专题调查

市场专题调查是根据某种需要对某个方面的相关信息进行专门的市场调查。具体包括市场需求调查、市场商品资源供应状况的调查、消费者调查、销售状况的调查和竞争环境调查。

2．市场环境调查

市场环境调查是对企业所处的市场环境进行调查。市场环境的变化直接影响市场需求的变化，企业必须根据市场环境对需求的影响情况组织生产和经营才能取得好的经济效益。市场外部环境调查的主要内容如下。

1）经济环境调查是对经济形势和工农业的生产情况、国民生产总值和国民收入的增长情况及其对社会购买力变化的影响、消费者的储蓄及信贷等方面进行调查。

2）人口环境调查是对人口的规模及其构成，人口的增长速度及地区间的流动等方面进行调查。

3）政治与法律环境调查是对一定时期内政治形势和政府的方针政策、法律、法规及规章制度的调查。

4）社会文化环境调查是对居民的职业构成、家庭组织规模、各民族特点和分布以及宗教信仰、道德风俗、生活习惯、审美观念及社会时尚、居民受教育的比例程度、文化修养等方面的调查。

步骤三　市场调查的程序

市场调查是一个复杂而细致的工作，同时又是企业应经常进行的大量工作。为了提高调查工作的效率，确保调查质量的可靠和有效，市场调查工作必须有计划、有步骤地进行。各类市场调查，由于其目的要求、调查范围和内容不同，调查的程序和步骤也不尽相同。一般，市场调查可分为3个阶段，其中每个阶段又可分为若干具体步骤。

1）调查准备阶段。调查准备阶段是调查工作的开始，为了保证市场调查工作的顺利进行

和保证调查质量，必须充分地做好一切准备工作。这个阶段主要解决有关调查目的、要求、调查范围等问题，在此基础上制订切实可行的调查方案和计划。这个阶段主要包括以下2个步骤。

① 发现与提出问题。调查什么、怎么样进行等都是调查人员首先要回答的问题，通常调查人员可以通过对企业内部的各种报表、统计资料、用户来函、有关年度总结报告和专题报告、财务预算等以及政府公布的统计资料、同行业的有关资料等进行分析；另外，市场人员要根据自己的观察及向企业有关人员的访问，从中找出企业经营过程中存在的主要问题，对问题有初步的认识和了解，从而明确当前要解决的问题。

② 试验性调查。根据初步情况分析所提出的问题及各种设想，调查人员应进行一次试验性调查。应组织有经验的专业人员、专家和用户等进行座谈，听取他们对这些问题的意见和评价，使问题更加明显和集中。通过初步情况分析和试验性调查后，如果问题已完全清楚，则调查可至此结束。如果还没有弄清楚问题的实质所在，那么就应该在此基础上进一步进行正式调查。

2）正式调查阶段。正式调查阶段是市场调查的主要阶段，是整个调查的核心。它以及时、全面、系统地收集信息和资料为目的。这个阶段主要分为2个步骤。

① 制订调查计划。调查计划是市场调查的行动纲领，主要包括的内容有：调查目的，说明为什么要进行这项调查，调查要达到什么目的和要求；调查项目，决定所要获取的资料内容以及调查途径；调查方法，决定调查的时间、地点、调查的对象及调查方式等；预算调查费用，市场调查费用较大，要考虑企业的承受能力，一般按资料费、交通费、出差补贴费、调查费等项目进行预算；调查日程安排，根据调查过程中所要作的各项工作、每项工作所需的时间以及各项工作间的联系情况，作出调查日程安排，能同时进行的工作应尽量安排同时进行，以节约时间。

② 调查的组织准备工作。市场调查前期的组织准备工作主要包括以下3个方面。

a) 人员培训。这是保证调查质量的一项十分重要的措施。通过培训，使调查人员明确调查方案、掌握调查技术。这对调查人员的文化水平、经验、能力和性格等都有一定的要求。

b) 问卷设计。这是把调查内容进一步具体化的关键一步，是进行询问调查不可缺少的工具。根据调查目的、调查方法以及调查内容的不同，问卷的设计可以是表格式、卡片式等。一份完善的问卷必须具备两个功能，一是能将所要了解的问题准确地传达给被调查者；二是被调查者乐于回答所问的问题，并将问题的答案反映出来。

c) 资料收集。资料是进行调查分析的信息来源，没有充足而准确的资料，也就无法得出正确的预测结果。资料来源包括现有资料和原始资料，其中现有资料又称为第二手资料，是由他人搜集整理的文字或数据资料，其取得比较容易，花费也少；而原始资料又称为第一手资料，是需要通过实地调查才能取得的资料，其花费较大，时间较长。

3）分析整理阶段。分析整理阶段是得出调查结果的阶段。在正式调查取得了大量的资料以后，为了确保资料的准确性、完备性、系统性，必须对调查的资料进行整理分析，这是调查全过程的最后一环，是市场调查能否充分发挥作用的关键。这个阶段包括3个步骤。

① 整理资料。通过市场调查所获得的资料，特别是通过实地调查所获得的第一手资料，一般比较零乱、分散，其中有些资料也可能是片面的，这就必须加以整理，以保证资料的系统完整和真实可靠。首先要对资料进行检查、核实与校对，在对资料进行整理时，要检查资料是否齐全，是否有重复和差错，前后之间是否有矛盾。若发现上述问题，应及时复查核实，进行补充、删改或剔除。对资料核实、校对后，为了便于市场调查资料的查找和应用，应将

资料按照一定的标准进行分类,并以文字或数字符号编号分类归档。

② 分析资料。对整理的调查资料再进一步加以分析。分析资料包括两个方面的工作内容,一方面是对整理好的资料运用统计分析方法进行分析,如计算平均值、百分比等,同时分析和判断各种调查的误差以及误差产生的原因,并想方设法采取弥补措施,剔除不能反映正常情况的数据;另一方面是要运用整理出来的资料和数据对调查中发现的问题通过集体讨论的方式加以分析论证,以得出合乎客观实际的调查结论。

③ 写出调查报告。调查报告是对某件事情或某个问题调查研究后编写的书面报告。调查报告是市场调查的最后成果,用事实材料分析说明调查的问题,并提出结论性的建议。市场调查报告一般有两种形式,一种是专门性报告,是供营销人员参考的,其内容比较详细明确;另一种是一般性的报告,供企业领导决策时参考。不论是哪一种形式,一般都包括市场调查的地点、时间、对象、范围及目的;所调查问题的实际材料与分析说明;采用的调查方法、调查目的、步骤等;本次调查的新发现及取得的成果;结论与建议;统计资料、图表及附录。

编写调查报告时,应注意以下几个问题:要回答调查计划中所提出的问题;所用统计数字要准确无误;分析问题要客观;要提出解决问题的方法;文字要简明扼要,用语通俗,报告内容要紧扣调查主题,重点突出。

 触类旁通

吉列公司向女人推销"刮胡刀"

男人长胡子,因而要刮胡子;女人不长胡子,自然也就不必刮胡子。然而,美国的吉列公司却把"刮胡刀"推销给女人,居然大获成功。

吉列公司创建于 1901 年,其产品因使男人刮胡子变得方便、舒适、安全而大受欢迎。进入 20 世纪 70 年代,吉列公司的销售额已达 20 亿美元,成为世界著名的跨国公司。然而吉列公司的领导者并不以此满足,而是想方设法继续拓展市场,争取更多用户。1974 年,公司提出了面向妇女的专用"刮毛刀"。

这一决策看似荒谬,却是建立在坚实可靠的市场调查的基础之上的。

吉列公司先用一年的时间进行了周密的市场调查,发现在美国 30 岁以上的妇女中,有 65%的人为保持美好形象,要定期刮除腿毛和腋毛。在这些妇女中,除使用电动刮胡刀和脱毛剂之外,主要靠购买各种男用刮胡刀来满足此项需要,一年在这方面的花费高达 7 500 万美元。相比之下,美国妇女一年花在眉笔和眼影上的费用仅为 6 300 万美元,花在染发剂上的费用为 5 500 万美元。毫无疑问,这是一个极有潜力的市场。

根据市场调查结果,吉列公司精心设计了新产品,它的刀头部分和男用刮胡刀并无两样,采用一次性使用的双层刀片,但是刀架则选用了色彩鲜艳的塑料,并将握柄改为弧形以利于妇女使用,握柄上还印压了一朵雏菊图案。这样一来,新产品立即显示了女性的特点。

为了使雏菊刮毛刀迅速占领市场,吉列公司还拟定几种不同的"定位观念"到消费者中征求意见。这些定位观念包括突出刮毛刀的"双刀刮毛"、突出其创造性的"完全适合女性需求"、强调价格的"不到 50 美分"以及表明产品使用安全的"不伤玉腿"等。

最后,公司根据多数妇女的意见,选择了"不伤玉腿"作为推销时突出的重点,刊登广告进行宣传。结果,雏菊刮毛刀一炮打响,迅速畅销全球。

商贸实务

这个案例说明，市场调查研究是经营决策的前提，只有充分认识市场，了解市场需求，对市场作出科学的分析判断，决策才具有针对性，从而拓展市场，使企业兴旺发达。

 分析与思考

大家都来发挥想象——从向女人推销"刮胡刀"的启示，想一想什么商品可以有另一种消费需求可以开拓。

任务2　制订调查方案

 任务要点

关　键　词：调查目的、调查内容、调查对象、调查方式、调查问卷。
理论要点：市场调查方案的制订是开展市场调查的基础性工作，方案的科学合理性是整
　　　　　个调查工作成功的关键。
实践要点：熟悉市场方案制订细节，学会制作调查问卷。

 任务情境

为某电动车厂家市场调查出谋划策

2011年8月16日，世界著名的美国汽车行业杂志 Wardsauto 公布，截至当日，中国汽车保有量已经达到7800万辆，为世界第二。统计数据显示，去年全球汽车平均拥有量为1:6.75，即每6.75个人拥有1辆汽车。在美国，这个比例是1:1.3；在法国、日本和英国，这个比例大约为1:1.7；在中国，这个比例约为1:17.2。

对于这样的数据，乐观人士认为，由于人均拥有量远远低于平均水平，所以中国汽车市场还大有可为，汽车保有量迈向全球第一也是指日可待；而悲观人士则认为，过去10年无节制的快速增长，已经给中国社会带来了诸多问题，不仅北京、上海、广州患上"大城市病"，就连一些二三线城市目前都面临严重的拥堵、污染等问题，城市发展与人类的宜居程度形成反比，灾难性的后果正在慢慢显现。

于是，可降低环境污染并减少不必要资源浪费的电动自行车顺应环境保护、节约资源之需而产生，目前在国内几个大城市蓬勃发展起来。生产电动自行车的厂家也日益多起来，竞争也日趋激烈。

某厂家为了增加竞争力，了解电动自行车使用者与潜在使用者的需求与建议，以作为研究改进电动自行车的有效参照，拟组织对全国3个主要电动自行车城市进行调查。

讨论：电动自行车市场调查应该包括哪些主要内容？整个活动如何开展？

项目 2　市场调查

任务分析

通过经典案例分析，在认知市场调查方案制订的基础上，参与具体市场调查项目的调查方案设计，理解市场调查方案设计要领，参与现场调查，提高社交能力。

任务实施

步骤一　确定调查目的

1．理解开展市场调查的意义

市场调查就是从研究市场的需求出发，根据实际条件和所要调查的内容，运用科学理论和最新的技术方法，系统地搜集有关资料、数据、情报和信息，并进行全面的分析研究与市场营销有关的信息，作为分析市场和制定决策的依据。

2．市场调查目的

任何一项调查，首先要回答为什么调查的问题，然后再考虑调查什么、怎样调查以及调查结果怎样分析处理等。因此，必须先确定市场调查的目标，而市场调查目标因项目不同而异。

【案例】

某大学 MP3 播放器市场调查目标

某企业为了解其 MP3 播放器产品在某大学校园市场的销售情况，拟定了一份市场调查方案——某大学 MP3 播放器市场调查。

背景资料：MP3 播放器是一种集娱乐性和学习性于一体的小型电器，因其方便实用而在大学校园内广为流行。当时各高校都大力强调学习英语的重要性，为了练好听力，某大学学生几乎人人都需要 MP3 播放器，市场容量巨大。为配合其 MP3 播放器产品扩大在某大学的市场占有率，评估某大学 MP3 播放器行销环境，制订相应的营销策略。

本次市场调查将围绕市场环境、消费者和竞争者为中心进行，为此确定了 5 项调查研究目标。

1）全面摸清企业品牌在消费者中的知名度、渗透率、美誉度和忠诚度。

2）全面了解本品牌及主要竞争品牌在某大学的销售现状。

3）全面了解目前某大学主要竞争品牌的价格、广告和促销等营销策略。

4）了解某大学消费者对 MP3 播放器消费的观点和习惯。

5）了解某大学在校学生的人口统计学资料，预测 MP3 播放器市场的容量及潜力。

步骤二　确定调查内容

市场调查包括专题调查与环境调查两个方面，常见的调查以专题调查为主。

1）市场需求调查。这是通过调查研究，估计市场的需求情况，把商品和服务的市场需求情况用数量表示出来。市场需求是经营活动的出发点和中心，它综合反映消费者的需要。因此，市场需求调查包括对消费者现实需求和潜在需求的调查。

2）市场商品资源供应状况的调查。市场商品资源供应状况的调查，有助于在全面掌握市场总体情况的基础上准确了解企业的市场地位，对制定的经营战略是非常有益的。这种调查的主要内容包括社会生产发展的水平和技术状态；国内外生产发展的趋势与动向；国家进口产品的数量、结构及可能的变化；国家商品物资储备、商业储存及社会潜在物资供应状况等。

3）消费者调查。消费者或用户是企业开发市场营销活动的最终对象，加强对消费者及其购买行为的调查，对于满足消费者需求、有效开展市场营销活动具有十分重要的意义。消费者调查的主要内容包括消费者的类别；消费的购买能力；消费者对本企业商品和服务的要求及对其他企业商品和服务的态度；购买动机及购买习惯等。

4）销售状况的调查。企业的销售状况综合反映了企业经营的成败。在市场经济条件下，如果商品没有销路或销路不好，必将形成商品的积压，对企业的生存和发展构成威胁。因此，只有不断地开拓市场，扩大商品的经销规模和范围，才能取得更好的经济效益。销售状况调查研究的主要内容包括本企业商品的销量与同行业商品的销量；本企业与同行业的市场潜力；本企业的市场占有率以及扩大市场占有率的可能性与潜力；商品的生命周期及市场销售的饱和状态；待开发市场的销量与发展趋势等。

5）竞争环境调查。市场的竞争状况直接影响企业的营销活动，企业必须随时掌握本企业在市场中的竞争地位，了解竞争对手的一系列情况，做到知己知彼，才能在激烈的竞争中立于不败之地。竞争情况的调查主要包括同行业竞争者的数量和规模；竞争对手的市场占有率及其发展变化；竞争对手的竞争策略和手段以及所处竞争地位等。

步骤三　确定调查对象与调查方式

1. 明确调查对象

任何一项调查，其调查对象应根据调查目标来定，比如，如果调查目标是所有大学生是否购买 MP3 播放器，那么调查对象应是所有大学生；如果调查目标是某大学学生购买 MP3 播放器的情况以及某品牌的知名度、渗透率等，那么调查对象应是某大学校园学生群体。为了提高调查数据的准确性，应尽可能有足够大的样本。样本大准确率提升，但调查的工作量上升，成本增加，为此要采用抽样调查的方法。

2. 明确调查方式

在实施调查过程中，具体采用怎样的调查方式与调查目标、调查内容有密切的联系。如果作定性调查一般不需要具体的数据，则在调查方式的选择上有更多的余地，如果作定量分析，则必须采用问卷调查方式并且要有足够的样本。

（1）问卷调查的概念

所谓问卷调查，就是根据调查目的制定调查问卷，由被调查者按调查问卷所提的问题和给定的选择答案进行回答的一种专项调查形式。问卷调查是一种常用的专项调查手段，是国际通行的一种专项调查形式，也是我国近年来进行专项调查的一种主要形式。

（2）问卷调查的特点

1）通俗易懂，实施方便。采用问卷形式进行专项调查，由于将调查的问题和可供选择的答案均提供给被调查者由其从中选择，因此，容易被调查者接受。

2）适用范围广。问卷调查既适用于对社会政治经济现象进行专项调查，也适用于对社会广大群众关心的问题进行专项调查，还适用于对其他关心的问题进行专项调查。

3）节省调查时间，提高调查效率。由于在调查问卷中已将调查目的、内容和问题及可供选择的答案均列出，因此，除特殊情况外，无须再详细说明，只需由调查者进行选择回答即可。从而，节省了时间，加快了调查进度。

步骤四 制作调查表

在明确了调查内容与调查方式以后，通常需要制作调查表或调查问卷，将市场调查需要的各项信息在一份调查表或问卷中展现出来，这是一个十分复杂的事情。因此，设计一份问卷应该有充分的准备，尤其要有丰富的调查经验。对调查过程及被调查者的心理状态做到心中有数，对有关该消费品的背景、市场行情等有一定的了解。如果只是坐在办公室里来设计问卷，无异于闭门造车，不可能制作出完美的问卷。

因此，在制作问卷之前，一般都要事先亲自到市场上进行访问调查，这一步骤是市场调查准备工作的一部分。

1．问卷设计的程序

一般来说，问卷设计过程如下。

首先，理解委托调查的目的及内容，然后亲自走访有关行业部门进行访问调查，询问一些相关问题，开始拟订问卷方案，再进行试调查，经修改并同客户讨论后确定正式问卷。

准备期间的走访调查是将调查内容具体化并以问题方式提出，例如，进行口香糖的消费者调查可以将调查内容转化成以下问题获得答案。

请问您最近买过什么品牌的口香糖？

您多长时间买一次？

请说出您知道的口香糖品牌？

您喜欢什么味道的口香糖？

您是否看过口香糖的广告，在广告中印象最深的一幅画面是什么？

通过诸如此类的问题的自由访问调查，问卷设计者对消费者的态度、意见有了主观感受，就可以进行下一步问卷设计了。

2．问卷设计的方法

问卷设计尤其是答案的设计方法，主要以问题需要、统计方便为准则，常用的有以下6种。

（1）二项选择法（又称是否法/真伪法）

它的回答项目非此即彼，简单明了。这种问题的形式一般如下。

您是否购买过空调？

a）是 b）否

这类问题的答案通常是互斥的，调查结果统计得到"是"与"否"的比例，由于回答项"是"与"否"之间没有任何必然的联系，因此得到的只是一种定性分析，说明不同回答所占比例，比例大的部分影响力和重要性比较大。

（2）多项选择法

有些问题为了使被调查者完全表达要求、意愿，还需采用多项选择法，根据多项选择答案的统计结果，得到各项答案重要性的差异。例子如下。

您买山地车是因为什么原因？

A）经济条件允许 B）自己骑着玩、个人娱乐 C）送给朋友 D）上下班骑，代步工具 E）气派，赶时髦 F）周围邻居或熟人有用的 G）为了旅游、锻炼身体 H）其他（由被调查者具体填写）

（3）程度尺度法

研究同质间的不同程度差别，通常用"很好""较好""一般""较差""差"等回答来表述。

（4）顺序法

这种方法就是列举出若干项目，以决定其中较重要的顺序方案。例子如下。

请问您所知道的山地车品牌有哪些？

A）中华牌　B）斯普瑞克　C）三枪　D）凯迪　E）其他_____

您最喜欢哪两种？

（5）倾向偏差询问法

这种方法常运用在调查意见、态度的程度时。

（6）回想法

在问卷设计中，还可以采用回想法，这种方法的运用可以了解到消费者对于品牌的印象、记忆程度，还可以了解消费者对此行业的知晓范围。例子如下。

请说出您所知道的口香糖品牌？

运用这种方法，可以比较广告活动前后消费者对品牌的回忆差异，以反映广告效果。

在理论上，问卷设计中问题的设置方法还有很多，但这几种是基本常见的，其他方法也多是从这几种方法引申变化而来。要在独立进行问卷设计的实践中多摸索，熟悉掌握，根据问题的需要创造更多好办法。

3．问卷设计中应注意的问题

1）问题排列的顺序必须按普通人的思考顺序，由简单到复杂，由表面直觉到深层思考。

2）关于受访者本身的问题，不宜放在问卷开头，如教育程度、经济收入、家中耐用消费品数量等。

3）如果所调查的是某类消费品的市场情况以及被调查的品牌在整个市场中的地位，为了避免影响受访者的反应，在开始询问时应尽量不让受访者知道所要调查的品牌是什么以及委托调查、执行调查的公司名称。

4）问题的提出应注意语气，把握措词的程度，如"倾向偏差询问法"的例子。

5）使用提示方式回答时要注意提示顺序，在不同的问卷中作合理的顺序变换保证回答的客观性。例子如下。

您喜欢什么形状的车把（山地自行车）？

A）平把　B）燕形把　C）羊角把　D）牛角把　E）其他

如果几个选择项提示顺序相同，位于前面的项占优势，使回答者容易先入为主，因此需要准备几项不同的提示表以便交互地向受访者提示，保证回答尽量客观、真实。

另外，需注意此种问题选择项应尽量给出全部可能的回答。

6）为使回答尽量客观，问题也应客观，避免笼统概括。

例如，"您为什么要买××牌山地车？""您是怎样知道××牌山地车的？它最吸引你的一点是什么"，前后两个句子比较，后者较易回答。再例如，"您在所有杂志中，喜欢什么杂志？""请问您这一周，买过什么杂志？"这两种问法，仍以后者为佳。

7）不用模棱两可、含混不清的问句，更避免使用让受访者不易理解、晦涩艰深的句子以及因各人理解而意义不同的问句。如"促销效果""分销渠道""消费时间特征"等术语，对于某些消费者不易接受。

8）用间接询问法进行某些不宜直接询问的问题。
9）问卷以简短为佳。问卷的长短可以因受访者对主题的关心程度、询问场所、调查对象类型、调查员训练程度而定，以不超过30个问题为宜，一般限制访问时间为15min。

总之，问卷设计要从被调查者的心理感受出发，斟酌问题的提出方法，保证调查结果的准确、真实，应注意问题的设计要便于统计。

4．开展试调查

问卷设计的质量如何需要以试调查来检验。

试调查常采用小规模问卷调查的形式进行，用来检验问卷设计中始料未及的缺漏，经过自行修改并同时与客户讨论再修改后才可定下正式问卷。

试调查的另一意义是可以训练没有经验的调查员，使调查员对实际调查工作有初步的准备（包括心理上的）和熟悉的过程。

步骤五 制定调查进程表

为了确保整个调查工作的有序推进，必须制定调查进程表，规定各项工作开始与完成的期间，必要时也可以将具体项目负责人予以明确。

步骤六 制定调查项目预算

调查经费预算是不可或缺的一部分，一方面确定一个调查概算可以做到有效控制成本，另一方面方案能否获得领导的批准得以实施，概算的合理性是一个重要的方面。

步骤七 撰写调查方案

1．调查方案的格式

包括摘要、前言、调查的目的和意义、调查的内容和范围、调查采用的方式和方法、调查进度安排和有关经费开支预算、附件等部分。

2．撰写调查方案应注意的问题

1）一份完整的调查方案，需要包含格式中7个方面的内容，不能有遗漏。
2）调查方案的制订必须建立在对调查课题背景的深刻认识上。
3）调查方案要尽量做到科学性与经济性的结合。
4）调查方案的格式可以灵活，不一定要采用固定格式。
5）调查方案的书面报告是非常重要的一项工作。一般，调查方案的起草与撰写应由项目的负责人来完成。

 触类旁通

调查方案的可行性研究

1．调查方案的可行性研究的方法

（1）逻辑分析法

逻辑分析法是从逻辑的层面对调查方案进行检查，考查其是否符合逻辑和情理。

（2）经验判断法

经验判断法是通过组织一些具有丰富市场调查经验的人士对设计的市场调查方案进行初步研究和判断，以说明调查方案的合理性和可行性。

（3）试点调查法

试点调查法是通过在小范围内选择部分单位进行试点调查，对调查方案进行实地检验，以说明调查方案的可行性的方法。

2．调查方案的模拟实施

调查方案的模拟实施是只对那些调查内容很重要、调查规模又很大的调查项目才采用的模拟调查，并不是所有的调查方案都需要模拟调查。模拟调查的形式很多，如客户论证会和专家评审会等形式。

3．调查方案的总体评价

调查方案的总体评价可以从不同的角度来衡量。但是，一般情况下，对调查方案进行评价应包括4个方面的内容，即调查方案是否体现调查目的和要求，调查方案是否具有可操作性，调查方案是否科学和完整，调查方案是否调查质量高、效果好。

分析与思考

校园消费市场有多大？

1）以学习小组为单位，按照小组成员的平均消费水平，测算整个校园的消费市场有多大。

2）请选择6个商品，分别应用6种不同的设问方式设计6个市场调查问题。

3）以学习小组为单位制作校园消费调查问卷，要求不少于20个问题。

任务3　实施调查活动

任务要点

关　键　词：调查方法、调查质量、过程控制、调查员资格证书。

理论要点：调查活动过程是一个繁杂的过程，是保证调查质量的关键时期，加强过程控制是确保调查质量的关键。

实践要点：参与市场调查活动全过程，处理现场事务，熟知过程控制方法。

任务情境

完善校园消费调查活动方案

某校开展校园消费调查活动，拟定了初步方案，并根据实际情况，将调查实施的人员、时间、内容等进一步具体化，包括确定调查的主题、设计调研方案、设计调查问卷、问卷调查的实施和问卷调查的处理等。

项目 2　市场调查

**任务分析**

理解市场调查方案的详细要求，明确调查中的质量控制点，做好现场的协调工作，加强与被调查对象的沟通，及时反馈现场调查中出现的问题，提出解决问题的建议。

任务实施

步骤一　了解市场调查方法

市场调查方法是市场调查人员在实地调查过程中搜集各种信息资料所采用的具体方法。在市场调查中，调查方法的选择恰当与否，关系能否及时有效取得真实可靠的资料和数据，对调查结果影响很大。调查方法很多，企业常用的有询问法、观察法、实验法和资料研究法等多种，具体选用哪种方法，要根据具体需要调查的内容加以决定。

1．询问法

询问法又称访问法，就是将所要调查的事项以口头、电话或书面形式向被调查者提出询问、了解情况搜集资料的直接调查方法，是常采用的一种调查方法。根据调查人员与被调查人员的接触方式不同，询问法又可以分为以下 4 种。

1）面谈调查。面谈调查就是调查人员直接访问被调查者，进行面对面的交谈来搜集市场信息的方法。面谈调查因谈话方式不同可分为登记式面谈调查和自由式面谈调查。登记式面谈调查是调查人员按照事先拟好的调查表的具体项目，有顺序地依次发问，让被调查者回答；自由式面谈调查是调查者通过与被调查研究者的自由交谈了解所需的资料。面谈调查根据调查范围和方式不同，可分为个别面谈和小组面谈。个别面谈是在只有一个被调查者的情况下进行的面谈调查；小组面谈是在有若干个被调查对象的情况下，以开会的形式进行的面谈调查。

2）电话调查。电话调查是通过电话向被调查者询问有关调查内容和征求意见的一种调查方法。这种方法的优点是方便迅速、费用最低、回答率较高。缺点是受时间的限制难以询问比较复杂的问题，难以取得对方的信任与合作，对一些没有电话的家庭或单位无法调查。

3）邮送调查。邮送调查就是把调查问卷邮寄给被调查者，请其自行填答按时寄回。这种方法的优点是调查面广、费用较低，调查所需人力较少，被调查者有足够的时间思考问题，避免调查者偏见的影响。其缺点是一般作答的回收率较低，影响调查的代表性，因无调查者在场，被调查者可能误解调查者的意思，影响调查结果的准确性。

4）留置调查。留置调查是调查人员将调查表当面交给被调查者，详细说明意图和要求后将调查表留置被调查者家中由被调查者自行填写，再由调查者定期收回的一种方法。这种调查方法是面谈调查和邮送调查两种方法的结合与折中，因此其优点和缺点也是介于两种调查方法之间。

2．观察法

观察法是调查者到调查现场对被调查者的情况直接进行观察记录，以取得情报资料的一种调查方法。观察法的特点是运用以旁边观察来代替当面的询问，使被调查者在被调查时觉察不到正在被调查。观察者可以是市场调查人员，也可以是利用照相机、录像机、录音机或其他的测录仪器记录被调查者的活动和现场事实。观察法一般可分为以下3种。

1）直接观察法。由市场调查人员直接到现场观察顾客的购买活动以取得市场信息。

2）实际测定法。通过对某项市场营销活动的效果进行实际的测定以取得市场信息。

3）行为记录法。由调查人员用特定的仪器或方法把被调查者在一定时间内的行为记录下来，再从记录中找出需要的信息。

观察法具有以下优点：因被调查者没有意识到自己正被调查，一切动作均很自然，故调查的准确性高；调查人员极为客观，使其所得到的事实客观准确。其缺点是只能观察到现象，不能观察到内在因素，有时需要作长时间的观察才能求得结果。

3．实验法

实验法是把调查对象置于一定的条件下进行小规模的实验，通过观察分析了解其发展趋势的一种方法。这种调查方法起源于自然科学的实验求证法，其应用范围较广。目前较为流行的商品展销会、试销门市部就是这种方法的主要形式。在市场调查中常用的实验法可分为以下几种。

1）前后连续对比实验。是在同一企业，对前后不同时期的某个经济变量，在不同的特定条件下分析自变量与因变量之间关系的实验方法。

2）控制组与实验组对比实验。是在同一时间内两组不同给定条件的企业之间的对比实验。一组为实验组，按特殊给定的条件进行实验活动；另一组为控制组，按通常的一般情况组织经济活动，用来同实验组进行对比，经此来测定实验效果。

3）控制组与实验组前后对比实验。这是上述两种方法的结合运用，即以控制组和实验组在实验前后不同时期内就某个经济变量进行对比实验。

4．统计分析法

统计分析法又称资料研究法，是一种间接的调查方法。这种方法是利用企业内外的现成资料，根据统计原理对所调查的内容进行分析研究。如常用的发展趋势分析、相关因素分析等。

步骤二　正式调查前的准备工作

在正式问卷和抽样完成之后，就进入了正式调查前的准备阶段。这一阶段的主要工作是编写调查手册和培训调查员。

1）调查手册。在实地调查中，调查手册是调查员的工作指南。它的作用是指导调查员按照统一、标准的方式完成调查过程。调查手册通常包括如下内容。

① 项目的基本信息，如名称、目的、主持机构等。

② 调查员的职业守则。

③ 实施的流程和技术规范，即如何接触和甄选正确的样本单元，如何使用地址表、抽样表等工具，如何正确地进行访问，如何控制访问环境，如何核查问卷，如何记录访问过程等。

④ 问卷说明，包括问卷中主要概念的定义，容易引起歧义的问题的解释，疑难回答的解决办法，正确或错误的询问示例等。

⑤ 示卡与附录。示卡是调查中需要向被访人单独出示的图片或某些特殊问题。附录则包括职业、行业代码表、农历/公历对照表、属相纪年对照表等。

除调查手册外，还应该为督导员制作督导手册。督导手册强调如何管理和分配调查员，监控调查进程、确保调查质量、控制经费预算等问题，而且为其提供现场解决问题的方法和原则。

2）调查员培训。准备一份清晰、准确、详尽的调查手册，调查员的培训工作也会方便很多。调查员培训主要有3个步骤。

① 依据调查问卷和调查手册讲解问卷，让调查员熟悉问卷的结构、概念、问题和解释口径，传授一些调查技巧。

② 指导调查员进行模拟演练，通常由调查员访问督导员扮演的被访人，还包括调查员之间互访。通过模拟演练，调查员可以进一步熟悉问卷，理解调查手册的正确用法。

③ 进行试调查，让调查员亲临现场访问一两位真实的被访人，以熟悉调查的操作过程。一般，培训期需要2~3天。

步骤三　加强调查过程的质量控制和管理

1）调查质量的控制。调查质量的控制首先是对调查员监控，调查员作为调查实际操作者，是影响调查数据质量最直接的一环。不同调查员调查质量差异较大。现在商业调查公司已经衍生出一批"职业"调查员，这部分人经验丰富，调查能力较强，但是弄虚作假的情况也多，如果委托给调查公司而不加监控，调查质量难以保证。

① 调查早期，调查员尚未熟悉调查问卷和操作过程，容易出错，因此早期现场监控最为重要。通常督导员要通过陪访、回访、审卷、再培训等方式发现并迅速解决调查员出现的问题。如果条件许可，可以在每天调查工作结束后与调查员进行交流、总结。问卷调查是一项重复性的劳动，如不能及早解决调查员遇到的问题，访问误差会持续整个调查进程，最终导致调查失败。

② 调查中后期的质量控制主要集中在对问卷质量和样本分布进行控制。就问卷质量的控制而言，督导员通常会要求调查员在一份问卷填答完毕之后立刻自查问卷是否有漏答、误填和前后不一致的答案。如果条件许可则应该要求每天上交所有完成与空白的问卷，这样做一方面可以防止调查员作假，抄袭已完成的调查问卷，另一方面也有利于及时了解和控制调查进度和问卷质量。在回收一定数量的问卷后，要安排复核人员用电话访问或面访的方式对被访人进行回访，了解调查员是否规范地执行抽样、访问程序。对不合格的调查员要及时更换，对不合格的问卷要重新补做。在调查结束后，调查负责人还要组织全面复核，以评估调查实施的质量。

③ 就样本分布的控制而言，督导员要逐日记录问卷的回收情况，对已有的调查问卷进行粗略手工统计，与宏观数据或者以前相应调查的汇总数据进行比对，确保收集到的数据能够符合研究目的的要求。比如在某项调查中，督导员发现样本中年龄分布偏高、无业者的比例偏多，经审核发现调查员为了追求成功率没有按要求约访短期外出的被访人，而代之以家中留守的父母或只在白天访问。这时督导员就应及时予以调整，组织补充调查以覆盖缺失的人群，避免收集到的样本与研究目标总体出现偏差。

2）调查运作和进程管理。调查运作和进程管理与调查质量控制相辅相成。调查运作和进程的管理事实上是调查负责人（督导员）与调查员之间的互动过程，调查负责人与调查员形成良好的合作关系很重要。督导员要合理地安排调查员的工作量，控制调查进度。对大多数调查来说，无回答是非抽样误差和抽样误差的一个重要来源。因此在调查运作和进程管理中，质量目标的确定主要基于回答率。一般，单个调查员调查中出现低回答率说明调查员可能有问题，如果整个样本的回答率都低，则说明在调查研究设计中出现了较大问题，或者反映了被访人的拒斥心理。低回答率会导致在既定的时间和经费情况下,难以完成既定的调查目标。在这种情况下,对无回答追踪回访十分重要。

步骤四 把握调查实施过程中的其他问题

1)调查机构设置。在大型调查中,调查机构的设置作用明显。一是要设立调查核心组或总部,负责调查方法的设计和准备,培训设计和策划公共交流与宣传;二是设立地区调查办公室,确保调查的相关信息能够在总部、地区办公室之间和调查员之间交流,以提高调查效率。地区办公室一般配有项目负责人和督导,调查员招聘则由地区办公室来完成。在有条件的情况下,应该设立值班电话,了解和解决各类应急事件。

2)公共关系和宣传。根据调查主题、经费预算和目标总体的不同,大型调查应该采用不同的方法进行调查宣传活动。规模较小的调查可以通过致被调查者信、一般的机构介绍手册、电话等形式告知与被调查者积极合作的重要性,有助于被调查者配合调查。

3)保密和安全。对被调查者私人信息和隐私保密是调查研究的基本原则,事先告知保密原则有助于被调查者如实回答问题。同时,调查数据在传输和使用过程中的安全也必须注意,避免因数据泄露而导致被调查者遇到麻烦。

步骤五 了解调查员应具备的条件

1. 调查员

调查员是以科学的方法、客观的态度,系统地搜集与市场有关的各种现实的和历史的情报、数据、资料,并进行分析,为企业决策提供依据的专业人员。调查员从事的工作内容包括确定调查项目、设计调查方案、搜集有关信息资料、设计调查问卷、进行抽样设计、指导和培训调查员、进行预调查、组织实施实地调查、调查数据处理和分析、撰写调查分析报告、评估和形成调查分析报告等。

2. 调查员要具备的素质要求

调查员是一种跨学科的复合人才,要依托自己的市场学知识,通过自己掌握的调查工具和手段,对所关注的行业进行调查,并依据调查的结果进行分析。既要有深厚的理论基础和从业经验,还要能明辨、熟悉市场环境和掌握分析技术。调查员要具备统计学、经济学和心理学等多方面的知识,从个人能力来看,主要集中在市场调查知识和营销学知识等。

3. 调查员资格证书

国家商务部中国商业技师协会市场营销专业委员会系全国市场调查人员资格培训认证的管理、实施部门,全国各地有相应的培训机构。

中国市场调查人员资格认证分为4个等级:市场调查员、助理市场调查师、市场调查分析师、高级市场调查总分析师(目前推出前3个级别)。

4. 调查员资格认证申报条件

凡申报中国市场调查人员资格认证的人员,应遵守中华人民共和国宪法和法律,具备良好的职业道德和敬业精神。

1)市场调查员申报条件:具有中等专业学校毕业以上文化程度,从事相关工作一年以上。

2)助理市场调查师:具有大专以上文化程度或同等学力,从事相关工作两年以上。

3）市场调查分析师：具有本科以上文化程度或同等学力，从事本专业工作三年以上，并取得一定的业绩。

4）高级市场信息分析师：具有本科以上文化程度或同等学力，从事本专业工作五年以上，并在本领域内取得显著的业绩成果。

触类旁通

某校"学生校园消费情况调查"项目活动内容及时间安排

市场调研可分为准备、实施和结果处理3个阶段。

1）准备阶段，主要包括3个方面的具体内容。

① 确定本次调查的主题为"学生校园消费情况调查"。

② 设计调研方案。采用问卷调查方式；要求全班同学参与，组成若干活动小组，每小组2~3人，由各小组推选组长人选；分配每个小组调查的具体班级；确定统一行动和具体调查时间；做好与全校各班级协调沟通工作。

③ 设计调查问卷。以各小组为单位，每个小组拟定20个相关问题，全班进行交流选出最合适的问题组成调查问卷；问卷制作。

2）实施阶段。在规定的时间，各小组在全校全面开展问卷调查。

3）结果处理阶段。将收集的问卷进行逐项汇总，先小组后全班；整理分析全部调查数据，先小组分析，在此基础上进行全班交流；撰写调研报告，以小组为单位发挥合作学习优势。

具体进程安排见表2-1。

表2-1 调查活动进程安排

序　号	任　　务	完成时间
1	调研方案、问卷的设计	2个工作日
2	调研方案、问卷的修改、确认	1个工作日
3	调查人员培训	1个工作日
4	实地调查阶段	1个工作日
5	数据汇总阶段	1个工作日
6	小组数据分析	1个工作日
7	班级数据分析交流	1个工作日
8	小组撰写调研报告	2个工作日
9	班级调研报告交流	1个工作日
10	调研活动总结	1个工作日

练一练

开展一次小规模校园消费市场调查活动

1）根据同学设计的调查问题制作一份统一的调查问卷。

2）各学习小组根据分配的任务实施调查,并进行数据汇总。
3）全班数据汇总。

任务4　撰写调查报告

任务要点

关　键　词：调查资料收集、资料整理、调查报告格式。
理论要点：调查报告是对整个调查过程工作结果的分析研究报告,调查报告有一定的撰写格式。
实践要点：整理调查资料,分析调查结果,撰写调查报告。

任务情境

完善某校园消费调查报告的内容

报告名称：校园消费需求调查报告。
调查范围：全校。
调查时间：××××年××月。
调查方法：问卷调查,发放问卷数_____,收回问卷数_____,有效问卷数_____。
调查报告内容：
1．学生概况
规模、年龄结构、男女性别结构。
分析内容及图表（略）。
2．消费需求分析
每月人均消费总量、消费支出结构（吃饭、日用消费、饮料消费、通信费用……）
分析内容及图表（略）。
3．校园消费服务商分析
校内服务商服务能力、水平分析。
校外服务商服务能力、水平分析。
4．校园消费市场机会分析
5．新进入校园消费市场的策略分析

任务分析

　　整理资料,对照调查方案开展资料研究,掌握调查报告撰写的格式,根据调查方案的要求撰写调查报告。

项目2 市场调查

 任务实施

步骤一 资料的收集、整理和分析

1．市场调研的资料分两类

第一手资料是通过实际市场调研对企业及顾客的询问调查得到的信息资料。

相对第一手资料而言，第二手资料主要是通过收集一些公开的出版物、报纸、杂志以及政府和有关行业提供的统计资料，了解有关产品及市场信息。这些资料的整理分析，有助于了解整个市场的宏观信息，对企业了解市场的整体情况帮助很大。

实际的市场调研工作是将这两类资料结合起来，进行比较、分析和整理，得出市场调研的总结论。两者在市场调研过程中相互补充缺一不可。

2．第一手资料收集整理

第一手资料的获得只能通过大量的实地调查，将数据汇总分析得到。主要进行以下3个程序。

（1）校验

调查表回收后，可先进行检查，确定是否可接受作为有效的资料。这是第一道程序，具体包括3项内容。

1）检验所有问卷的完整性。

2）检验访问工作的质量。

3）检验有效问卷的份数是否符合调研方案要求达到的比例。

对于有遗漏的资料，如果遗漏项太多或漏选关键项太多，可作废处理；还可以用时，一般将漏项用空白表示或以其他代号表示；对含义模糊的答复，根据情况，要么作废问卷，要么参考前后几个问题的回答来判断。

（2）输入

校检后，就可以进行数据输入和统计了，不同规模的原始资料所使用的工具也不相同。将原始数据输入计算机，目前使用最多的是键盘输入。由于数量浩大，通常采用一人输入一人校对，以免出错。

目前，也有用光学扫描系统直接阅读原始数据的数据输入方法，比人工键盘输入大大提高了效率，也降低了人工输入的错误发生率。但这一设备的费用较高，需要高度规范化的问卷及适合于光学扫描的特殊纸张等。

（3）制表

数据输入计算机后一般需用表格或图、线等形式统计并表达出来，便于研究人员分析。

最简单也最常见的是单向表，用来统计各组的问卷答案选择项的出现次数，一般还需加上百分比和累计百分比两项。

因为百分比的分布状况对于分析测试总体特征组成很有帮助。另外，对数据频数分布使用平均值、方差进行描述分析也很有意义，因为这些集中趋势计量方法可以辨别最典型的变量值和最普通的总体特征。

3．第二手资料的收集整理

（1）第二手资料通过以下渠道获得

1）国家统计资料。国家公开的一些规划、计划、统计报告和统计年鉴。

2）行业协会信息资料。行业协会经常公布发表一些行业销售情况、生产经营情况及专题报告。

3）图书资料。从图书馆或其他渠道获得的一些出版物，专业杂志、报纸所提供的信息资料。

4）计算机信息网络。从国际联机数据网络和国内数据库获取有关数据。

5）国际组织。国际商业组织定期发布大量市场信息资料，如联合国国际贸易中心发行的《世界外贸统计指南》、经济合作与发展组织发行的《OECD 外贸、统计 C 类：商品贸易，市场概述》。

（2）第二手资料收集需要注意的几个问题

1）搜集的资料与调查的内容要有很大的相关性。

2）二手资料要注意时间性，不能用过时的资料充代。

3）充分搞清这些资料所载信息的来源和可靠程度。

二手资料的收集着重用来分析宏观形势，收集较容易、整理较方便。应把重点放在一手资料的收集和整理上。

4．数据分析

进行资料分析，可以使用很多方法。调查研究人员须先选择分析方法，才能对调查结果作出正确的分析和解释。

调查研究人员需要判断消费者从何种渠道容易获得信息。当他们得出有 20% 以上的人是通过电视获取信息这一结果时，就可以根据这一结果运用零假设的统计学方法来判断出在电视上做广告的风险程度和错误度。

资料分析还可以使用计算相关系数的方法分析相关性，从而为决策提供科学依据。

步骤二　完成调查报告

调查报告是整个调查工作包括计划、实施、收集和整理等一系列过程的总结，是调查研究人员劳动与智慧的结晶，也是客户需要的最重要的书面结果之一。它是一种沟通、交流形式，其目的是将调查结果、战略性的建议以及其他结果传递给管理人员或其他担任专门职务的人员。因此，认真撰写调查报告、准确分析调查结果、明确作出调查结论是报告撰写者的责任。

1．题页

题页点明报告的主题。包括委托客户的单位名称、市场调查的单位名称和报告日期。调查报告的题目应尽可能贴切而又概括地表明调查项目的性质。

2．目录表

目录表是在报告的首页为报告阅读者提供报告内容清单，以方便其阅读。

3．调查结果和有关建议的概要

这是整个报告的核心，语言简短、切中要害，使阅读者既可以从中了解调查的结果，又可以从后面的本文中获取更多的信息。

有关建议的概要部分则包括必要的背景、信息、重要发现和结论，有时根据阅读者的需要提出一些合理化建议。

4．正文（主体部分）

整个市场调查的详细内容，包括调查使用的方法、调查程序和调查结果。要说明使用何种调查方法及选择此种方法的原因。

在正文中相当一部分内容应是数字、表格以及对这些内容的解释和分析，要用最准确、恰当的语句对分析作出描述，结构要严谨，推理要有逻辑性。

在正文中一般要对自己在调查中出现的不足进行说明。如果有必要则还需要将不足之处对调查报告的准确性有多大程度的影响分析清楚，以提高整个市场调查活动的可信度。

5．结论和建议

应根据调查结果总结结论，并结合企业或客户情况提出其所面临的优势与困难提出解决方法即建议。对建议要作简要说明，使读者可以参考文本中的信息对建议进行判断和评价。

6．附件

附件包括一些过于复杂、专业性的内容，通常将调查问卷、抽样名单、地址表、地图、统计检验计算结果、表格和制图等作为附件内容，每一项内容均需要编号以便查寻。

 触类旁通

关于《老年报》读者情况的调查

1．前言

为了更好地利用现代化统计分析手段为企业决策提供支持，哈尔滨通鉴市场调查公司于2001年9月4日受《老年报》社委托进行了《老年报》平面媒体调研项目。

本次调研项目的一手资料全部来源于《老年报》2001年7月23日的读者调查问卷，在《老年报》收到的25 885份自填置留问卷中，有重点、有目的地抽取了5 005份样本，抽样范围覆盖了全国除港澳台地区以外的31个省、自治区、直辖市，从而保证了本次抽样调查的样本具有良好的代表性和统计指标。

2．调研背景

在21世纪，中国人口年龄结构步入了老龄化阶段。据中国统计信息网的最新公布结果，截至2000年年底，年龄在60周岁以上的中国老龄人口数量已达1.3亿，占全国总人口数的10%。人口老龄化结构的形成，对于整个中国社会在政治、经济、社会保障体系、卫生医疗等诸多领域产生了深刻而长远的影响。

因为《老年报》近50万忠诚度极高的老年订阅者，他们对该报的关爱与支持是其发展目标能够得以实现的根本保证。有理由这样说："老年报，人兴时利，老年报，前程似锦。"

3．调研目的

通过此次调查评估当前《老年报》的报道内容；了解报刊发行方面的市场经营状况；描述读者的心理需求、消费行为等诸多因素对《老年报》的影响；探寻作为全国老年专业性报刊的市场机会,并根据掌握的事实(调查数据、二手资料)提出具有可操作性与时效性的解决方案。

4．调研内容

1)读者特征的统计描述：年龄、性别、文化程度、职业、年收入和年支出。
2)报刊的综合评价：版面设计、报道内容、报刊发行和广告形式。
3)《老年报》的阅读人口。
4)《老年报》读者的忠诚度。
5)《老年报》读者的消费行为特征。
6)《老年报》读者的心理需求偏好。

5．分析结果

（1）性别

在本次调查中,男性被访者3 793人,占总样本量的77.55%,女性为1 098人,占22.45%,可以看出男性是《老年报》的主要阅读人群,约占3/4,而女性仅占近1/4。如果按《老年报》现在的日发行50万份计算,则40万份的《老年报》被男性订阅,而10万份被女性订阅。

（2）年龄

阅报人群的年龄主要集中在61～75岁,共占被访总数的70.5%。

（3）文化程度

文化程度按小学、中学、高中、大学、硕士以上顺序,分别排列如下：9.4%、28.5%、34.7%、26.5%、0.3%。以上数据可以清楚地看到,除硕士、博士以外,其他文化程度的读者并无实际意义上的显著特征,呈现自然正态分布。从另一个角度,文化程度对是否订阅《老年报》并无明显影响,并非是否订阅的主要条件。

（4）职业

64.1%的被访者的职业是干部,列在第一位,分别列在第二位和第三位的是科技人员和教师。干部拥有如此高的比例,表明老龄人过去的工作环境及性质是决定是否订阅《老年报》的主要原因,由此推断老干部活动中心是销售工作的主要渠道。

（5）年收入与自身年支出

据调查显示：年收入在10 200元/年以上的被访者占40.5%,15 000元/年以上的占29.7%,其他占28.3%。在自身支出方面,从2 150～5 000元/年的各档呈平均分布,无显著区别的消费阶层。

练一练

根据校园消费调查的统计数据,每位同学撰写一份校园消费情况调查报告。

学习成果展示

1．展示方式

每个学习小组选派1位同学在报告会上交流发言,要求小组成员对该同学的校园消费情况调查报告进行集体修改和完善。

2．展示内容

校园消费调查报告内容。

学生在公共场合下阐明观点的风采。

3．学习评价

（1）组内成员相互评价

组别_____ 项目_____

成 员	学习参与情况		成果贡献率		得 分
	积极（5分）	一般（3分）	大（5分）	小（3分）	
成员1					
成员2					
成员3					
成员4					

（2）学习组相互评价

组别_____ 项目_____

学习组	展示内容		表现效果		得 分
	好（5分）	一般（3分）	好（5分）	一般（3分）	
小组1					
小组2					
小组3					
……					
小组N					

项目 3

企业登记

 开篇案例

企业不可自挂"公司"招牌

某甲与某乙合伙在县城郊区开办了一家榨油厂,半年便获得可观的利润,次年便以 10 万元注册资金在工商管理机关以"长源榨油厂"名称申请了工商登记,并取得了营业执照。1995 年 10 月,某甲与某乙在未经批准登记的情况下,将原厂牌换成"××省长源油业股份有限公司"的厂牌,并以便于经营为由分别以"公司"董事长和总经理名义印制精美的名片,从事收购油桐籽、榨油和销售一条龙服务。1996 年 2 月,他们收下了外省某企业 2 万元定金后,由于行情变化未能按时交货,被对方诉上法庭。法庭在审理中发现,他们的企业不具备公司法人的条件,未经工商登记,是两人合伙的非法人企业。法院在判令他们承担违约责任的同时,依法向工商机关提出司法建议。当地工商机关经调查,发现某甲、乙冒用股份有限公司名称,便做出责令其改正、罚款 1 万元的处罚决定。

项目描述

企业开办时办理工商登记是为了构建企业法人资格,以保护企业的市场经营合法权益。办理税务登记手续是企业法人开展经营活动开具发票不可缺少的环节,也是企业依法纳税的需要。在银行开办账户是企业经营活动资金结算的需要。掌握本项目涉及的相关知识是对每一位市场参与者的基本要求。

学习目标

- 知识目标:了解工商登记、税务登记、银行开户等开办企业的必要手续,了解企业生产经营纳税知识。
- 能力目标:会办理工商登记、税务登记和银行开户等手续。
- 情感目标:通过模拟办理工商登记、税务登记和银行开户等手续,在活动中培养学生的学习兴趣。

项目3 企业登记

要点剖析

- 项目重点：掌握企业开办工商登记、税务登记和银行开户等手续的方法。
- 项目难点：学生缺少实践感受，对不同性质企业权益关系、税务核算和银行结算手续等问题理解比较困难。

任务1 企业工商登记

任务要点

关 键 词：企业登记、企业开办流程、企业登记手续。
理论要点：企业登记是国家为了规范市场主体的准入、经营和退出行为，有利于规范市场行为，保护企业合法权益。
实践要点：企业开办流程、模拟办理企业工商登记手续。

任务情境

陶某违法经营该罚

公诉机关指控陶某等 7 名被告人自 2009 年以来，在当地大量收购利群、红双喜、白沙等香烟，通过陶某销往上海等地。第一被告人陶某涉案金额为 200 多万元，其他被告人涉案金额从 200 多万元到十几万元不等。侦查阶段，家属委托律师担任陶某的辩护人。此案移送检察机关后，两次退回公安机关补充侦查。而后起诉到法院，庭审结束后，公诉机关又撤回起诉，并随即再次起诉。二次开庭后，法院宣判陶某获刑 3 年、缓刑 5 年，其他被告人或缓刑或单处罚金。

任务分析

通过模拟申办企业登记熟悉企业开办工商登记的流程。

任务实施

步骤一 了解企业登记的含义

1．企业登记的含义

企业是具有独立的法人地位，以赢利为目的，从事商品流通的经济组织。它是构成国民经济的重要基本单位之一，是主要从事商品流通和劳务活动的经济实体。

企业登记是国家为了规范市场主体的准入、经营和退出行为，对企业的设立、更改和注销等行为进行工商核准登记，使企业真正成为依法设立、依法终止、自主经营、自负盈亏的企业法人。只有依法登记设立的企业才具有独立从事经营的合法地位。因此，所有从事经营的企业都必须依法进行登记，也只有这样才能保护自己的合法权益。

2．企业的合法地位主要包括以下 4 个方面

1）为国家承认，并具有一定的组织形式。作为法人的企业必须得到国家有关部门的承认，国家可依法或按国家批准的企业章程与条例进行监督和检查，也即国家对企业实行间接管理以保证企业的生产经营活动符合社会需要。

2）具有完备的行之有效的组织机构。作为法人的企业必须具有行之有效的、完备的组织机构，如具有法人职能的权力机构、经营决策机构和作为法人代表的经理等，并构成一定的组织形式。

3）具备必要的生产要素。企业必须具备与其生产经营活动相适应的资金和设备，包括生产或经营场所、具有一定业务水平和熟练程度的职工以及其他能够保证正常经营活动的客观条件等，即与其生产经营活动相适应的生产资料、劳动力和资金等生产要素。这是企业能够承担委托的经济任务并取信于其他企业的物质保证。

4）在经济上独立核算、自负盈亏，并能以本企业的名义对侵犯本企业合法权益的任何单位和个人依法向司法机构和仲裁机构起诉、应诉，同时也能履行国家规定的义务和享受相应的权利。

步骤二　理解企业登记的作用

1．赋予企业从事生产经营活动的资格

企业的开办要通过企业登记得到国家的认可才能具备合法的资格而成为社会主义市场的主体。否则，尽管有完备的经营设施和强大的经营能力也是非法的、不允许存在的。国家规定了开办企业的条件，包括开业登记、变更登记和注销登记等，并就允许开办哪类企业及限制、禁止哪类企业都作了明确的法律规定和政策规定。只有经过登记，企业才具有从事经营活动的资格，才有利于国家进行产业结构和经营结构的调整，实现对市场经济的宏观调控。

2．保护企业的合法权益

企业经登记取得《企业法人营业执照》或《营业执照》后方可刻制公章、开立银行账户、签订合同、申请注册商标、做广告，进行生产经营活动。企业的权益和正当的生产经营活动就受到了法律的保护，任何组织和个人都不能侵犯。企业经登记除依法享有生产经营权等经济权益外，还依法享有一定的人身权，如名称权和名誉权等，如果受侵犯，则同样可依法请求国家给予保护。

3．规范社会主义市场秩序

市场经济建设的目标是建立统一、开放、有序、高效、畅通的市场体系，这要通过制定和完善市场规则来完成。企业一经登记，不仅赋予企业以市场主体的资格，而且规定了它的生产经营范围，包括其从事生产经营的行业范围、产品种类以及经营方式等，同时也制止企业超越经营范围、扰乱市场秩序的生产经营活动。企业只有在不违反市场规则的前提下从事正当的生产经营活动才符合社会生产的整体要求，才能使市场行为做到有序不乱、统一高效，才能受到国家法律的保护。

步骤三　了解企业开办流程

根据工商管理部门的规定，开办新企业必须到当地工商局办理相关手续，具体开办流程

如下。
1）企业到工商部门核准名称，领取《名称核准通知书》。
2）在拟开户银行开设临时账户，打入注册资金（具体内容咨询人民银行）。
3）在会计师事务所办理验资报告（需要提交银行询证函、名称核准通知书、银行对账单、银行借款单、公司章程、住所租赁合同、股东资格证明）。
4）持验资报告和其他应当提交的书面材料到工商部门办理营业执照（具体材料见工商登记提交材料规范）。
5）刻制公章。
6）到质监部门办理代码证（具体材料咨询质监局）。
7）到税务部门办理税务登记证（具体材料咨询税务局）。
8）到人民银行办理开户许可证（具体内容咨询人民银行）。
9）将临时账户内的资金划入正式账户。

步骤四 了解企业登记类型

从登记是否取得企业法人资格的角度看，企业登记可分为企业法人登记和一般的营业登记（非法人登记）；从企业登记内容的角度看，企业登记又可分为开业登记、变更登记和注销登记。

1）企业法人登记是具备法人条件的企业一经依法登记即取得法人资格的登记。所谓法人是具有民事权利能力和民事行为能力、依法独自享有民事权利和承担民事义务的组织。按照《中华人民共和国民法通则》规定，法人可享有的民事权利主要有财产所有权、经营权、债权、知识产权和人身权。企业依法成立要有必要的财产或经费，有自己的名称、组织章程和场所，能够独立承担民事责任。具有这些条件后，一经登记就可取得企业法人资格。

2）非法人登记（营业登记）是不具备法人条件的商贸单位依法登记后只取得营业资格的登记。如企业设立的不独立承担民事责任的分支机构和不具备法人条件的联营机构应进行的登记等。依据《企业法人管理条例》规定，事业单位和科技性社会团体设立的不能独立承担民事责任的机构也要按企业登记程序进行登记，这也属于非法人登记的范畴。

3）开业登记是开办设立企业必须向工商行政管理部门申请办理的登记。它的作用是确认企业享有企业法人资格或营业资格。企业必须经过开业登记领取《企业法人营业执照》或《营业执照》，方可进行生产经营活动。

4）变更登记是开业登记已取得合法资格的企业要改变原登记事项，如名称、住所、法人代表、经营范围、经营方式、注册资本以及增设或撤销分支机构时应当办理的变更手续。这种变更登记一般不涉及企业的合法资格问题，但在因企业分立、合并而需要变更登记时，有可能影响原来的合法资格。如某一小企业并入另一大企业时，在大企业变更原登记的同时，小企业的原合法资格应予注销。

5）注销登记是经开业登记已取得合法资格的企业在歇业、被撤销、被宣告破产或因其他原因终止营业时应当办理的注销手续。企业经注销登记后，登记主管部门收缴《企业法人营业执照》或《营业执照》（包括副本），收缴公章，并将注销登记情况告知被注销登记企业的开户银行。应办理注销登记而未办理或办理注销登记后仍从事生产经营活动的，均属于违法，将依法受到制裁。企业因违法经营被工商行政管理机构吊销营业执照时，由工商行政管理机构直接注销其登记。一般情况下，注销登记由当事人申请办理。

步骤五 办理企业开业登记内容

不同性质的企业在具体办理注册登记时所具备的条件是不一样的,但根据《企业法人登记管理条例》规定,其基本内容包括企业名称、住所、负责人、经济性质、经营范围和经营方式、资金总额等。

1. 企业名称

企业名称是企业法人地位的标志,其名称登记是维护社会经济秩序、保证企业合法权益的重要内容。企业名称由企业自行申请,报工商行政管理机构核定,核准登记后,在一定范围内享有专用权,任何人不得侵犯。

2. 住所

住所是企业主要办事机构的地址,《民法通则》第39条规定"法人以它的主要办事机构所在地为住所"。企业的生产经营地址、地址的面积、环境及其他条件是否合适,必须通过企业注册登记接受审查。

3. 负责人

负责人是企业法人代表,是该企业的法定负责者。企业界之间、企业与政府之间以及企业与企业界以外的组织、团体等发生的一切涉及法律问题的事项,均由负责人出面解决并承担责任。如因需要而更换法人代表,则应向工商行政管理部门申请更换负责人姓名。

4. 经济性质

企业的经济性质由主管登记的机关根据申请单位的财产所有权归属、资金来源、分配形式以及有关规定审定。当前我国企业的经济性质有国有独资有限公司、股份有限公司、有限责任公司、集体所有制企业、股份合作制企业、私营企业、三资企业等。随着现代企业制度的逐步建立,资产重组、购并等使财产混合所有的企业越来越多,注册登记应从注重经济性质转向明晰产权关系,明确出资者的法律责任和企业组织形式,重点应审查企业章程。

5. 经营范围和经营方式

企业经营范围指企业生产经营活动的行业和项目,如农产品经营、房地产经营、电子产品经营等。经营方式指企业采取何种方式从事生产经营活动,如批发、零售和代购代销等。主管登记机关应根据申请人的申请和所具有的条件,按照国家法规、政策以及规范化的要求,核定企业的经营范围和经营方式。这是企业从事合法经营活动的主要依据。随着开放、搞活的进一步深入,必将进一步放宽经营范围,除国家特别禁止经营和专营的商品外,一般以大类为准,不再限制商品种类,并逐步取消专营、兼营的划分,经营方式也将不再作为独立的登记事项。

6. 资金总额

资金总额是企业所具有的固定资产和流动资金的总量。资金是企业从事生产经营活动的保证。企业能否获准登记开业,能否获得法人地位,资金的数量大小以及资金的来源具有决定性的意义。如果资金的总数量与申请开业的范围、方式、人员不吻合,或资金的来源与使用方向不正当,则不予登记。随着国内市场的进一步开放,中国市场必将同国际市场接轨,对企业的注册登记也将按照国际惯例办理。

步骤六 掌握企业登记的具体手续和要求

不同类型的企业在登记时的手续和要求有差异，下面以有限责任公司登记为例，介绍企业开业登记时的有关手续和要求。

1. 企业名称预先核准

根据《中华人民共和国公司法》和有关规定，凡设立有限责任公司，应当由全体股东指定的代表或者共同委托的代理人向公司登记管理机关申请名称预先核准。在申请登记时应当提交下列文件。

1）有限责任公司的全体股东签字的《企业名称预先核准申请书》（法人股东由法定代表人签字并加盖公章）。《企业名称预先核准申请书》见表 3-1 和表 3-2。企业名称预先核准申请书共 2 页，填写时要认真阅读表格下方的填写要求。

2）全体股东的法人资格证明或者自然人的身份证明。

3）法律、行政法规规定设立公司必须报经审批的文件。

4）公司名称预先登记机关核准后，发《公司名称预先核准通知书》。

表 3-1 企业名称预先核准申请书（第 1 页）

申请企业名称	
备选企业名称 （请选用不同的字号）	1. 2. 3.
经 营 范 围	许可经营项目： 一般经营项目： （只需填写与企业名称行业表述一致的主要业务项目）
注册资本（金）	（万元）
企业类型	
住所所在地	
指定代表或者委托代理人	
指定代表或委托代理人的权限： 1. 同意□不同意□核对登记材料中的复印件并签署核对意见； 2. 同意□不同意□修改有关表格的填写错误； 3. 同意□不同意□领取《企业名称预先核准通知书》。	
指定或者委托的有效期限	自 年 月 日至 年 月 日

表 3-2 企业名称预先核准申请书（第 2 页）

投资人姓名或名称	证照号码	投资额（万元）	投资比例（%）	签字或盖章
填表日期	年 月 日			
指定代表或者委托代理人、具体经办人信息	签 字：			
	固定电话：			
	移动电话：			
（指定代表或委托代理人、具体经办人身份证明复印件粘贴处）				

2. 公司开业登记

有限责任公司应在名称预先核准后6个月内向公司登记机关申请开业登记,登记时应提交下列文件。

1)全体股东指定代表或者共同委托代理人向公司登记机关申请设立的报告(国有独资企业由国家授权投资机构或者国家授权的部门提出申请)。

2)公司董事长签署的设立登记注册书。

3)全体股东指定代表或者共同委托代理人的授权证明。

4)公司组织章程(须经全体股东签名、盖章)。

5)具体法定资格的验资机构出具的验资证明。

6)载明公司董事、监事、经理的姓名和住所的文件以及有关的委派、选举或者聘用的证明。

7)股东的法人资格证明或者自然人的身份证明(提供复印件)。

8)公司法定代表人任职文件和身份证明(任职文件须经全体董事签字)。

9)企业名称预先核准通知书。

10)公司的住所证明(须提供房产证复印件、租借房屋须提供协议及出租方产权复印件)。

11)法律、行政法规规定需要提交的证件或审批意见。

3. 填写中华人民共和国国家工商行政管理总局印制的《公司设立登记申请书》

1)《公司设立登记申请书》见表3-3～表3-6。

表3-3 公司设立登记申请书(第1页)

名 称			
名称预先核准通知书文号		所属市区	
住 所		邮政编码	
法定代表人姓名		职 务	
注册资本	(万元)	公司类型	
实收资本	(万元)	设立方式	
经营范围			
营业期限	长期/___年	申请副本数量	个
雇工人数	人	下岗失业人数	人
		高校毕业生人数	人

本公司依照《公司法》《公司登记管理条例》设立,提交材料真实有效。谨此对真实性承担责任。

法定代表人签字:

年 月 日

〔第1页〕

表 3-4　公司设立登记申请书（第 2 页）

姓名或名称	证件号码	认缴出资额（万元）	持股比例（%）	分期出资额（万元）	出资方式	出资时间或交付期限	是否下岗失业人员	备注

〔第 2 页〕

表 3-5　公司股东（发起人）出资情况

董事、监事、经理信息

姓名 _____ 职务 _____ 身份证件号码：_____

（身份证件复印件粘贴处）

姓名 _____ 职务 _____ 身份证件号码：_____

（身份证件复印件粘贴处）

〔第 3 页〕

表 3-6　法定代表人信息

姓　名		联系电话	
职　务		任免机构	
身份证件类型			
身份证件号码			

（身份证件复印件粘贴处）

法定代表人签字：

　　　_____　　年　月　日

　　以上法定代表人信息真实有效，身份证件与原件一致，符合《公司法》《企业法人法定代表人登记管理规定》关于法定代表人任职资格的有关规定，谨此对真实性承担责任。

（盖章或者签字）
　　　年　月　日

　　注：依照《公司法》、公司章程的规定程序，出资人、股东会确定法定代表人的，由出资人、股东签署；董事会确定法定代表人的，由董事签署。

〔第 4 页〕

2）公司法定代表人履历表，其格式略。
3）公司董事会成员、经理、监事会成员情况，其格式略。
4）公司设立登记提交文件、证件目录，其格式略。

4．提交公司组织章程

提交的公司组织章程应符合法律、法规规定，并载明下列事项：公司名称和住所；公司经营范围；公司注册资本；股东的姓名或者名称；股东的权利和义务；股东的出资方式和出资额；股东转让出资的条件；公司的机构及其产生办法、职权、议事规则；公司的法定代表人（董事长为公司的法定代表人）；公司的解散事由与清算办法；股东认为需要的其他事项。

触类旁通

公司如何取名？

开办公司取名字，既要朗朗上口，又要能反映企业的经营特色，要体现企业的个性，通常颇费周折。通常，取名由字号（即商号）、所属行业或经营特点、组织形式等内容组成。如南京新街口百货股份有限公司，在这里"新街口"是字号，"百货"表示行业，"股份有限公司"表示组织形式。这是"三段式"的表述方式。为了简明扼要，一目了然，也有采取"二段式"的，如"金陵酒家"等。采取这种二段式表述方式，如果冠以地名，该地名必须是在一定范围内具有相当的知名度，如"金陵"。

企业如果要冠以"中国""中华""国家""全国""国际"字词的，须提交国务院的批准文件复印件；企业如果要冠以某省份名称的则要提交该省政府批文复印件。企业集团的子公司名称中冠以企业集团名称或者简称的，应当提交加盖企业集团母公司印章的《企业集团登记证》复印件；参股公司还应当提交企业集团母公司同意的证明。

练一练

以学习小组为单位，模拟设立注册一个公司。
1）填写《企业名称预先核准申请书》。
2）填写《公司设立登记申请书》。
表格来源：从工商管理部门网站下载。

任务2　企业税务登记

任务要点

关　键　词：税务登记、申报资料、登记手续、注销登记、遗失处理。

项目 3 企业登记

理论要点：税务登记是税务机关根据税法规定，对纳税人的生产经营活动进行登记管理的一项基本制度。

实践要点：了解登记条件、申报资料、掌握登记、变更及注销手续。

任务情境

某电气公司行为该罚

1999 年 6 月，某市国税局稽查分局对某电气公司（一般纳税人）1997、1998 年度的纳税情况进行检查时发现：

1）该电气公司 1997 年全年仅 11 月份申报 1 次，抵扣进项发票 4 张，抵扣税额 3 万元，其余 43 张进项发票累计 76 万元的进项税款因未申报而未抵扣（该市国税局文件规定不按时填报专用发票存根联或抵扣联的，不予抵扣税款）。1998 年 1 月，该电气公司申报当月增值税时，将上述 43 张发票的进项税款于当月抵扣。

2）该电气公司 1998 年实际总销售收入为 215 万元（含一般销售收入和地产地销销售收入，地产地销销售收入按相关政策享受免税待遇），但该公司采取调增地产地销、隐瞒销售收入等手段，少缴税款共计 49 万元。针对该公司上述行为，稽查分局认定，该电气公司的 43 张发票的进项税款不予抵扣，瞒报收入、调增地产地销产品收入行为违反税收征管法的规定，决定追缴税款 125 万元并加征滞纳金 13 万元。

该电气公司不服该处理决定，在缴清上述款项后，与 1999 年 10 月 4 日向市国税局申请复议。

市国税局审查复议申请后，于 2000 年 1 月 2 日做出复议决定：依据市局文件，稽查分局对该公司 1997 年取得的 43 张发票不予抵扣进项税款的处理应予维持；该公司调增地产地销、隐瞒销售收入，少缴税款的行为构成偷税，决定处以所偷税款 0.2 倍的罚款。

任务分析

了解税务登记的作用，了解税务登记的程序，会办理企业开办、变更、注销等税务登记手续。

任务实施

步骤一　了解税务登记的作用

除按照规定不需要发给税务登记证件的外，纳税人必须持税务登记证件办理下列事项。

1）开立银行基本账户。

2）申请减税、免税、退税。

3）申请办理延期申报、延期缴纳税款。
4）领购发票。
5）申请开具外出经营活动税收管理证明。
6）办理停业、歇业。
7）其他有关税务事项。

步骤二 了解税务登记条件

根据新《税务登记管理办法》第十条、第十一条和第二十九条规定，设立企业、企业在外地设立的分支机构和从事生产经营的场所、个体工商户和从事生产、经营的事业单位，应当自领取营业执照之日起30日内向所在地税务机关申请办理税务登记。

1）从事生产、经营的纳税人领取工商营业执照（含临时工商营业执照）的，应当自领取工商营业执照之日起30日内申报办理税务登记，税务机关核发税务登记证及副本（纳税人领取临时工商营业执照的，税务机关核发临时税务登记证及副本）。

2）从事生产、经营的纳税人未办理工商营业执照但经有关部门批准设立的，应当自有关部门批准设立之日起30日内申报办理税务登记，税务机关核发税务登记证及副本。

3）从事生产、经营的纳税人未办理工商营业执照也未经有关部门批准设立的，应当自纳税义务发生之日起30日内申报办理税务登记，税务机关核发临时税务登记证及副本。

4）有独立的生产经营权、在财务上独立核算并定期向发包人或者出租人上交承包费或租金的承包承租人，应当自承包承租合同签订之日起30日内，向其承包承租业务发生地税务机关申报办理税务登记，税务机关核发临时税务登记证及副本。

5）境外企业在中国境内承包建筑、安装、装配、勘探工程和提供劳务的，应当自项目合同或协议签订之日起30日内，向项目所在地税务机关申报办理税务登记，税务机关核发临时税务登记证及副本。

上述规定以外的其他纳税人，除国家机关、个人和无固定生产、经营场所的流动性农村小商贩外，均应当自纳税义务发生之日起30日内，向纳税义务发生地税务机关申报办理税务登记，税务机关核发税务登记证及副本。

步骤三 了解设立税务登记的申报资料

1. 个体工商户、个人合伙企业办理税务登记证须备资料

1）《营业执照》副本或其他核准执业证件原件及其复印件。

2）业主身份证原件及其复印件（如果是港澳台同胞需带护照、通行证、组织机构代码证）。

3）房产证明（产权证、租赁协议）原件及其复印件。如为自有房产，请提供产权证或买卖契约等合法的产权证明原件及其复印件；如为租赁的场所，请提供租赁协议原件及其复印件，出租人为自然人的还须提供产权证明的复印件。

4）公章。

5）填写《税务登记表》（一式两份）。

适用个体经营者的《税务登记表》见表3-7。

表3-7 税务登记表

（适用个体经营）

国税档案号码：		填表日期：		纳税人识别号：	
地税计算机代码		纳税人名称			
登记注册类型	请选择对应项目打"√"		□个体工商户	□个人合伙	
组织机构代码					
开业（设立）日期		批准设立机关			
生产经营期限		证照名称		证照号码	
注册地址		邮政编码		联系电话	
生产经营地址		邮政编码		联系电话	
合伙人数		雇工人数		其中固定工人数	
网站网址		国标行业		□□□□ □□□□ □□□□ □□□□	
业主姓名		国籍或户籍地	固定电话	移动电话	电子邮箱
身份证件名称		证件号码			
经营范围		请将业主身份证或其他合法身份证件复印件粘贴此处			

分店情况	分店名称	纳税人识别号	地址	电话

合伙人投资情况	合伙人姓名	国籍或地址	身份证件名称	身份证件号码	投资金额（万元）	投资比例	分配比例

代扣代缴代收代缴税款业务情况	代扣代缴、代收代缴税款业务内容	代扣代缴、代收代缴税种

附报资料	

经办人签章：	业主签章：
____年__月__日	____年__月__日

以下由税务机关填写：

纳税人所处街乡			隶属关系	
国税主管税务局		国税主管税务所（科）	是否属于国税、地税共管户	
地税主管税务局		地税主管税务所（科）		
经办人（签章）： 国税经办人：_____ 地税经办人：_____ 受理日期： ____年__月__日	国家税务登记机关 （税务登记专用章） 核准日期： ____年__月__日 国税主管税务机关：		地方税务登记机关 （税务登记专用章） 核准日期： ____年__月__日 地税主管税务机关：	
国税核发《税务登记证副本》数量：	本 发证日期： ____年__月__日			
地税核发《税务登记证副本》数量：	本 发证日期： ____年__月__日			

国家税务总局监制

2. 集体企业、私营企业（包括私营独资企业、私营合伙企业、私营有限责任公司）、有限责任公司办理税务登记证须备资料

1)《营业执照》副本或其他核准执业证件原件及其复印件。

2)《组织机构代码证书》副本原件及其复印件。

3) 注册地址及生产、经营地址证明（产权证、租赁协议）原件及其复印件；如为自有房产，则请提供产权证或买卖契约等合法的产权证明原件及其复印件；如为租赁的场所，则请提供租赁协议原件及其复印件，出租人为自然人的还须提供产权证明的复印件；如生产、经营地址与注册地址不一致，请分别提供相应证明。

4) 公司章程复印件。

5) 有关机关出具的验资报告或评估报告原件及其复印件。

6) 法定代表人（负责人）居民身份证、护照或其他证明身份的合法证件原件及其复印件；复印件分别粘贴在税务登记表的相应位置上。

7) 纳税人跨县（市）设立的分支机构办理税务登记时，还须提供总机构的税务登记证（国、地税）副本复印件。

8) 改组改制企业还须提供有关改组改制的批文原件及其复印件。

9) 公章。

10) 填写《税务登记表》（一式两份）。

适用单位纳税人的《税务登记表》见表 3-8。

表 3-8 税务登记表

（适用单位纳税人）

国税档案号码： 　　　　　填表日期： 　　　　　纳税人识别号：

地税计算机代码			纳税人名称			
登记注册类型			批准设立机关			
组织机构代码			批准设立证明或文件号			
开业（设立）日期		生产经营期限		证照名称		证照号码
注册地址			邮政编码		联系电话	
生产经营地址			邮政编码		联系电话	
核算方式	请选择对应项目打"√"　□独立核算　□非独立核算			从业人数　　　其中外籍人数		
单位性质	请选择对应项目打"√"　□企业　□事业单位　□社会团体　□民办非企业单位　□其他					
网站网址			国标行业	□□□□　□□□□　□□□□　□□□□		
适用会计制度	请选择对应项目打"√" □企业会计制度　□小企业会计制度　□金融企业会计制度　□行政事业单位会计制度					
经营范围						
	请将法定代表人（负责人）身份证件复印件粘贴在此处					

项目3 企业登记

（续）

项目\内容	姓名	身份证件		固定电话	移动电话	电子邮箱
		种类	号码			
联系人						
法定代表人（负责人）						
财务负责人						
办税人						

税务代理人名称		纳税人识别号		联系电话		电子邮箱	

注册资本或投资总额（人民币）	币种	金额	币种	金额	币种	金额

投资方名称	投资方经济性质	投资比例	证件种类	证件号码	国籍或地址

自然人投资比例		外资投资比例		国有投资比例	

分支机构名称	注册地址	纳税人识别号

总机构名称		纳税人识别号	
注册地址		经营范围	
法定代表人姓名		联系电话		注册地址邮政编码	

代扣代缴代收代缴税款业务情况	代扣代缴、代收代缴税款业务内容	代扣代缴、代收代缴税种

附报资料	

经办人签章： ____年__月__日	法定代表人（负责人）签章： ____年__月__日	纳税人公章： ____年__月__日

以下由税务机关填写：

纳税人所处街乡		隶属关系	
国税主管税务局		国税主管税务所（科）	是否属于国税、地税共管户
地税主管税务局		地税主管税务所（科）	

经办人（签章）： 国税经办人：_____ 地税经办人：_____ 受理日期： ____年__月__日	国家税务登记机关 （税务登记专用章）： 核准日期： ____年__月__日 国税主管税务机关：	地方税务登记机关 （税务登记专用章）： 核准日期： ____年__月__日 地税主管税务机关：

国税核发《税务登记证副本》数量：	本 发证日期：____年__月__日
地税核发《税务登记证副本》数量：	本 发证日期：____年__月__日

国家税务总局监制

3. 外资企业办理税务登记证须备资料

1）《营业执照》副本或其他核准执业证件原件及其复印件。

2）《组织机构代码证书》副本原件及其复印件。

3）注册地址及生产、经营地址证明（产权证、租赁协议）原件及其复印件；如为自有房产，则请提供产权证或买卖契约等合法的产权证明原件及其复印件；如为租赁的场所，则请提供租赁协议原件及其复印件，出租人为自然人的还须提供产权证明的复印件；如生产、经营地址与注册地址不一致，请分别提供相应证明。

4）公司章程复印件。

5）有关机关出具的验资报告或评估报告原件及其复印件。

6）法定代表人（负责人）居民身份证、护照或其他证明身份的合法证件原件及其复印件；复印件分别粘贴在税务登记表的相应位置上。

7）纳税人跨县（市）设立的分支机构办理税务登记时，还须提供总机构的税务登记证（国、地税）副本复印件。

8）改组改制企业还须提供有关改组改制的批文原件及其复印件。

9）市对外经济贸易批文。

10）批准证书。

11）公章。

12）填写《税务登记表》（一式两份）。

4. 迁入

1）迁出地税务机关的《纳税人跨区迁移申请审批表》。

2）迁出地税务机关的《纳税人迁移通知书》。

3）变更后的《营业执照》原件及复印件。

4）其他资料（具体参见对应经济性质企业所要求提供的资料）。

5）填写《税务登记表》（一式两份）。

5. 注意事项

1）复印件只需提供一份，用A4纸复印；所有复印件均由纳税人注明"此复印件与原件相符、由我公司提供。"，由经办人签名并加盖公章。

2）《税务登记表》请到综合服务窗口领取、申请办理。

3）新办纳税人必须在《税务登记表》中填写可联系的手机，以便税务机关以手机短信形式通知有关税务事项。

4）请按规定时间进行纳税申报。

5）逾期办理税务登记的，请在与银行签订缴款协议后及时到办税服务厅申报纳税。

6）签订财税库银三方协议。

7）新办企业需领购发票的，请先刻制"发票专用章"。

步骤四　了解变更税务登记相关手续

1）纳税人改变名称、法定代表人或者业主姓名、经济类型、经济性质、住所或者经营地点（指不涉及改变主管国家税务机关）、生产经营范围、经营方式、开户银行及账号等内容的，纳税人应当自工商行政管理机关办理变更登记之日起 30 日内，持下列有关证件向原主管国家税务机关提出变更登记书面申请报告。

① 《营业执照》。

② 变更登记的有关证明文件。

③ 国家税务机关发放的原税务登记证件（包括税务登记证及其副本、税务登记表等）。

④ 其他有关证件。纳税人按照规定不需要在工商行政管理机关办理注册登记的，应当自有关机关批准或者宣布变更之日起 30 日内，持有关证件向原主管国家税务机关提出变更登记书面申请报告。

2）纳税人办理变更登记时，应当向主管国家税务机关领取变更税务登记表，一式三份，按照表式内容逐项如实填写，加盖企业或业主印章后，于领取变更税务登记表之日起 10 日内报送主管国家税务机关，经主管国家税务机关核准后，应当按照规定的期限到主管国家税务机关领取填发的税务登记证等有关证件，并按规定缴付工本管理费。

步骤五　了解注销税务登记手续

1. 受理条件

根据《税收征收管理法》第十六条和《税务登记管理办法》第二十八条、第二十九条、第三十条的规定如下。

1）纳税人发生破产、解散、撤销以及其他情形，依法终止履行纳税义务的，应当在向工商行政管理机关办理注销登记前，持有关证件、资料向原税务登记机关申请办理注销税务登记。

2）按照规定不需要在工商行政管理机关或者其他机关办理注销工商登记的纳税人，应当自有关机关批准或者宣告终止之日起 15 日内，持有关证件、资料向原税务登记机关申请办理注销税务登记。

3）纳税人因住所、经营地点变动而涉及改变税务登记机关的，应当在向工商行政管理机关或者其他机关申请办理变更、注销登记前，或者住所、经营地点变动前，持有关证件、资料向原税务登记机关申请办理注销税务登记，并自注销税务登记之日起 30 日内向迁达地税务机关申报办理税务登记。

4）纳税人被工商行政管理机关吊销营业执照或者被其他机关予以撤销登记的，应当自营业执照被吊销或者被撤销登记之日起 15 日内，向原税务登记机关申请办理注销税务登记。

5）境外企业在中国境内承包建筑、安装、装配、勘探工程和提供劳务的，应当在项目完工、离开中国前 15 日内，持有关证件和资料，向原税务登记机关申报办理注销税务登记。

2. 提交资料

1）上级主管部门批复文件或董事会决议及复印件。

2）《税务登记证》正、副本。

3）发票领购簿。

4）《注销税务登记申请审批表》（表证单书 DJ008）。

5）《营业执照》被吊销的应提交工商行政管理部门发出的吊销决定及复印件。

6）由税务机关调查执行岗出具的注销税务登记税收清算报告。

步骤六 了解税务证件遗失处理程序

1．适用对象

纳税人、扣缴义务人遗失税务登记证件的，应当书面报告登记税务机关，如实填写《税务登记证件遗失报告表》，并将纳税人的名称、税务登记证件名称、税务登记证件号码、税务登记证件有效期、发证机关名称在税务机关认可的报刊上作遗失声明，凭报刊上刊登的遗失声明向原税务登记机关申请补办税务登记证件。

2．办理期限

纳税人、扣缴义务人遗失税务登记证件的，应当自遗失税务登记证件之日起15日内，书面报告主管税务机关。

3．办理地点

市区的纳税人到市行政审批中心国税登记窗口报办理相关手续。县（市）区的纳税人到当地行政审批中心国税登记窗口办理相关手续。

4．需要提供的资料（复印件提供两份）

1）《税务证件挂失报告表》，两份。
2）刊登遗失声明的版面原件和复印件。
3）刊登遗失声明的报纸、杂志的报头或者刊头。

5．办理程序

（1）申请

纳税人、扣缴义务人遗失税务登记证件的，应在规定期限内到原登记税务机关领取《税务证件挂失报告表》，一式两份，按要求如实填写后，连同资料一起报送当地行政审批中心国税登记窗口办理相关手续。

（2）受理审核

1）证件资料是否齐全、合法、有效，《税务证件挂失报告表》填写是否完整准确，印章是否齐全。
2）纸质资料不全或者填写有误的，应当场一次性告知纳税人补正或重新填报。

（3）核准

纳税人提供资料完整、填写内容准确、各项手续齐全的，在《税务证件挂失报告表》签署意见，经系统录入证件流失信息。

6．办结期限

提供资料完整、各项手续齐全、符合条件的当场办结，重新核发税务登记证件。

 **触类旁通**

图书发行站应该怎么罚？

资料：某图书发行站于1999年8月2日经工商行政管理部门批准成立，领取了《营业执照》。经济性质为集体,主要经营为发行书籍等,经营地址为××市南方路。该图书发行站未向税务机关申报办理税务登记。某县国税局根据群众举报于1999年12月2日对该图书发行站进行突击检查,现场发现该图书发行站未经税务机关批准私自印制和使用《××图书发行站图书销售专用收据》(第一联:存根联。第二联:客户报销凭证联)。且经查实该图书发行站1999年8月2日~1999年11月30日共计取得发行图书收入270 000元。

讨论问题与要求:请对该图书发行站的税务违法行为依法提出处理意见。

分析:根据《中华人民共和国税收征收管理办法》第15条规定,从事生产、经营的纳税人自领取《营业执照》之日起30日内,持有关证件,向税务机关申报办理税务登记。根据《中华人民共和国税收征收管理办法》第60条规定,纳税人未按照规定的期限申报办理税务登记的,由税务机关责令限期改正,逾期不改正的,可以处以2 000元以下的罚款;情节严重的,处以2 000元以上10 000元以下的罚款。

1)对未按照税法规定办理税务登记的行为,应发出《限期改正通知书》,责令限期持有关证件到税务机关办理税务登记。如果逾期仍未办理税务登记的,根据《中华人民共和国税收征收管理办法》第60条的规定,处以2 000元以下的罚款,情节严重的,可处以2 000元以上的10 000元以下罚款。

2)对未经税务机关批准私自印制《××图书发行站图书销售专用收据》的行为,发出《限期改正通知书》,责令其限期改正,并根据《中华人民共和国发票管理办法》第36条第1款规定,可处以10 000元以下罚款。

3)对擅自使用私自印制的《××图书发行站图书销售专用收据》作为销售图书的收款凭据的行为,税务机关应发出《限期改正通知书》,责令其限期改正。根据《中华人民共和国发票管理办法》第36条第2款的规定,可并处以10 000元以下的罚款。

4)对该图书发行站1999年8月2日~11月30日取得的发行图书收入270 000元,应依照《中华人民共和国增值税暂行条例》的规定,计算补征增值税,并从滞纳税款之日起按日加收2‰的滞纳金。

练一练

各学习小组根据模拟申报公司的资料,填写《税务登记表》,此表可以从当地税务机关网站下载。

任务3 企业税务申报

任务要点

关 键 词:增值税、所得税、纳税手续。

理论要点:增值税、所得税是企业生产经营过程中税务核算遇到的最主要的税种,掌握增值税、所得税的核算方法,有利于规范企业的纳税行为。

实践要点:掌握增值税、所得税核算方法,掌握企业纳税手续。

商贸实务

任务情境

砖瓦厂税务稽查"露馅"

某砖瓦厂是一家私人控大股的股份制企业,主要生产成品砖。现有职工 120 人,1998 年账面反映销售收入 926 136.76 元,账面利润 861.74 元,该砖瓦厂平时基本做到按月申报,稽查局依据《中华人民共和国税收征收管理法》第三十二条规定对该厂 1998 年的纳税情况进行了检查。

审阅发现以下疑问。

1)"产成品"账户贷方余额高达 857.18 万块砖,是该厂销货出了问题,还是少记收入偷逃税款?这么多的库存对于一个砖瓦厂来说是很不正常的。

2)1998 年 10 月 25 日作凭证直接减少"产成品"151.95 万块砖,增加"其他应付款"金额为 208 935.40 元,把没有多大联系的科目凑在一起,也不太正常。

3)该厂有"长期借款"某一个人借款 25 万元,而财务费用明细账上没有发现支付利息,是否偷逃个人所得税?

处理依据及结果。

根据《中华人民共和国税收征收管理法》第二十三条规定采取核定征收方法证明 1998 年企业所得税,该单位 1998 年少记销售收入为 1 387 549.30 万元,核定所得额 111 003.93 元,补交企业所得税 36 631.30;根据《中华人民共和国资源税暂行条例》有关规定补交资源税 27 246.51;根据《中华人民共和国个人所得税法》实施细则第三十四条及国税发(1995)065 号文件规定赔交个人所得税 6250 元。并加收滞纳金 14 015.70 元,罚款 14 025.56 元。

任务分析

了解企业纳税手续,掌握增值税、所得税的核算方法,提高税务犯罪防范能力。

任务实施

步骤一　了解税务申报表

1. 地方税务局综合申报表样式见表 3-9

表 3-9　地方税务局综合申报表样式

表号:SB0001

地方税务局综合申报表

申报日期:　　年　月　日

税款类型: □正常税款　□四代解缴　□补缴欠税　□自查补税　金额单位:元(列至角分)

税务计算机代码	纳税人或扣缴义务人名称和公章	
缴款银行账号	缴款银行名称	

（续）

纳税项目代码	税款所属时期	课税数量	计税金额	实缴税额
合计	人民币大写：			
备注				

2．一般纳税人税务申报表样式见表3-10

表3-10　一般纳税人税务申报表样式

增值税纳税申报表

（适用于一般纳税人）

根据《中华人民共和国增值税暂行条例》第二十二条和第二十三条的规定，纳税人不论有无销售额，均应按主管税务机关核定的纳税期限按期填报本表，并于次月一日起十五日内，向当地税务机关申报。

金额单位：元（列至角分）

税款所属时间：自2×××年××月××日至2×××年××月××日　　填表日期：2×××年××月××日

纳税人识别号	3	1	0	×	×	×	×	×	×	×	×	×	×	×	增值税纳税类型：（例：一般纳税人） 所属行业：（例：制造业） 电脑编码：310××××××××××

纳税人名称		法定代表人姓名		注册地址		营业地址	
开户银行及账号		企业登记注册类型		（例：私营有限责任公司）		电话号码	

项目		行次	一般货物及劳务		即征即退货物及劳务	
			本月数	本年累计	本月数	本年累计
销售额	（一）按适用税率征税货物及劳务销售额	1				
	其中：应税货物销售额	2				
	应税劳务销售额	3				
	纳税检查调整的销售额	4				
	（二）按简易征收办法征税货物销售额	5				
	其中：纳税检查调整的销售额	6				
	（三）免、抵、退办法出口货物销售额	7				
	（四）免税货物及劳务销售额	8				
	其中：免税货物销售额	9				
（10～38行略去，需要时可以从税务局网站下载）							

授权声明	如果你已委托代理人申报，请填写下列资料： 为代理一切税务事宜，特委托 （地址）　　　　　为本纳税人的代理申报人，任何与本申报表有关的往来文件，都可寄予此人。 　　　　　　　　　　　授权人签字：	申报人声明	此纳税申报表是根据《中华人民共和国增值税暂行条例》的规定填报的，我相信它是真实的、可靠的、完整的。 　　　　　　　　　　　声明人签字：

以下由税务机关填写			
收到日期：		接收人：	主管税务机关盖章：

步骤二　了解一般纳税人和小规模纳税人划分标准

1．一般纳税人

1）生产货物或者提供应税劳务的纳税人,以及以生产货物或者提供应税劳务为主（即纳税人的货物生产或者提供应税劳务的年销售额占应税销售额的比重在50%以上）并兼营货物批发或者零售的纳税人,年应税销售额超过100万元的。

2）从事货物批发或者零售经营,年应税销售额超过180万元的。

2．小规模纳税人

1）从事货物生产或者提供应税劳务的纳税人,以及从事货物生产或者提供应税劳务为主（即纳税人的货物生产或者提供劳务的年销售额占年应税销售额的比重在50%以上）并兼营货物批发或者零售的纳税人,年应征增值税销售额（应税销售额）在100万元以下的（含本数）。

2）除上述规定以外的纳税人,年应税销售额在180万元以下的（含本数）。

3）增值税的小规模纳税人是年销售额在规定标准以下,并且会计核算不健全,不能按照规定报送有关税务资料的增值税纳税人。所称的会计核算不健全是不能正确核算增值税的销项税额、进项税额和应纳税额。对于符合条件的小规模纳税人,由税务机关依照税法规定的标准认定。

4）对小规模纳税人实现简易办法征收增值税,其进项税不允许抵扣。

步骤三　申请办理一般纳税人的手续

1．申请

纳税人应当向主管国家税务机关提出书面申请报告,并提供合格办税人员证书,年度销售（营业）额等有关证件、资料,分支机构还应提供总机构的有关证件或复印件,领取《增值税一般纳税人申请认定表》,一式三份。

2．填表

纳税人应当按照《增值税一般纳税人申请认定表》所列项目,逐项如实填写,于10日内将《增值税一般纳税人申请认定表》报送主管国家税务机关。

需要提供的资料如下（复印件提供2份）。

1）《营业执照》及《税务登记证》。

2）有关合同、章程、协议书。

3）专业会计（持有关部门颁发的上岗证）办税人员名单及其证书。

4）银行账号证明。

5）固定的生产经营场所证明。

6）上一年度资金损益表、资产负债表。

7）法人代表身份证明。

8）由商务部或其授权的地方对外贸易主管部门加盖"备案登记专用章"的有效《对外贸易经营者备案登记表》（出口企业在申请认定一般纳税人资格必报）;成品油零售许可证（加油站必报）;国有粮食购销企业认定表（国有粮食购销企业必报）;总机构为一般纳税人的证

明(分支机构申请一般纳税人必报)。

9)新开业企业的验资证明(限商贸企业提供)。

10)增值税一般纳税人认定申请表。

11)税务机关要求提供的其他有关证件、资料。

3.报批

纳税人报送的《增值税一般纳税人申请认定表》和提供的有关证件、资料,经主管国家税务机关审核、报有关国家税务机关批准后,在其《税务登记证》副本首页加盖"增值税一般纳税人"确认专章。纳税人按照规定的期限到主管国家税务机关领取一般纳税人《税务登记证》副本。

已认定为一般纳税人的企业如无下列行为,即使某一年度的应税销售额达不到标准通常也不取消其一般纳税人资格。

1)对于刚成为一般纳税人的商贸企业(包括小规模纳税人转为一般纳税人)需经过一个纳税辅导期才能成为正式的一般纳税人,辅导期一般不少于 6 个月。辅导期内税务部门将对其进行较严格的管理,包括限制每月的专用发票申购数量,如需超额申购的,要按前次已领购并开具的专用发票销售额,向主管税务机关预缴4%的增值税款等。

2)辅导期达到 6 个月后,税务机关应对其进行全面评审,如同时符合下列条件,可认定为正式一般纳税人。

① 纳税评估的结论正常。

② 约谈、实地查验的结果正常。

③ 企业申报、缴纳税款正常。

④ 企业能够准确核算进项、销项税额,并正确取得和开具专用发票和其他合法的进项税额抵扣凭证。

凡不符合上述条件之一,主管税务机关可延长其纳税辅导期或者取消其一般纳税人资格。

步骤四 申请代开增值税专用发票手续

小规模纳税人不能开具增值税发票、普通发票,通常会影响其业务开展,当需要开具增值税票时,可临时到税务部门申请代开增值税票和普通税票。

1.申请代开增值税专用发票

(1)适用对象

已办理税务登记的小规模纳税人(包括个体经营者)以及国家税务总局确定的其他可予代开增值税专用发票的纳税人。

(2)办理期限

纳税人发生相关增值税税收业务时。

(3)办理地点

主管国税机关办税服务厅综合服务窗口。

(4)需要提供的资料(复印件提供两份)

1)《税务登记证》副本和"发票专用章"或"财务专用章"。

2)税务机关要求提供的其他资料。

（5）办理程序

1）填写《代开增值税专用发票缴纳税款申报单》，加盖企业公章，连同其他资料一起交给窗口工作人员。

2）向银行即时扣缴税款和相关工本费，发票开好后，在发票上加盖"发票专用章"或"财务专用章"后交纳税人。

（6）办结期限

符合条件、资料齐全的即时办结。

2．申请代开普通发票

（1）适用对象

1）已办理税务登记的单位和个人，在销售货物、提供应税劳务服务中有下列情形之一的，可以向主管税务机关申请代开普通发票。

① 纳税人虽已领购发票，但临时取得超出领购发票使用范围或者超过领用发票开具限额以外的业务收入，需要开具发票的。

② 被税务机关依法收缴发票或者停止发售发票的纳税人，取得经营收入需要开具发票的。

③ 外地纳税人来本辖区临时从事经营活动的，可以申请经营地税务机关代开。

2）未办理或正在办理税务登记的单位和个人，发生业务收入需要开具发票的。

3）依法不需要办理税务登记的单位和个人，临时取得收入需要开具发票的。

（2）办理期限

需代开普通发票时。

（3）办理地点

主管国税机关办税服务厅综合服务窗口。

（4）需要提供的资料（复印件提供两份）

1）《地方国税机关代开普通发票申请表》。

2）申请代开发票人的合法身份证件。

① 已办理税务登记的单位和个人应提交《税务登记证》副本原件；不需办理税务登记的单位应提交《组织机构代码证》原件及复印件。

② 申请代开发票经办人的个人身份证明资料原件及复印件，如身份证、军人（警官）证、护照、暂住证等。

3）申请代开发票的单位和个人应报送购货方（或接受劳务方）对所购物品（或接受劳务）出具的书面确认证明原件（销售物品1 000元以下的、农民个人销售自产自销的农产品3 000元以下的可不出具书面确认证明）。

书面确认证明原件必须载明以下内容：所购物品品名（或劳务项目）、数量、单价、金额，货款（或价款）的结算方式、付款时间以及支付款项明细（内容包括收款人姓名、支付的金额，人多时可以附加盖单位公章的明细表）。购货方为单位时，书面确认证明应加盖单位公章。购货方为个人时应由当事人签章。

4）对申请代开发票的单位和个人销售工业产品、工业下脚料，且一次申请开票金额在2万元及其以上的，必须提供其所售工业产品或工业下脚料的购进发票原件及复印件（发票上的购货人必须与申请代开发票的单位和个人一致）。

5）申请代开发票的单位和个人需要享受增值税减免税优惠政策的，应提供相应的证明资料。如，农业生产者在销售自产农产品的，需提供生产所在地村民委员会或以上行政部门开具的自产自销证明原件等。

（5）办理程序

1）申请人到主管国税分局综合服务窗口领取《代开普通发票申请表》，如实、完整填写后，同其他申请资料一起提供。

2）资料审核通过后，国税机关当场从纳税人缴税账户中扣缴相应的税款，其中无证户需到办税服务厅银行经收处缴纳税款。

3）如资料审核有疑问或不足以判定征免税或税种、税目、子目等时，经分局领导核准，可移送税源管理部门进行实地调查，并根据调查结果决定是否予以代开。

4）主管国税分局开具《国税机关代开统一发票》，并加盖"代开发票专用章"后交付申请人。

（6）办结期限

如提交资料齐全、符合规定且合理可靠的，当场办结。

如提交的资料虽齐全，但经主管国税机关审核有疑问或不足以判定征免税或税种、税目、子目等的，3个工作日内办结。

步骤五　企业所得税纳税申报办法

企业所得税采取按年计算，分月（季）预缴，年终汇算清缴的办法。

1. 季度预缴申报

（1）适用对象

企业所得税纳税人。

（2）申报期限

在每个季度（或月度）终了后15日内，企业应到主管国税机关办理企业所得税的纳税申报手续（纳税期限的最后一日是法定休假日的，以休假日的次日为限期的最后一日；在期限内有连续3日以上法定休假日的，按休假日天数顺延）。

（3）申报地点

主管国税机关办税服务厅综合服务窗口。

（4）需要提供的资料

1）《中华人民共和国企业所得税月（季）度纳税申报表（A类）》（查账征收企业适用）、《中华人民共和国企业所得税月（季）度纳税申报表（B类）》（核定征收企业适用）。

2）《中华人民共和国汇总纳税分支机构企业所得税分配表》（适用在中国境内跨省、自治区、直辖市设立不具有法人资格的营业机构，并实行"统一计算、分级管理、就地预缴、汇总清算、财政调节"汇总纳税办法的总机构、分支机构填写）。

3）财务会计报表。

4）税务机关规定的其他相关纳税资料。

以上申报资料纳税人除《中华人民共和国汇总纳税分支机构企业所得税分配表》外，如果通过电子申报方式传送的，则应附报纸质申报资料。

（5）办理程序

1）填写《中华人民共和国企业所得税月（季）度纳税申报表》（A类或B类）、《中华人民共和国汇总纳税分支机构企业所得税分配表》（仅指实行汇总纳税办法的总、分支机构），通过网上申报或上门申报。

2）完成税款电子缴库。

3）将上述需要提供的纸质资料交到主管国税机关办税服务厅综合服务窗口，申报资料需加盖公章。

2．年度申报

（1）适用对象

企业所得税纳税人。

（2）申报期限

年度终了，企业应在办理 4 季度（按月预缴的为 12 月份）所得税预缴申报后，按规定的时限和要求，到主管国税机关办理企业所得税的纳税申报手续。

1）核定征收企业，原则上于 3 月底以前。

2）查账征收的小型微利企业，原则上于 4 月底以前。

3）其他各类企业，均应于 5 月底以前。

（3）申报地点

主管国税机关办税服务厅综合服务窗口。

（4）需要提供的资料

1）《中华人民共和国企业所得税年度纳税申报表（A 类）》（查账征收企业适用）、《中华人民共和国企业所得税年度纳税申报表（B 类）》（核定征收企业适用）。

2）财务会计报表。

3）企业所得税纳税申报附报资料（查账征收企业适用）。

4）减免税和税前扣除等事项的相关资料。

5）税务机关规定的其他相关纳税资料。如外资企业的审计报告、内资企业按规定应由中介机构出具的各类所得税汇缴清缴涉税鉴证报告等。

（5）办理程序

1）填写《中华人民共和国企业所得税年度纳税申报表》应该申报的各类报表列表（A 类或 B 类），通过网上申报或上门申报。

2）完成税款电子缴库。

3）将上述需要提供的纸质资料交到主管国税机关办税服务厅综合服务窗口，申报资料需加盖公章。

步骤六　企业办理纳税申报条件

企业办理纳税申报时，根据要求提供银行账号和财务、会计制度备案，备案的具体要求如下。

1．纳税人银行账号报备

（1）适用对象

从事生产、经营的纳税人应当按照国家有关规定，持税务登记证件，在银行或者其他金融机构开立基本存款账户和其他存款账户，并将其全部账号向主管国税分局报告。

（2）办理期限

从事生产、经营的纳税人应当自开立基本存款账户或者其他存款账户之日起15日内，向主管国税分局书面报告其全部账号；发生变化的，应当自变化之日起15日内，向主管国税分局书面报告。

(3) 办理地点

主管国税机关办税服务厅综合服务窗口。

(4) 需要提供的资料（复印件提供两份）

1）《纳税人存款账户账号报告表》两份。

2）基本存款账户或者其他存款账户的全部账号证明原件及复印件。

(5) 办理程序

1）申请。纳税人在规定的时间内向主管国税分局提出申请，领取并填写《纳税人存款账户账号报告表》，同时递交相关的证件资料。

2）受理、审核。主管国税分局受理纳税人报送的相关资料，并对上报的资料进行审核，资料审核无误，税务机关签章后返回一份《纳税人存款账户账号报告表》给纳税人。

3）核准。提供资料完整、填写内容准确、各项手续齐全、符合条件的当场办结。

2. 纳税人财务、会计制度报备

(1) 适用对象

从事生产、经营的纳税人应当在领取税务登记证件后将其财务、会计制度或者财务、会计处理办法报主管国税分局备案。

(2) 办理期限

从事生产、经营的纳税人应当自领取税务登记证件之日起 15 日内，将其财务、会计制度或者财务、会计处理办法报主管国税分局备案。纳税人使用计算机记账的，应当在使用前将会计电算化系统的会计核算软件、使用说明书及有关资料报送主管国税分局备案。

(3) 办理地点

主管国税机关办税服务厅综合服务窗口。

(4) 需要提供的资料（复印件提供两份）

1）《财务会计制度及核算软件备案报告书》两份。

2）财务、会计制度或者财务、会计处理办法。

3）纳税人采用计算机记账的，还须提供会计电算化系统的会计核算软件、使用说明书及有关资料。

(5) 办理程序

1）申请。从事生产、经营的纳税人应当在规定的时限内到主管国税分局领取并填写《财务会计制度及核算软件备案报告书》，同时递交办理备案登记所需的相关资料。

2）受理、审核。主管国税分局受理纳税人报送的相关资料，并对上报的资料进行审核，资料审核无误，主管国税分局签章后返回一份《财务会计制度及核算软件备案报告书》给纳税人。

3）核准。提供资料完整、填写内容准确、各项手续齐全、符合条件的当场办结。

 触类旁通

因虚开增值税专用发票而锒铛入狱

1. 基本案情

被告人刘某，男，45 岁，汉族，原系上海某贸易有限公司法定代表人。因涉嫌犯虚开增值税专用发票罪,于 2001 年 2 月 9 日被逮捕。

被告人刘某在无注册资金的情况下,于 1999 年 10 月虚假注册成立了公司,并任法定代表人。2000 年 3~12 月,刘某经他人介绍,在无货物购销的情况下,采取按发票面额收取开票费的方法,用公司的增值税专用发票为宁波市某电器供应站虚开了 24 份,虚开税额计人民币 66 454.62 元。宁波市某电器供应站已将其中的 22 份向当地税务部门申报抵扣,税额计人民币 61 443.54 元。刘某还于 2000 年 8~12 月,采取上述同样的方法,为上海某电器成套有限公司虚开增值税专用发票 21 份,虚开税额计人民币 82 185.86 元。上海某电器成套有限公司已将上述发票向税务部门申报抵扣。

为弥补进项发票的不足,刘某虚构无锡市某工贸发展有限公司、镇江市某实业有限公司等 11 家单位为供货方,为自己虚开增值税专用发票共计 162 份,虚开税额计人民币 2 117 746.86 元,并全部向税务机关申报抵扣。

在虚开增值税专用发票的过程中,刘某曾向上海市税务机关纳税人民币 2.5 万余元。案发后,刘某的家属退赔税款人民币 2 万元。

2．控辩意见

上海市人民检察院第一分院以被告人刘某犯虚开增值税专用发票罪向上海市第一中级人民法院提起公诉。公诉机关指控刘某虚开增值税专用发票 226 万余元,非法抵扣税款 226 万余元,其行为已构成虚开增值税专用发票罪。

刘某及其辩护人以刘某有自首、立功情节为由,要求对其从轻处罚。

3．裁判

上海市第一中级人民法院认为:被告人刘某在无货物购销的情况下,以假发票为自己虚开及为他人虚开增值税专用发票,虚开数额共计人民币 226 万余元,非法抵扣税款数额人民币 226 万余元,其行为已构成虚开增值税专用发票罪。检察机关的指控,事实清楚,证据确凿,定性正确。依照《中华人民共和国刑法》第二百零五条第一款、第二款、第四款和第六十四条之规定,判决如下。

1) 被告人刘某犯虚开增值税专用发票罪,判处无期徒刑,剥夺政治权利终身,并处没收其个人全部财产。

2) 违法所得予以追缴。

分析与思考

1) 被告人刘某的犯罪行为带来什么样的启示?
2) 在生产经营活动中如何防范增值税犯罪?

任务 4 银行开户结算

任务要点

关 键 词:银行开户流程、银行《开户许可证》、银行结算账户、银行结算业务。

项目3 企业登记

理论要点：企业生产经营中的资金，通常需要通过向银行贷款或通过银行办理结算来实现，必须办理银行开户手续。

实践要点：模拟银行开户，了解银行开户程序，会办理银行结算手续。

 任务情境

不义之财不可得

某团伙借融资之名，以高息为饵"钓"资金富余公司的胃口或许诺给拉款人好处费，为银行拉存款并赢得银行信任。然后他们再利用个别银行的漏洞，采用伪造印鉴、转账凭证等手段从银行转走款项。

在不到一年时间里，该团伙共作案 8 起，涉案金额高达 2.4 亿元。

某市检察院已对该团伙提起公诉，该团伙成员共 15 人，其涉嫌的罪名有票据诈骗罪、金融凭证诈骗罪、洗钱罪、虚报注册资本罪、伪造公司印章罪、对公司人员行贿罪 6 项罪名。

 **任务分析**

会办理银行开户手续，会办理资金结算各种业务，能防范结算过程中的犯罪行为。

 任务实施

步骤一　了解银行开户流程

要创办企业，通常需要向银行贷款或通过银行办理结算手续，这就不可避免要和银行联系，因而要了解如何办理银行开户手续。

1. 银行开户的基本种类

（1）基本存款账户

基本存款账户是企事业单位的主要存款账户，该账户主要办理日常转账结算和现金收付，存款单位的工资、奖金等现金的支取只能通过该账户办理。基本存款账户的开立须报当地人民银行审批并核发《开户许可证》，正本由存款单位留存，副本交开户行留存。企事业单位只能选择一家商业银行的一个营业机构开立一个基本存款账户。

（2）一般存款账户

一般存款账户是企事业单位在基本账户以外的银行因借款开立的账户，该账户只能办理转账结算和现金的缴存，不能支取现金。

（3）临时存款账户

临时存款账户是外来临时机构或个体经济户因临时经营活动需要开立的账户，该账户可以办理转账结算和符合国家现金管理规定的现金。

（4）专用账户

单把某一项资金拿出来，方便管理和使用，所以新开设的账户称为专用账户，但是开设专用账户需要经过人民银行批准。

步骤二 了解银行《开户许可证》办理条件

1）下列存款人可以申请开立基本存款账户。

① 企业法人。

② 企业法人内部单独核算的单位。

③ 管理财政预算资金和预算外资金的财政部门。

④ 实行财政预算管理的行政、事业单位（财务独立核算）。

⑤ 社会团体。

⑥ 外地常设机构、个体经济户、私营企业。

⑦ 法律服务所。

⑧ 国家法律允许的宗教组织。

2）申请《基本存款账户开户许可证》应出具《基本存款账户申请表》和《组织机构代码证》正本复印件以及以下相关证明文件。

① 当地工商行政管理机关核发的《企业法人营业执照》或《营业执照》正本及复印件。

② 中央或地方编制委员会批文及复印件。

③ 驻地有关部门对外地常设机构的批文及复印件。

④《事业单位法人证书》或《事业单位登记证》及其复印件。

⑤《社会团体登记证》及复印件。

⑥《民营非企业单位登记证》及复印件。

⑦《法律服务执业证书》。

⑧《宗教活动许可证》。

步骤三 了解银行结算账户

1. 银行结算账户的概念

银行结算账户是存款人在经办银行开立的办理资金收付结算的人民币活期存款账户。这里的存款人是在中国境内开立银行结算账户的机关、团体、部队、企业、事业单位、其他组织、个体工商户和自然人；银行是在中国境内经中国人民银行批准经营支付结算业务的政策性银行、商业银行（含外资独资银行、中外合资银行、外国银行分行）、城市商业银行、城市信用合作社、农村信用合作社。

2. 银行结算账户的分类

1）银行结算账户按存款人不同，分为单位银行结算账户和个人结算账户。

其中单位银行结算账户按用途不同，分为基本存款账户、一般存款账户、专用存款账户和临时存款账户。

2）银行结算账户根据开户地的不同，分为本地银行结算账户和异地银行结算账户。

3. 银行结算账户的特点

1）办理人民币业务。这与外币存款账户不同，外币存款账户办理的是外币业务，其开立和使用要遵守国家外汇管理局的有关规定。

2）办理资金收付结算业务。这是与储蓄账户的明显区别。储蓄的基本功能是存取本金和支取利息，但是不能办理资金的收付。

3）是活期存款账户。这与单位的定期存款账户不同，单位的定期存款账户不具有结算功能。

4．银行结算账户的管理

1）中国人民银行的管理。中国人民银行负责监督、检查银行结算账户的开立和使用、对银行结算账户的开立和使用实施监控和管理，负责基本存款账户、临时存款账户和预算单位专用存款账户《开户登记证》的管理，对存款人、银行违反银行结算账户管理规定的行为予以处罚。

2）开户银行的管理。银行负责所属营业机构银行结算账户开立和使用的管理，监督和检查其执行法律法规的情况，纠正违规开立和使用银行结算账户的行为。

5．不同银行结算账户的使用范围

1）基本存款账户。存款人日常经营活动的资金收付以及存款人的工资、奖金和现金的支取。

2）一般存款账户。办理存款人借款转存、借款归还和其他结算的资金收付。该账户可以办理现金缴存，但不得办理现金支取。

3）专用存款账户。

① 单位银行卡账户的资金必须由基本存款账户转账存入，该账户不得办理现金收付业务。

② 财政预算外资金、证券交易结算资金、期货交易保证金和信托基金专用存款账户，不得支取现金。

③ 基本建设资金、更新改造资金、政策性房地产开发资金、金融机构存放同业资金账户需要支取现金的，应在开户时报中国人民银行当地分支行批准。

④ 粮、棉、油收购资金，社会保障基金，住房基金和党、团、工会经费专用存款账户支取现金应按照国家现金管理的规定办理。

⑤ 收入汇缴账户除向其基本存款账户或预算外资金财政专用存款户划缴款项外，只收不付；业务支出账户除从其基本存款账户拨入款项外，只付不收。

4）临时存款账户。

① 临时存款账户用于办理临时机构以及存款人临时经营活动发生的资金收付。

② 设立临时机构、异地临时经营活动、注册验（增）资，可以开立临时存款账户。

③ 临时存款账户的有效期最长不得超过2年。

④ 注册验资的临时存款账户在验资期间只收不付。

5）个人银行结算账户。

① 个人银行结算账户用于办理个人转账收付和现金存取。储蓄账户仅限于办理现金存取业务，不得办理转账结算。

② 单位从此银行结算账户支付给个人银行结算账户的款项，每笔超过5万元（不包括5万元），应向其开户银行提供相关付款依据。

步骤四　了解银行结算业务

银行结算业务即转账结算业务，简称结算，也叫支付结算，是以信用收付代替现金收付的业务。是通过银行账户的资金转移实现收付的行为，即银行接受客户委托代收代付，从付款单位存款账户划出款项，转入收款单位存款账户，以此完成经济之间债权债务的清算或资金的调拨。

1. 支付结算的概念

支付结算是单位、个人在社会经济活动中使用票据、信用卡、汇兑、托收承付、委托收款等结算方式进行货币给付及资金清算的行为。银行是支付结算和资金清算的中介机构。目前的结算办法主要有银行汇票、商业汇票、银行本票、支票、汇兑、委托收款和异地托收承付（1989年8月1日停办，1990年4月1日恢复）以及信用卡等方式。

2. 结算工作的任务

结算工作的任务是根据经济往来，合理组织结算和准确、及时、安全办理结算，加强结算管理，保障结算活动正常进行。

3. 办理结算的原则

办理结算的原则是恪守信用、履约付款，资金进入资金所有人的账户并由其进行支配，银行不垫付。支付结算实行集中统一和分级管理相结合的管理体制。中国人民银行总行负责制定统一的支付结算制度，组织、协调、管理、监督全国的支付结算工作，调解、处理银行之间的支付结算纠纷。

4. 全国金融业的清算中心

中国人民银行作为全国金融业的清算中心，担负为银行业金融机构提供以下清算业务的职责。

1）集中办理票据交换。随着中央银行制度的建立和发展，票据清算所已成为中央银行业务中的重要机构，因此，集中办理票据交换就成为中央银行的清算业务之一。由于各商业银行和其他金融机构都必须将存款的一定比例向中央银行交存存款准备金，所以在中央银行都开设活期存款账户。因而商业银行和其他金融机构之间持有本行应收应付票据与其他银行收进的该行的票据进行交换。由票据交换产生的应收、应付账款，均可通过中央银行办理转账结算，票据交换后的债权债务差额也得以划转。

2）办理异地资金转移。异地资金转移，如各行异地汇兑等都要通过中央银行办理的业务，总体可以分为两类，一是先由各银行通过内部联行系统划转，再由其总行通过中央银行办理转账清算；二是把异地票据集中送到中央银行总行办理轧差转账。

3）电子联行系统的发展。电子联行系统是目前在金融卫星通信专用网上运行的主要系统，其基本功能是中央银行能够迅速、准确、安全、方便地处理全国异地资金支付汇总的划转和清算，实现资金流动的及时监测调度，从而进一步实现全国资金的高效率运转，并为中央银行监测宏观经济提供有力的工具。

5. 银行结算的种类

（1）银行汇票

银行汇票是客户将款项交存当地银行，由银行签发汇款人持往异地办理转账结算或支取现金的票据。

（2）商业汇票

商业汇票是收款人或付款人（或承兑申请人）签发，由承兑人承兑，并于到期日向收款人或被背书人支付款项的票据。

（3）银行本票

银行本票是银行向客户收妥款项后签发给在同城范围内办理转账结算或支取现金的票据。

（4）支票

支票是存款人签发的，委托其开户银行在见票时无条件支付一定金额给收款人或持票人的票据。

（5）汇兑

汇兑是汇款人委托银行将款项汇给外地收款人的结算方式。汇兑分为信汇和电汇两种。

（6）委托收款

委托收款是收款人委托银行向付款人收取款项的一种结算方式。

（7）托收承付

托收承付是销货单位根据经济合同发货后，委托银行向购货单位收取货款，购货单位验单或验货后，向银行承付货款的一种结算方式。

（8）信用卡

信用卡是申请人将款项交存银行，在银行开立存款账户，由银行凭以发行的一种赋予信用的证书。

步骤五　了解网上银行

1．网上银行的概念

网上银行又称网络银行、在线银行，是银行利用互联网技术，通过互联网向客户提供开户、查询、对账、行内转账、跨行转账、信贷、网上证券、投资理财等传统服务项目，使客户可以足不出户就能够安全便捷地管理活期和定期存款、支票、信用卡及个人投资等。可以说，网上银行是在互联网上的虚拟银行柜台。

网上银行又被称为"3A银行"，因为它不受时间、空间限制，能够在任何时间（Anytime）任何地点（Anywhere）以任何方式（Anyway）为客户提供金融服务。

2．网上银行的特点

（1）全面实现无纸化交易

原有的票据和单据大部分被电子支票、电子汇票和电子收据代替；原有的纸币被电子货币，即电子现金、电子钱包、电子信用卡代替；原有的纸质文件的邮寄变为通过数据通信网络进行传送。

（2）服务方便、快捷、高效、可靠

通过网络银行，用户可以享受到方便、快捷、高效和可靠的全方位服务。任何需要的时候使用网络银行的服务，不受时间、地域的限制，即实现3A服务。

（3）经营成本低廉

由于网络银行采用了虚拟现实信息处理技术，可以在保证原有业务量不降低的前提下，减少营业网点的数量。

（4）简单易用

网上E-mail通信方式也非常灵活方便，便于客户与银行之间以及银行内部的沟通。

3. 网上银行的业务优势

1）大大降低银行经营成本，有效提高银行赢利能力。

开办网上银行业务，主要利用公共网络资源，不需设置物理的分支机构或营业网点，减少人员费用，提高银行后台系统的效率。

2）无时空限制，有利于扩大客户群体。

网上银行业务打破了传统银行业务的地域、时间限制，具有 3A 特点，这既有利于吸引和保留优质客户，又能主动扩大客户群，开辟新的利润来源。

3）有利于服务创新，向客户提供多种类、个性化的服务。

通过银行营业网点销售保险、证券和基金等金融产品，通常受到很大限制，主要是由于一般的营业网点难以为客户提供详细的、低成本的信息咨询服务。利用互联网和银行支付系统容易满足客户咨询、购买和交易多种金融产品的需求，客户除办理银行业务外，还可以很方便地进行网上买卖股票债券等，网上银行能够为客户提供更加合适的个性化金融服务。

 触类旁通

利用银行结算中间凭证诈骗

1995 年 4 月 18 日，深圳甲公司与江西乙粮油公司签订大米购销合同。4 月 30 日，甲公司业务员沈某依照合同到 M 银行营业部办理货款电汇，银行经过审查，受理了凭证，并加盖"受理凭证专用章"。沈某持此金额 9 万元电汇回单，交给乙粮油公司常驻深圳的业务员姜某，姜某随即将回单电传回公司。4 月 25 日，乙粮油公司发货运至深圳交给甲公司，但迟迟收不到电汇款，后派人前往银行查询，银行因甲公司账上无款，没有转账。4 月 19 日，乙粮油公司将凭证退回给该公司经办人沈某。沈某躲避乙粮油公司来人。乙粮油公司多次追款没有结果，认为甲公司以空头电汇回单欺骗他们，银行予以受理有过错，二者应连带承担民事责任，故向某区法院提起诉讼。

法院经审理认为，原告乙粮油公司与被告甲公司签订的购销合同合法有效，被告甲公司没有履行合同中的付款义务，是一种违约行为，理应承担民事责任。被告 M 银行营业部按规定履行工作职责，正常操作业务，没有过错。原告依据虚假的电汇回单发货，审查把关不严，对自身遭受的经济损失亦有责任，故根据《中华人民共和国经济合同法》第 32 条的规定，判决被告甲公司在本判决生效之日起 10 天内偿清所欠原告货款，驳回原告对被告 M 银行营业部连带承担民事责任的诉讼请求。

 **分析与思考**

1）购货公司利用银行中间凭证欺骗销货公司的财物之所以得逞，有哪些原因？

2）商业银行应在哪些方面加强管理？

3）企业该如何防范？

学习成果展示

1. 展示方式

陈列每个学习小组选送的《企业设立申报表》和《税务登记表》。

2. 展示内容

填写正确、完整的表格。

3. 学习评价

（1）组内成员相互评价

组别_____ 项目_____

成 员	学习参与情况		成果贡献率		得 分
	积极（5分）	一般（3分）	大（5分）	小（3分）	
成员1					
成员2					
成员3					
成员4					

（2）学习组相互评价

组别_____ 项目_____

学习组	展示内容		表现效果		得 分
	好（5分）	一般（3分）	好（5分）	一般（3分）	
小组1					
小组2					
小组3					
……					
小组N					

项目 4

商务谈判

 开篇案例

柯伦泰的低价成交之计

1923年5月,柯伦泰被任命为苏联驻挪威的全权贸易代表。当时,苏联国内急需大量食品,她奉命与挪威商人洽谈购买鲱鱼的交易。挪威商人非常清楚苏联的境况,想乘机捞一把,索价十分高。双方讨价还价,由于双方距离较大,谈判陷入了僵局。柯伦泰心急如焚,如何才能以较低的价格成交呢?向对方哀求是无用的,态度强硬只能使谈判破裂,终于她想出了一条可行之计。

这天,她又与挪威商人会晤,以和解的姿态主动作出让步。她十分慷慨地说:"好吧,我同意你们提出的价格。如果我的政府不批准这个价格,我愿意用自己的薪金来支付差额"。挪威商人被她的态度惊呆了。

柯伦泰继续说:"不过,我的工资有限,这笔差额要分期支付,可能要支付一辈子。如果你们同意的话,就这么决定吧"。

挪威商人从未听说过这样的事,也没见过这样全心全意为国效力的人,他们都被她的行为感动了,经过一段时间商讨后,终于同意降低鲱鱼的价格,按柯伦泰之前的报价签署了协议。

在本案例中,柯伦泰的风范非常吸引人。所以谈判是一门科学,也是一门艺术。如何巧妙地建立气氛引入正题,掌握信息,归纳判断,在谈判中获取双方的需要和满足,就需要借助于谈判策略与技巧。

◎ 项目描述

谈判是一门科学,也是一门艺术。商务谈判随着商品经济的发展,逐渐成为谈判的主要组成部分。了解商务谈判的特点、把握商务谈判的原则,掌握谈判策略、谈判技巧,并应用到具体案例的分析中,可以达到培养谈判素质的目的。模拟谈判为学生提供一个仿真的谈判环境,可提升学生的实际谈判能力。

◎ 学习目标

➲ 知识目标:商务谈判特点、商务谈判原则、商务谈判各阶段的谈判策略和不同谈判环境的谈判技巧。

项目4 商务谈判

- 能力目标：掌握运用商务谈判原则、策略、技巧进行商务谈判的方法。
- 情感目标：通过经典案例欣赏、仿真模拟谈判实操，让学生在愉悦的活动中感受谈判的快乐。

要点剖析

- 项目重点：商务谈判的特点、商务谈判的原则、商务谈判的策略和谈判的语言技巧。
- 项目难点：各阶段商务谈判策略的把握，各种商务谈判技巧的灵活运用。

任务1　感知商务谈判

任务要点

关　键　词：商务谈判、谈判特点、谈判类型、谈判原则。
理论要点：商务谈判在商务活动中经常出现，了解其特点，把握其原则是做好谈判工作的重要基础。
实践要点：建立商务谈判概念，应用商务谈判的基本原则，指导化解在商务工作、日常生活中的分歧。

任务情境

约翰逊的"醉翁之意"

　　有一次，美国《黑檀》月刊的主编约翰逊想争取到森尼斯公司的广告。而该公司的首脑麦唐纳是个非常精明能干的人。开始，约翰逊致信给麦唐纳，要求和他当面交谈森尼斯公司的广告在黑人社会的重要性问题。麦唐纳当即回信说："来信已收到，不过我不能见您，因为我并不主管广告。"约翰逊并不气馁，又致信给他，问："我可不可以拜访您，谈谈关于在黑人社会进行广告宣传的政策？"麦唐纳回信道："我决定见您。不过，要是您想谈在您的刊物上登广告的事，我立刻就结束会见。"在见面之前，约翰逊翻阅了美国名人录，发现麦唐纳是一个探险家，曾到过北极，时间是在汉森和比尔准将于1909年到达北极后的几年间。汉森是个黑人，他曾就本身的经历写过一本书。这是个约翰逊可以利用的条件。于是他找到汉森，请他在书上签名，以便送给麦唐纳。此外，他又想起汉森是他们写文章的好题材，于是他从未出版的《黑檀》月刊中抽去一篇文章，而代之以介绍汉森的一篇文章。麦唐纳在约翰逊走进他的办公室时，第一句话就是："看到那边那双雪鞋没有？那是汉森给我的，我把他当朋友。您看过他写的那本书吗？""看过，"约翰逊说，"凑巧我这里有一本。他还特地在这本书上签了名。"麦唐纳翻着那本书，显然感到很高兴，接着他又说："您出版一份黑人杂志。在我看来，黑人杂志上该有一篇介绍像汉森这样的人的文章才对。"约翰逊对他的意见表示认同，并将一本7月份的新杂志递给他，然后告诉他，创办这份杂志的目的，就是宣传像汉森这样克服一切障碍而到达最高理想的人。麦唐纳合上杂志说："我看不出我们有什么理由不在您的杂志上登广告。"

商贸实务

任务分析

商务谈判与人们的生活谈判有异曲同工之处。通过了解商务谈判的特点、类型，重点把握商务谈判的基本原则，有利于构建商务谈判的知识框架，为进一步学习掌握商务谈判的技巧，把握商务谈判的进程做好准备。

任务实施

步骤一　建立商务谈判的概念

美国 ITT 公司著名谈判专家 D. 柯尔比曾讲过一个案例。柯尔比与 S 公司的谈判已接近尾声，然而此时对方的态度却突然强硬起来，对已谈好的协议挑剔，提出各种不合理的要求。柯尔比感到非常困惑，因为对方代表并非那种蛮不讲理的人，而协议对双方肯定是都有利的，在这种情况下，S 公司为什么还要阻挠签约呢？柯尔比理智地建议谈判延期。之后从各方面收集信息，终于知道了关键所在，即对方认为 ITT 获得的利益比己方多。价格虽然可以接受，但心理上不公平的感觉却很难接受，导致协议被搁浅。结果重开谈判，柯尔比做了比价算价，让对方知道双方利润大致相同，一个小时后就签了合同。

商务谈判是商务活动的当事双方或多方，通过不断的、有意识的、有目的洽谈磋商，最终取得一致意见，使各自的需要得到满足的过程。

步骤二　了解商务谈判的特点

商务谈判作为一种独特的谈判形式，有其自身的特点，具体表现如下。

1．谈判对象的广泛性和不确定性

商务谈判所触及的对象极其广泛，可能来自国内市场，也可能来自国际市场，可能是企业的供应商，也可能是客户，甚至是竞争对手。为了选择更有利的交易条件，需要广泛接触交易对象。因为这些广泛交易对象的性格、背景、动机是各不相同的，所以交易对象是不确定的。这种谈判对象的广泛性和不确定性要求在谈判中了解对手。正如英国哲学家培根所说"与人谋事则须知其习性，以引导之；明其目的，以劝诱之，与奸猾之人谋理，唯一刻不忘其所图，方能知其所言；说话至少，须出其最不当意之际。于一切艰难的谈判中，不可存一蹴而就之想，唯徐而之，以得瓜熟蒂落。"可见，谈判对象广泛而多种多样，要把握谈判的主动，在谈判中要掌握各种资料，对谈判对手了解得越多越好。

2．环境的多样性和复杂性

谈判环境主要是谈判地点和谈判场所的环境布置。谈判地点对谈判结果有不可忽视的影响，谈判地点有 3 种类型。

1) 在买方主场谈判。主场谈判由于舒适的布置、熟悉的环境，会使买方很快具有安全感，而对卖方而言，在一个不熟识的环境中会产生一定的恐惧感。此外，对买方而言，最大的优势是资料充裕，随时随地可以利用资料讨论某一问题，甚至还可以利用有利条件对卖方施加压力，如室内布置、座位安排、住宿安排等。

2）在卖方主场谈判。当买方在谈判中处于劣势或谈判准备不充分时，在卖方主场谈判可能更有优势——即退出方便；但缺点是如果双方关系过于亲近，卖方过分的款待会使买方锐气大失，对谈判中主动权的掌握是十分不利的。

3）在中立地点谈判。如果谈判双方陷入僵局或敌意正浓，则应选择中立地点进行谈判磋商。谈判场所环境的布置，要注意以下几点。

首先，环境布置的目的是东道主增强自己的谈判地位，对谈判对方造成威胁和假象。如果对手产生类似于"这家公司实力雄厚，与他们做生意不会吃亏"的想法，环境布置就成功了。

其次，环境布置的原则是应避免虚张声势，给人以平等感。

再次，环境布置的变化。通常情况下，谈判地点和环境布置无须变化，但如谈判的主谈人变动即谈判升级或降级时，地点和环境亦可作某些变化，以符合谈判的需要。

总之，谈判环境地点的选择多样，环境布置的"内涵语言"也复杂多样。在商务谈判过程中，合理、恰当地加以利用，有利于形成良好的谈判气氛，从而在心理上影响谈判的进程。

3．谈判条件的原则性和可伸缩性

谈判过程中，非到不得已时不要讨价还价。如果不用讨价还价就能得到想要的东西并且确信那就是所能得到的全部东西，那就坚持自己的条件。但在商战中，也应该做到有备无患，谈判过程中应给自己回旋的余地，谈判条件应有伸缩性，让对方得到超过其预期的利益。

4．各方经济关系的平衡性

商务谈判的突出特点在于经济利益，谈判的各方皆希望谈判有结果，能达成协议，以满足各自的需要，使各方都有利，互利互惠"利益均沾"，都成为谈判的赢家。

5．语言表达和文字表达的一致性

谈判中语言表达是透露自己基本立场和信息情况的方式，但必须言必有信方能取信于人，绝不能自相矛盾。所有的言行，在谈判有了终局时都应有文字阐述，且语言、文字表达应完全一致，做一个诚实可信的谈判者，且一旦许诺就要遵守。

步骤三　把握商务谈判的原则

人们发现自己处在两难之中时，有温和与强硬两种谈判方法。温和者总是避免双方的摩擦冲突，为了取得共识，他们通常很快作出让步。他们希望作出愉快的解决方案，但却经常发现自己被别人利用而不得不咽下苦果。强硬者则认为谈判是一场意志的较量，谁采取的立场更极端，谁能坚持到最后，谁就能赢。他当然想赢，可结果通常使得自己筋疲力尽，而且也伤害了自己与对方建立的关系。

还有第三种谈判方法，它既不温和也不强硬，但却刚柔相济。由"哈佛大学谈判项目"研究的这种"原则谈判"方法是根据事情本身的是非曲直寻求解决方案，而不是进行一场各执己见的讨价还价。这种谈判方式建议双方尽可能实现"双赢"。

在商务谈判中，要实现"双赢"，双方应遵守以下基本原则。

1．平等互利原则

谈判是双方的合作，任何商务谈判都要坚持平等互利的原则。坚持平等互利，对谈判的各个事项和条件作出正确的判断,将不利的方面减少到最低限度,把握双方根本利益之所在,双方各取所需,拥有各自的利益。所以,最成功的谈判者,应坚持平等互利原则,这才会取得谈判的最高利益。否则,可能会两败俱伤。例如,美国纽约印刷工会领导人波厄斯以"经济谈判毫不让步"而闻名全国。在一次与报业主的谈判中,坚持强硬立场,两次号召报业工人罢工迫使报业主全盘满足了他提出的要求,即同意为印刷工人大幅度增加工资,承诺不采用排版自动化先进技术,防止工人失业。结果是以波厄斯为首的工会大获全胜,但却使三家报业主陷入困境。三家大报被迫合并,接下来便是倒闭,最终全市只剩一家晚报和两家晨报,数千名报业工人失业。可见,谈判中最重要的是明确双方是朋友、合作伙伴。只有合作共识、平等互利,才能使谈判的双方既能得到经济利益又能获得关系利益。

2. 合法原则

合法即在商务谈判及合同签订的过程中,必须遵循国家的法律、政策、国际法则、通则及对方国家的有关法规。

谈判过程中,双方面临利益冲突这一客观现实。解决冲突必须抛开利己这一立场,公平、公正地调和双方的利益。谈判必须符合法律的规范,确保商务谈判具有合法性。它遵循的法通常包括贸易惯例、通则和法律、法规等。

3. 信用原则

商务往来中最重要的原则是诚实守信。一旦谈判中作出了许诺就要遵守,言而有信,以诚相待,会促成良好谈判结果的达成。例如,1921年8月9日列宁颁布了新经济政策。传奇商人哈默与列宁就阿拉帕耶夫斯克石棉矿进行了交谈,针对哈默的种种顾虑,列宁以其特有的方式保证"不要过于担心细节,我将负责使你受到公平待遇,只要你有问题,写信告诉我就行了,临时合同签订后,我们的人民委员会马上通过,决不拖延,合同一经通过即可实施"。列宁说到做到,哈默成了获得特许权的第一个美国人。由于列宁的帮助,哈默在苏联生意火红。既经营粮食、鱼子酱、拖拉机等大宗商品的买卖,又开矿山、办工厂。一方面满足了苏联许多方面的需要,另一方面,20世纪20年代的哈默每年就净赚100万美元。

4. 相容原则

商务谈判的主体在谈判过程中应该建立一种相互信赖、理解、尊重和友好的关系,使谈判能顺利、有效地进行。因此,在谈判中当提出方案和建议时,也要设身处地从对方的立场考虑提议的可行性,尽量阐述客观情况,避免责备对方,使双方都参与协商。一个双方都能容纳、包含双方主要利益的建议,会使双方都认为是自己的,整个谈判过程变得更加有秩序、有效率,因而皆大欢喜。这就是谈判的相容性。

步骤四 了解商务谈判的类型

商务谈判形式多种多样,通常按谈判人数、谈判方式、谈判内容、谈判所达成协议的形式以及谈判的范围等几个方面加以划分。

1. 按参加谈判的人数划分

1)一对一谈判。一对一谈判,即谈判的双方各由一位代表出面谈判的方式(如采购员与推销员谈判、推销员与顾客谈判、采购员与顾客谈判)。此类谈判人员应有主见、判断力强,才能在谈判中取胜。

2)小组谈判。是每一方都由两位以上人员参加协商的谈判形式。它是内容重要、复杂的谈判,通常借助于小组谈判。其优点是可以发挥集体智慧,因而小组领导的确定、组员的选配就十分重要。

2. 按谈判的方式划分

1)纵向谈判。纵向谈判是在确定谈判的主题后,逐一讨论每一问题和条件,讨论一个问题,解决一个问题,直至所有问题谈完。例如,商品交换谈判,双方确定质量、价格、运输、保险、支付、索赔等主要内容后,首先就质量进行洽谈。如果质量谈不好,就无需谈其他条件。

2)横向谈判。横向谈判是确定谈判所涉及的主要问题后,开始逐个讨论必须先确定的问题,在某一问题出现分歧时,暂时搁置一旁,讨论其他问题,如此周而复始地谈判,直至所有内容都谈妥为止。

3. 按谈判的内容划分

1)投资谈判。投资是商务企业诞生、发展的重要基础,投资者通过投资预期达到相应的物资报酬。因而要考虑投资回收期、利率、风险、利润等经济影响因素,对投资谈判而言,主要谈判内容包括投资项目、投资方式和投资期限等。

第一步是选择投资项目。此时要分析市场的需求量、竞争对手的市场占有率、项目的技术因素、投资基金来源和数量、政府的产业规划和法律等,做好可行性分析。

第二步是选择投资方式。是单独投资还是合伙投资,若是合伙投资,则对各自投入的资产形式(如不动产、货币、技术、商誉等产权)、合伙期限、权益、资产管理等进行谈判。

2)商品供求谈判。商品供求谈判在商务企业的贸易谈判中占很大比例,此处的商品是有形商品。涉及商品供求谈判的议题较多,主要有以下5项。

① 质量。质量是商品具有使用价值的保证。谈判中,对质量的议题要考虑二点,一是双方要明确质量标准及检验质量标准的办法;二是质量不符合标准的责任和赔偿方式。

② 价格。价格是明确双方利益分配的重要因素。因而价格条款的谈判就成了谈判的中心议题。确定价格条款要以惯例、包装方式、交易数量、质量、交货期限、合同期等几个方面加以考虑。

③ 预付款和最终付款。商品交易中,支付方式非常重要。谈判中一般应确定预付款的比例(一般是货款的10%)以及最终付款的期限。

④ 包装、运输方式。包装方式、包装材料的不同必然使包装费用发生差异,因而包装条款应明确。另外,使用不同的运输方式、运输工具,运费差别很大,因而谈判中双方应明确由谁支付运费,选择何种运输方式,各自应承担的责任。

⑤ 保险。谈判中应明确保险的范围和责任,以规避风险。

除了以上几个因素外,商品贸易谈判中还必须考虑如进口关税、许可证、交货日期等议题。明确诸如海关手续检查、查验费用、卖方延期、交货的责任及由此给对方带来损失的索赔问题。

3)技术贸易谈判。技术贸易谈判包括技术服务、发明专利、工程服务、专门知识、商标和专营权的谈判。一般要考虑以下 9 个因素。

① 明确协议项目及转让技术的范围。
② 供方必须及时提供的一切有关的技术数据和技术资料及明确不完整的责任。
③ 明确转让技术的所有权问题即专利、商标使用权。
④ 明确提供的技术属供方所有,并正在使用。
⑤ 技术服务条件及培训受方技术人员。
⑥ 安装试车及考核验收、技术的改进与发展问题。
⑦ 保密范围、保密对象、技术资料的使用权和所有权、泄露的责任等。
⑧ 价格与支付方式。
⑨ 销售。引进技术的商品销售与技术费用相关联。

此处,对出现不可抗力的联系与处理,都应在谈判中加以明确。

4．按谈判所达成协议的形式划分

合同谈判。商务谈判一般是以签订合同的形式确立双方所达成的协议。其特点包括谈判目标明确,涉及实质问题;谈判的各方以法律形式确定交易的有效性;签订合同要符合法律形式,具有合法性。一旦合同确立,双方都必须严格履行,否则视为违约。

非合同谈判。非合同谈判指一般性商务谈判,包括会见、访问交流、意向性谈判等。其目的是建立关系、互通信息、探测摸底,为合同谈判建立基础。其特点为形式灵活,方法多样;谈判气氛比较平和,可以保留各自的意见。

5．按谈判的范围划分

1) 国际商务谈判由于跨越国界,双方谈判人员的语言、信仰、生活习惯、价值观念等有较大差异。而这些因素直接影响谈判的进行及谈判的结果。

谈判涉及商品的内容、数量、价格、品质、包装、运输、保险、支付、索赔、不可抗力以及所在国贸易保护法案、禁运条款、进出口关税、许可证、贸易惯例等。

2) 国内商务谈判。国内商务谈判双方处在同一种文化环境中,谈判的主题是如何调整双方的不同利益、寻找合作的一致性,这就要充分利用谈判的策略和技巧,发挥谈判人员的能动性。

 触类旁通

如何当好商务谈判中间人

谈判中间人作为第三方,要保持中立并且不偏袒任何一方,就必须善于提出问题,最终帮助双方达成一个解决方案。因此,在调解过程中要做到以下几点。

1) 仔细听取双方的陈述。
2) 提出问题,鼓励他们阐明自己对形势的看法。
3) 要求他们概括他们的共同利益以及分歧。
4) 要求他们提出有创见性的方案并且讨论新方案。
5) 要求他们寻求客观标准。
6) 不偏袒任何一方。

 **分析与思考**

1）人与人之间发生冲突、出现僵局，通常有哪些原因？
2）由第三者出面斡旋，可以起到怎样的作用？
3）你认为充当第三者的身份有怎样的要求？

任务2　做好谈判准备

 任务要点

关　键　词：谈判准备、信息准备、决策准备、人员准备、模拟谈判准备。
理论要点：要赢得谈判的成功，除了要有高超的谈判技巧外，还需要做好充分的准备工作。
实践要点：在了解各项准备工作内容与要求的基础上，分角色制作模拟谈判计划书。

 **任务情境**

一次错误的交流

人物一：小李，刚上任不久的分管公司生产经营的副总经理，从个性上来说，是一个精力充沛，敢作敢为的人，且具有敏锐的市场敏感度，由于以前工作的成功经验，因此自认为具备了一定的创新能力和影响力，但是缺少一定的管理经验和沟通技巧。因为刚上任不久，所以一直想找机会好好表现自己。

人物二：小李的上司，公司的总经理，是公司的领导者，平时因为工作比较忙，所以与员工的沟通较少，不喜欢员工擅自越权作决策。因为之前有同事对小李有一些负面评价，所以对他的印象不太好。

有一次小李在得知一个较大的工程项目即将进行招标的消息后，马上打电话给总经理。

小李：总经理，我收到一个消息，某公司将对他们旗下的一个项目工程进行招标（对这个项目的情况作了简单的汇报），我觉得这对我们公司来说是一个很好的机会。

总经理：这家公司我们之前没跟他们合作过，对他们的具体情况并不了解，我们需要进行一些资料收集，先了解具体情况再决定。

小李：可是现在已经有很多公司参与了这次的竞标活动，时间紧急。

总经理：我现在约了重要客户，这件事你先去作进一步了解，等我了解具体情况之后再作决定（认为小李才刚上任，不适合让他自己作决定）。

小李等了很久，但是总经理并未对他作出明确的答复。小李误以为总经理默认了他的建议，于是在情急之下，便组织了业务小组，投入相关时间和经费跟踪该项目，但是最终因为准备不充分而失败了。

商贸实务

 **任务分析**

谈判准备工作主要包括信息资料准备、决策准备、人员准备、模拟谈判准备等,通过认知各项准备工作的内容与要求,按角色开展模拟谈判准备工作,制作模拟谈判计划书。

 任务实施

步骤一　谈判信息资料准备

根据具体谈判项目的需要,事先要做好谈判信息准备工作,要对谈判内容的客观情况进行调查研究,掌握大量的信息资料,这也是谈判的基础工作。一般要准备以下 3 个方面的资料。

1. 市场信息

1) 政治、法律情况。商贸企业每一项经济活动,与国家的宏观经济政策、方针是紧密相连的,因此为保证谈判内容、方式符合有关的规定及国际贸易的惯例、法规,必须了解有关方针、政策、法律、法规,以保证合同协议合法、有效。

2) 文化背景、风俗习惯情况。不同的文化背景、消费习俗与商务谈判中商品、商标、包装、运输设计图案等内容都有极大的关系,直接影响谈判的成功与否。

【案例】

为什么出口商的赔偿金额大于核桃本身的价值?

资料:我国某出口商出口一批核桃至德国,谈判中双方商定交货日期为 11 月中旬,但由于各种原因,推迟了交货日期,货物于次年的 1 月中旬到达德国。结果,购买方要求索赔(包括储藏费在内的所有损失),因为购买方购买核桃是供应圣诞节的,错过了销售旺季,大量积压,出口商的赔偿金额大于核桃本身的价值。

分析:1) 为什么出口商的赔偿金额大于核桃本身的价值?

2) 发现延误后采取哪些措施可以减少损失?

3) 市场规模情况。商务谈判中对市场规模情况的调查是必不可少的,市场规模主要涉及两个方面,一是进行人口结构分析,包括人口规模、人口增长率、人口分布和人口结构等;二是进行收入结构分析,包括 GNP、人均收入和收入分布状况等。

4) 物质技术环境资料。主要有自然条件,包括自然资源、土地面积地形和气候条件等。还包括基础设施,即为经济活动提供服务的公共设施,包括交通运输网点、金融机构、通信设施和仓库等。另外,还有产品竞争情况和消费需要情况等。

2. 谈判对手的信息

谈判对手的信息主要包括对手的经营状况、财务状况、习惯付款方式和谈判期限等。

3. 其他有关信息

其他有关信息通常包括有关技术资料、有关价格资料、有关法律条款资料、有关货单、样品及宣传广告的准备情况等。

步骤二 谈判决策准备

商务谈判的决策准备主要指主观的预测性和决策性目标准备。通常有以下4个决策层次。

1）最优目标决策。谈判中最理想的目标决策，即除满足自身利益需求之外还包括增加值。

2）实际目标决策。谈判的各方根据各方的主客观因素，考虑各方面情况，经过科学论证、预测和核算后，要努力达到的谈判目标。

3）可接受目标决策。决策只能满足谈判某方部分的需求，实现部分经济利益的目标。在谈判中什么结果都可能出现，谈判者必须从现实出发。

4）最低决策目标。最低决策目标是谈判的底线，谈判最低可接受的目标。

总之，决策准备应充分，谈判的决策要建立在能够谈、可以谈的基础上，即各方都要依据自身的经济能力和条件进行谈判，客观地面对决策的可能性。

步骤三 谈判人员准备

谈判的成功与否最终依靠人来实现，谈判人员的准备直接关系谈判的结果，所以要做好以下工作。

1．商务谈判人员的素质结构

谈判人员的素质包括谈判人员尤其是主谈判人员的反应力、感觉、行为方式及思维能力等，也包括文化、技术水平能力、国际国内市场信息、有关专业知识等，还包括判断能力、综合分析能力、语言与文字水平、精力、个人修养等各个方面。

2．商务谈判人员的组织结构

重大商务谈判仅凭借某个人的能力是不足的，需要发挥集体的组织和思维力。一般由主谈人员、专业人员和工作人员共同组成谈判小组。

3．加强谈判人员管理

应该强调谈判小组是一个有机整体，严格按章约束每个人的行为，为谈判达到预定目标创造有利条件，并从心理上激励谈判人员，以最大程度地发挥谈判人员的主观能动性，集思广益，团队合作。

步骤四 模拟谈判准备

在谈判准备工作的最后阶段，企业有必要为即将开始的谈判举行一次模拟谈判，以检验自己的谈判方案，并使谈判人员提前进入实战状态。

1．模拟谈判的必要性

（1）提高应对困难的能力

模拟谈判可以使谈判者获得实际性的经验，提高应对各种困难的能力。很多成功谈判的实例和心理学研究成果都表明，正确的想象练习不仅能够提高谈判者的独立分析能力，而且在心理准备、心理承受和临场发挥等方面都是很有益处的。在模拟谈判中，谈判者可以一次又一次地扮演自己，甚至扮演对手，从而熟悉实际谈判中的各个环节。这对初次参加谈判的人来说尤为重要。

(2) 检验谈判方案是否周密可行

谈判方案是在谈判小组负责人的主持下，由谈判小组成员具体制定的。它是对未来将要发生的正式谈判的预计，其本身就不可能完全反映出正式谈判中出现的一些意外情况。同时，谈判人员受到知识、经验、思维方式、考虑问题的立场和角度等因素的局限，谈判方案的制定就难免会有不足之处和漏洞。事实上，谈判方案是否完善，只有在正式谈判中方能得到真正检验，但这毕竟是一种事后检验，通常发现问题为时已晚。模拟谈判是对实际正式谈判的模拟，与正式谈判比较接近。因此，能够较为全面严格地检验谈判方案是否切实可行，检查谈判方案存在的问题和不足，及时修正和调整谈判方案。

(3) 训练和提高谈判能力

模拟谈判的对手是自己公司的人员，对自己的情况十分了解，这时站在对手的立场上提问题，有利于发现谈判方案中的错误，并且能预测对方可能从哪些方面提出问题，以便事先拟定相应的对策。对于谈判人员来说，能有机会站在对方的立场上进行换位思考是很有好处的。正如某位美国著名的企业家说的那样："任何成功的谈判，从一开始就必须站在对方的立场来看问题。"这样角色扮演的技术不但能使谈判人员了解对方，也能使谈判人员了解自己，因为它给谈判人员提供了客观分析自我的机会，注意到一些容易忽视的方面。例如，在与外国人谈判时使用过多的本国俚语、缺乏涵养的面部表情、争辩的观点含糊不清等。

2．模拟谈判的内容

模拟谈判的内容就是实际谈判中的内容。但为了更多地发现问题，模拟谈判的内容通常更具有针对性。模拟谈判内容的选择与确定，针对不同类型的谈判也有所不同。如果这项谈判对企业很重要，谈判人员面对的又是一些新的问题，以前从未接触过对方谈判人员的风格特点，并且时间又允许，那么，模拟谈判的内容应尽量全面一些。相反，模拟谈判的内容应少一些。

3．模拟谈判的拟定假设

要使模拟谈判做到真正有效，还有赖于拟定正确的假设条件。

拟定假设是根据某些既定的事实或常识，将某些事物承认为事实，不管这些事物现在及将来是否发生，但仍视其为事实进行推理。依照假设的内容，可以把假设条件分为三类，即对客观世界的假设、对谈判对手的假设和对己方的假设。

在谈判中，经常由于双方误解事实真相而浪费大量的时间，也许曲解事实的原因就在于一方或双方假设的错误。因此，谈判者必须牢记，自己所做的假设只是一种推测，如果把假设作为必然去谈判将是非常危险的。

拟定假设的关键在于提高假设的精确度，使之更接近事实。为此，在拟定假设条件时要注意以下4点。

1）让具有丰富谈判经验的人拟定假设，他们提出假设的可靠度高。
2）必须按照正确的逻辑思维进行推理，遵守思维的一般规律。
3）必须以事实为基准，所拟定的事实越多、越全面，假设的准确度就越高。
4）要正确区分事实与经验、事实与主观臆断，只有事实才是可靠的。

4．模拟谈判的方式

模拟谈判的方式主要有以下2种。

（1）组成代表对手的谈判小组

如果时间允许，则可以将自己的谈判人员分成两组，一组作为己方的谈判代表，一组作为对方的谈判代表。也可以从企业内部的有关部门抽出一些职员，组成另一个谈判小组。但是，无论采用哪种方法，两个小组都应不断地互换角色。这是正规的模拟谈判，此方式可以全面检查谈判计划，并使谈判人员对每个环节和问题都有预先了解。

（2）让一位谈判成员扮演对手

如果时间、费用和人员等因素不允许安排一次较正式的模拟谈判，那么小组负责人也应坚持让一位人员来扮演对方，对企业的交易条件进行磋商、盘问。这样做也有可能使谈判小组负责人意识到是否需要修改某些条件或者增加一部分论据等，而且也会使企业人员提前认识到谈判中可能出现的问题。

5．模拟谈判的总结

模拟谈判的目的在于总结经验，发现问题，提出对策，完善谈判方案。所以，模拟谈判的总结是必不可少的。模拟谈判的总结应包括以下内容。

1）对方的观点、风格和精神。
2）对方的反对意见及解决办法。
3）自己的有利条件及运用状况。
4）自己的不足及改进措施。
5）谈判所需情报资料是否完善。
6）双方各自的妥协条件及可共同接受的条件。
7）谈判破裂与否的焦点与界限等。

可见，谈判总结涉及多方面的内容。只有通过总结，才能积累经验，吸取教训，完善谈判的准备工作。

步骤五　制作模拟谈判计划书

模拟谈判计划书一般包括以下 5 个方面的内容。

1）谈判主题。
2）谈判人员构成。
3）谈判背景介绍。
4）谈判设计。包括我方及对方优、劣势分析，我方目标层次分析即顶线目标、底线目标和可接受的目标。这一部分可以指定某几个小组为 A 方、某几个组为 B 方分别撰写。
5）谈判合同（初拟）。是谈判全程结束后可能达成的协议，实质上是各方对于整个谈判结果的猜测，可以各自拿出一份合同草本。

 触类旁通

A、B 双方合作开发特色绿茶项目

谈判 A 方：某品牌绿茶公司（卖方）
谈判 B 方：某建材公司（买方）

A 方背景资料

1）品牌绿茶产自美丽而神秘的某省，它位于中国的西南部，海拔超过 2 200m。在那里优越的气候条件下生长出优质且纯正的绿茶，它的茶多酚含量超过 35%，高于其他（已被发现的）茶类产品。茶多酚具有降脂、降压、减少心脏病和癌症的发病概率。同时，它能提高人体免疫力，并对消化、防疫系统有益。

2）已注册生产某一品牌绿茶，品牌和创意都十分不错，品牌效应在省内正初步形成。

3）已经拥有一套完备的策划和宣传战略。

4）已经初步形成了一系列较为顺畅的销售渠道，在全省某知名连锁药房及其他大型超市、茶叶连锁店都有网点，销售状况良好。

5）品牌的知名度不够，但相信此品牌在未来几年内将会有非常广阔的市场前景。

6）缺乏足够的资金，需要吸引资金，用于扩大生产规模及宣传力度。

7）现有的品牌、生产资料、宣传策划、营销渠道等一系列有形资产和无形资产，估算价值 3 000 万元人民币。

A 方谈判内容

1）要求 B 方出资额度不低于 500 万元人民币。

2）保证控股。

3）对资产评估的 3 000 万元人民币进行合理的解释（包含品牌、现有的茶叶及制成品、生产资料、宣传策划和营销渠道等）。

4）由 A 方负责进行生产、宣传以及销售。

5）B 方要求年收益达到 20%以上，并且希望 A 方能够用具体情况保证其能够实现。

6）B 方要求 A 方对获得资金后的使用情况进行解释。

7）风险分担问题（例如，可以购买保险，保险费用可计入成本）。

8）利润分配问题。

B 方背景资料

1）经营建材生意多年，积累了一定的资金。

2）准备用闲置资金进行投资，由于近几年保健品市场行情不错，投资的初步意向为保健品市场。

3）投资预算在 1 500 万人民币以内。

4）希望在一年内能够见到回报，并且年收益率在 20%以上。

5）对保健品市场的行情不甚了解，对绿茶的情况也知之甚少，但 A 方对其产品提供了相应资料。

6）据调查得知 A 方的绿茶产品已经初步形成了一系列较为畅通的销售渠道，在全省某知名连锁药房销售状况良好，但知名度还有待提高。

B 方谈判内容

1）得知 A 方要求出资额度不低于 500 万元人民币。

2）要求由 A 方负责进行生产、宣传以及销售。

3）要求 A 方对资产评估的 3 000 万元人民币进行合理的解释。

4）如何保证资金的安全，对资金的投入是否会得到回报的保障措施进行相应的解释。

5）B方要求年收益达到20%以上，并且希望A方能够用具体情况保证其能够实现。
6）B方要求A方对获得资金后的使用情况进行解释。
7）风险分担问题（例如，可以购买保险，保险费用可计入成本）。
8）利润分配问题。

谈判目标
1）解决双方合资（合作）前的疑难问题。
2）达到合资（合作）目的。

关于整个模拟谈判的补充说明
1）代表A、B两方各小组抽签成对进行谈判，时间30min左右。
2）整个模拟谈判分阶段进行。

 **分析与思考**

各学习小组以上述资料为背景，分别制订A、B双方合作开发特色绿茶项目模拟谈判计划书，单号组为A方，双号组为B方。

任务3　谈判过程控制

 任务要点

关　键　词：开局策略、摸底策略、报价策略、还价策略、僵局策略。
理论要点：谈判策略是人类的经验结晶，是引导人们取得谈判成功的指南。
实践要点：实际谈判可能比想象的更加复杂，同样的谈判项目因人而异，因环境而异，结果无法预测。应把握策略，灵活运用。

 任务情境

用休会打破僵局

A公司与B公司的谈判进入白热化，双方因观点产生差异、出现分歧，并各持己见、互不妥协，出现僵持。这时，如果继续进行谈判，双方的思想还沉浸在刚才的紧张气氛中，那么结果通常是徒劳无益，甚至适得其反，导致以前的成果付诸东流。因此，A公司代表提出休会的建议，得到B公司代表的同意。

双方代表走出房间，休息半小时后，重新回到谈判桌边，A公司代表说，原来说过要在某一特殊问题上让步是不可能的，经请示上级，得到让步许可，但……（这样让对方感到你改变观点是合理的）。B公司代表迅速作出了相应的让步回应，谈判僵局得以打破。

商贸实务

任务分析

良好的开局可以营造一个轻松愉快的谈判气氛，相互摸底是谈判深入的基础，讨价还价是谈判的具体表现形式，成功签约是谈判成功的标志。通过案例分析，理解在不同谈判阶段可应用哪些策略，如何应对纷繁复杂的谈判过程。

任务实施

商务谈判一般经过开局、摸底、报价、磋商（或讨价还价）、成交和最后签约等几个阶段。

▶ 步骤一　开局的控制及策略

1．开局目标设计

在开局阶段首先要进行开局目标设计，即谈判的双方为什么要坐在一起洽谈。目标大致可以设计为一个或多个。

1) 摸底——探寻对方利益所在。
2) 倡议——寻求共同获利的可能性。
3) 提议或说明问题——指过去悬而未决的问题。
4) 达成原则性协议。
5) 达成具体协议。
6) 认可已谈成的协议。
7) 检查计划和进度。
8) 解决有争议的问题。

2．开局策略一　谋求一致

在开局阶段，首先要就会谈的目标等问题进行讨论，使双方得到一致意见。策略上，要在开始就强调双方是在合作的基础上进行工作，使参加业务的每个人都明确谈什么问题。

具体的表达方式常见的有发问式如"我们是否就程序取得一致意见？我希望与你商量一下今天下午要取得的进展及应该采取的方法，你同意吗？"这种表达方式，一开始就给对方一种印象，即会谈有达成一致意见的前景。

其次，提出一个共同的会议议程，并且求得一致意见。表达方式如"是的，我们知道本次会谈是倡议性质的——可以提出各自的建议。你是否也这样认为？"

"我想除了提议外，我们还应选择一个可行的方案？"

"好的，如有时间，本人非常愿意。我估计会议要进行 2h，你以为如何？"

"同意。"

"那么，时间就这样定了。我们能不能用 40min 介绍一下各自情况，留下 80min 提议，讨论一下我们共同关心的问题？"

借助于提问式的谈话，谈判轻松进行。

再次，谈判主动权的掌握。开局阶段，双方对权力问题非常敏感，因此，此刻的关键是谁首先发言,谁起主导作用。一般来讲,都是作为东道主的谈判人员首先开场,比如"我们是否要就会谈议程协商一下?"因此,对一次合作性谈判做如下 3 项工作。

1)开始强调双方的一致性——谋求轻松开端。
2)轮流发言,接受对方的意见——通常赞同对方的观点比反对对方的观点效果更佳。
3)提问与陈述尽量简洁——说明问题即可。

3. 开局策略二 倾听

谈判开始时掌握信息是十分重要的。不仅要了解对方的目的、意图和打算,还要掌握不断出现的新情况,此时倾听会使你真实地了解对方的立场、观点态度等信息,从而使你掌握谈判的主动权。

【案例】

日本公司是怎样赢得谈判的?

资料:日本公司要购买美国公司的机器设备,他们先派了一个谈判小组到美国,日方谈判小组只是提问题,只听美国人员滔滔不绝地讲。第一组回国后,又派了第二组,又是提问题,作记录,美国代表照讲不误。然后,又派了第三小组,还是故伎重演,美国人已经讲得不厌其烦了,但不明白日本公司要做什么。美国人几乎对达成协议不抱任何希望了,日本人又派前几个小组联合组成的谈判代表团来同美国人谈判,使得美国人茫然。因为他们完全不了解日方的企图和打算。毫无疑问,这一仗日本人大获全胜。可见,谈判中学会倾听是非常重要的。

步骤二 摸底的实施及策略

1. 对对方意图的探测及策略

在谈判的摸底阶段,对对方的意图探测是很有必要的。此时可运用投石问路策略。

这里的假设可以虚拟假设也可以真正假设。如可以提出"如果扩大订单,你方打算在价格上作出多大的让步?""假如我方推迟交货期,你方采取什么样的付款方式?"等类似问题。通过假设可以探清情况,如果假设条件提出后对方立即反应则说明对方对这一问题比较重视。在适当条件下,我方让步会取得较好的效果;反之,如果反应平淡,则可能不是对方关键利益所在,我方即使让步收效也不会太大。假设在我方认为比较重要的问题上提出假设条件,如果对方也看重此问题则说明谈判进程会比较艰难,必须有所准备。

2. 对己方意图的陈述及策略

对己方意图的陈述一般要视谈判情形进行掌握,具体陈述应该做到明了对立的立场,表明我方意图;寻找双方合作的可能性,不要受对方陈述的影响;寻找双方合作的可能性,强调双方的一致性,与对方建立良好关系,建立轻松、愉快的工作氛围。常见的策略之一是开诚布公即坦诚相待。

运用开诚布公的策略是谈判人员谈判过程中持诚恳、坦率的态度向对方坦言自己的真实思想和观点,实事求是地介绍己方情况,客观地提出己方的要求,促使双方通力合作,使谈判顺利进行。但前提条件是双方对谈判都抱有诚意。就如柯伦泰购买鲱鱼一例,柯伦泰正是利用了开诚布公的态度诚实相告,得到了挪威商人的同情和谅解,使双方乐于作出让步,取得谈判的顺利进行。

步骤三 讨价还价的控制及策略

讨价还价是谈判中最重要的内容，因而讨价还价策略与技巧是谈判成功的保证。

1．报价的控制及策略

商务谈判中报价是不可缺少的阶段，只有在报价的基础上，双方才能进行讨价还价。

先下手为强策略即先报价策略。先报价通常能够为谈判限定上限或下限（针对卖方报价或买方报价），而且还会影响谈判双方的期望水平，起到争取主动的作用，适宜在预期谈判竞争激烈的情况下采用。

高报价策略（卖方）和低报价策略（买方）。对卖方而言，抬高价格的优势在报价的事实依据上为谈判结果确立了一个终极上限，也给自己留了空间；对买方而言，则采用低报价策略。一方面表明自己的要求标准，给对方以心理压力；另一方面也表明自己的期望水平，自信和实力也为在谈判中进行价格调整留有余地。

2．还价的控制及策略

谈判过程就是权衡利弊进行取舍的过程，除了知道何时抓住利益外，还要知道何时放弃利益，因而还价策略就十分重要。

策略一：以退为进，步步压价。

谈判的一方从表面上看是退让或妥协或委曲求全，但实际上是以退为进，以实现更大的目标。例如，美国有一家大航空公司，要在纽约城建立一个大型航空站，要求爱迪生公司提供优价电力，最初被电力公司以公共服务委员会不会批准为由拒绝。为此，航空公司决定自己建发电厂满足供电需求，这一消息使爱迪生电厂立即感受到这个大用户可能要失去，于是立即改变态度，主动请求委员会给予这类用户优待价格。委员会批准后，航空公司还是准备自己建电厂，结果电力公司不得不两度请求委员会一再降低价格。这时，航空公司才与电力公司达成协议，航空公司取得了极其优惠的电价。此策略使用时，要明确退一步的后果，明确退一步对方的反应是什么，否则，得不偿失。在没有把握之前，不要轻易使用。

策略二：争取承诺。

谈判中有时还价没有任何进展，此时尽量争取对方承诺。一项承诺就是一个让步，具有打折扣的效果。谈判中对大多数谈判者而言，一旦做出承诺，都会履行，此时，还价就见效了。

3．冲突和争端的调解及策略

谈判中出现分歧和争端时，如果继续进行谈判，则通常结果会徒劳无益，有时会适得其反，导致前面阶段的谈判结果付诸东流，或者谈判的一方对内容、程序等方面出现不满，可能会采取消极对抗的方式。这样，开局阶段和谐、轻松的气氛会遭到破坏。此时，可以使用休会策略。

休会是谈判双方或一方提出中断谈判、暂时休息的要求，以便谈判人员有机会恢复体力、精力和调整对策、缓和气氛，推动谈判顺利进行。

4．僵局的缓解及策略

谈判是双方利益的分配，是双方的讨价还价，不论是和风细雨的谈判，还是激烈争论的谈判，僵局的情况时有发生，关键是要慎重地对待僵局的出现，正确地认识它，运用合适的策略与技巧化解僵局，从而更好地争取主动，达成谈判协议。

策略一：转移视线。

当谈判出现僵局时，通常僵持在某个问题上。此时，可以避开该问题，磋商其他议题。如在支付方式上僵持不下，可以把它暂时搁置，转而讨论如交货期、运输方式、保险等条款。其他问题得到解决后，双方都比较满意，也增强了谈判双方的信心，僵局最终会缓解，而使问题得到解决。

策略二：保持耐心。

在谈判过程中，谈判者要自始至终保持耐心，其动力来源于人对利益目标的追求，但人们的意志、信心都是影响耐心的因素。谈判中，一旦出现僵局，更需要谈判者具备耐心。如著名的戴维营和平协议的产生就是建立在美国前总统卡特的耐心上。埃及和以色列的争端由来已久，积怨颇深，谁也不想妥协，谈判进入僵局。卡特邀请他们坐下来进行谈判，精心考虑后，地点确定在戴维营。尽管那里设施齐备，安全可靠，但却没有游玩之处，散步成了人们主要的消遣方式。此外，还有两辆锻炼身体用的自行车和三部电影。所以，两国谈判代表住了几天后，就十分厌烦。但是，每天早上八点钟，萨达特（埃及）和贝京（以色列）都会听到敲门声。接着，就是那句熟悉的话语"你好，我是卡特，再把那个乏味的题目讨论上一天吧。"结果如此这般到了第十三天，他们谁都忍不住了，再也不想为谈判中的一些问题争论不休了，僵局由此打破，著名的戴维营和平协议就此产生。可见，耐心的巨大力量。

5．让步的控制及策略

有时僵局的打破需要审时度势地作一些让步，但让步也要有策略，不管是针对什么样的谈判对手，在作出让步时，最好的做法是让对方经过一番努力，这样争取来的东西才是有价值的、珍贵的。使用让步策略的规则是让小获大。为此，事先要明确哪些问题准备与对方讨价还价，在哪些方面可以作出让步，让步的程度以及让步的后果。在作出让步时要注意以下8个问题。

1）不要作无谓的让步，应该体现对己方有利的宗旨。
2）在未完全了解让步的后果之前，不要盲目使用。
3）让步要让在关键处，要恰到好处。
4）不要承诺作同等程度的让步。
5）作出的不合适的让步应及早收回。
6）让步幅度不宜过大，节奏也不宜太快，要步步为营。
7）准备让步之前，尽量让对方提出条件，表明其要求，而隐藏己方的观点、想法，并且要明确让步目标。
8）接受对方让步时要心安理得。

两种常见的让步策略如下。

让步策略一：价格让步策略。

价格是商务谈判中磋商的主要交易条件之一，价格的让步方式、幅度直接关系让步的利益，常见的为递减式让步。让而不乱，成功地遏止对方可能产生无限制让步的要求。

【案例】

中国赢得了进口三菱汽车索赔案

资料：1985年9月，中国就日方向我方提供的5 800辆三菱载重车存在严重质量问题，向日方三菱汽车公司提出索赔。日方在无可辩驳的事实面前同意赔偿，提出赔偿金额为 30 亿日元。中方在指出日方报价失实后，提出我方要求赔偿的金额为 70 亿日元。此言一出，惊得日方谈判代表目瞪口呆。双方要求差额巨大。在中方晓以利害关系的前提下，日方不愿失去中国广阔的市场，同意将赔偿金额提高到 40 亿日元。我方又提出最低赔偿额为 60 亿日元。谈判又出现了新的危机，经双方多次讨价还价，最终以日方赔偿中方 50 亿日元并承担另外几项责任而了结此案。可见，价格让步策略促使谈判双方走向一致，达成了协议，使谈判圆满成功。

让步策略二：最后报价。

谈判中要打破"粘胶状"，常有"这是最后出价，我们再也不能让了"的辞令。该策略的使用一般要掌握时间和方式，且语气要委婉、诚恳，证明己方的诚意，有时就可能会获取谈判的进展。

步骤四 成交的促成及策略

商务谈判中，在大多数谈判的问题已经趋向一致，而尚有某些涉及双方关注的问题双方争执不下，影响协议的尽快达成时，需要借助谈判技巧来解决最终的议题，推进协议的达成。

1. 成交促成策略一 时间期限策略

双方谈判中，某一方提出最后期限，规定谈判的最后截止日期，向对方展开心理攻势。必要时，还可以作出一些小的让步，给对方造成机不可失时不再来的感觉，说服对方促使交易达成。

【案例】

日本人的出色表演

资料：曾有德国公司应日方邀请去日本进行为期 4 天的访问，以草签协议的方式洽谈某一笔业务，所以双方都很重视。德方派出了由公司总裁带队，由财务、律师等部门负责人及夫人组成的庞大代表团。代表团抵达日本时受到了热烈的欢迎。在前往宾馆途中，日方社长夫人询问德方公司总裁夫人："这次是你们第一次光临日本吧，一定要好好观光一番。"总裁夫人讲："我们对日本文化仰慕已久，真希望有机会领略一下东方悠久的文化、风土人情。但是，很遗憾，我们已经订了星期五回国的返程机票。"结果，日方把第 2 天、第 3 天全部时间都用来安排德方的游览观光，第 4 天开始交易磋商，日方又搬出了堆积如山的资料，"诚心诚意"地向德方提供所有信息。尽管德方每个人都全力寻找对己方不利的条款信息，但仍留有 6% 的合同条款无法仔细推敲，就已经到了签约时间。德方进退两难。不签，高规格大规模的代表团劳师动众来到日本却空手而归。签约，许多条款仍未仔细推敲。万般无奈，德方代表接受了不利自己的全部条件。可见，规定最后期限，可以有效督促双方集中精力，改变拖拉和漫不经心的态度，努力从合作角度争取将问题尽快解决。

2. 成交促成策略二 寻找机会

所谓寻找机会，就是要寻求和创造有利条件，制造条件来促成交易成功。

【案例】

杜戴拉的成功

资料：20 世纪 60 年代，杜戴拉只有一家玻璃制造公司，但他一直立志进入石油业。当他得知阿根廷准备在市场上买2 000万美元的丁二烯油气,他就到那里去,看是否能获得合约。他发现他的竞争对手是英国石油公司和壳牌石油公司。同时,他也了解到一个信息,阿根廷牛肉过剩,他便对阿根廷政府建议:"如果你们愿意向我买2 000万美元的丁二烯,我将向你们采购2 000万美元的牛肉。"最终,阿根廷把这份合约给了他。

杜戴拉然后到西班牙,那儿有家造船厂因无活可接而濒临倒闭,令西班牙政府十分头痛。杜戴拉对西班牙政府建议:"如果你们向我买2 000万美元的牛肉,我就在你们的制造厂订造2 000万美元的油轮。"结果他如愿以偿。然后,他又到了美国费城,对太阳石油公司的经理们说:"如果你们愿意租我在西班牙建造的2 000万美元的油轮,我将向你们购买2 000万美元的丁二烯油气。"太阳石油公司同意了他的建议。由此,杜戴拉进入了石油界,在不到二十年里,创建了十亿美元的巨型产业。

由此可见,商贸谈判成功与否与了解市场信息抓住一切机会是分不开的。

商贸谈判的技巧与策略很多,不同的场合、不同的心理、不同的文化背景下又是千差万别的。要掌握这一通向成功的金钥匙,需要在长期的商务实践中锻炼,并以前人总结的成功理论作为指导,结合自己的实践,不断地总结经验,以达到成功的彼岸。

 触类旁通

3则案例分析。

【案例1】

弗雷德·罗杰斯是一位销售经理,为新泽西的某个皮革公司搞推销,公司已经生产即将出售的新产品,这是一种加工成带状的皮革制品。他访问一位顾客,问:"你认为这产品如何?""啊,我非常喜欢它,但是我猜想您现在会告诉我它是非常贵的,我应该为它付出一个荒谬的价格,在您之前,我全听说了。""您告诉我。"弗雷德·罗杰斯说"您是一个有贸易经验的人,您和别人一样懂得皮革和兽皮,您猜想它的成本是多少?"那人受了奉承,回答他说他认为可能是45美分一码。"您说得对。"弗雷德·罗杰斯用惊奇的眼光看着他说"我不知道您是怎样猜到的?"销售经理以45美分一码的价格获得了他的订货和随后的重复订货,双方对事情的结果都很满意,弗雷德·罗杰斯决不会告诉他公司最初给产品的定价是39美分一码。

【案例2】

一家药品公司出售一种特别昂贵的兽医外科用药,它的价格与竞争的对手比起来高得多。但是推销员问兽医每次的用量是多少,然后告诉对方用他们的产品每头牛顶多花3美分,那真算不了什么,但是它的效果却是同类产品无法相比的。这样介绍价格使人易于接受,但如果他们说每包多30美元,那听起来就是一个很大的数目,很可能把顾客吓跑了。

【案例3】

汽油滤清器推销员向驾驶员推销他的产品。

推销员问驾驶员:"您现在的车每天用多少小时?"

驾驶员回答:"6个半小时。"

"啊,如果您买我们的,那么在机器的整个使用寿命期间,您可以得到全部的额外的机动性、更大载重能力和更安全、更舒适的驾驶室，每小时仅花6美分，一个月仅仅多花费20美元。20美元能买到什么，在普通的一个饭馆里一顿两人便餐。您对此不会有什么抱怨吧。麻烦的是，如果您不买，一年以后价格至少要上涨20%。"

分析与思考

1）3则案例分别采用了怎样的策略，可以起什么作用？
2）根据A、B双方合作开发特色绿茶项目模拟谈判计划，思考对方可能采取的讨价还价策略。

任务4　谈判语言技巧

任务要点

关　键　词：谈判语言类别、语言运用技巧、运用原则。
理论要点：商务谈判就是"谈"，谈就要用语言表达，谈判语言技巧可以助推谈判的成功。
实践要点：谈判语言技巧要在实践中历练提高，要将相关技巧在模拟谈判计划书中加以体现。

任务情境

讨论交流：
1）在生活中是否遇到过对别人的意见持否定意见？你是怎样处置的？
2）你认为在商务谈判中遇到类似的问题该怎样解决？

任务分析

欣赏经典案例，了解各类商务谈判语言，把握商务谈判语言技巧，并在模拟谈判计划书中加以体现。

任务实施

经典案例欣赏。

【案例1】

有个皇帝梦到有人拔掉他所有的牙齿，醒后要丞相为他解梦。丞相说："陛下全家将比陛下先死"，皇帝大怒，把丞相杀了。皇帝又要阿凡提为他解梦，阿凡提说"陛下将比所有的家属都长寿"。皇帝大喜，赐给阿凡提一件锦袍。

【案例2】

俄国伟大的诗人普希金年轻时，有一次在彼得堡参加一个公爵的家庭舞会，邀请一位小姐跳舞。这位小姐傲慢地说："我不能和小孩子一起跳舞！"普希金灵机一动，微笑着说："对不起，我亲爱的小姐，我不知道你正怀着孩子。"说完，他很有礼貌地鞠了躬后离开了。而那位小姐无言以对，脸上绯红。

【案例3】

曾国藩镇压农民起义，连连败北。他在给皇帝的奏折中写道："屡战屡败"。他的部下颠倒了一个词序，成了"屡败屡战"。这一改，使其由一个败将成了一个英勇不屈的战将。

上述3个案例给出十分明确的启示：语言在社会交流中占有十分重要的地位，可能决定当事者的生与死的命运。同样，语言在商务谈判中占有重要的地位，语言技巧的合理运用直接决定了谈判的成效。

步骤一　了解商务谈判语言

商务谈判的语言各种各样，从不同角度可以分出不同的语言类型。

1. 按语言的表达方式分为无声语言和有声语言

有声语言是通过人的发音器官表达的语言，一般理解为口头语言。这种语言借助人的听觉交流思想、传递信息。无声语言是通过人的形体、姿势等非发音器官表达的语言，一般解释为行为语言。这种语言借助人的视觉传递信息、表示态度。在商务谈判中巧妙地运用这两种语言，可以产生珠联璧合、相辅相成的效果。

2. 按语言表达特征分为外交语言、商业法律语言、文学语言和军事语言

（1）外交语言

外交语言是商务谈判中所有委婉、礼貌的表达方式的用语。外交语言的特征是可能性、圆滑性和缓冲性。

商务谈判人员虽不是外交官，但外交官的风度及训练有素的谈吐在谈判场合会给人以高雅之感。外交是人类文明的一个重要组成部分，它有其特殊的、令人瞩目的文化。涉外谈判领域向来与外交关系紧密相连。这样外交文化就必然对商务谈判有影响，并在其中占有不可缺少的一席之地。

典型的外交语言有"很荣幸能与您共同谈判该项目""有关谈判议程悉听尊便""愿我们的工作能为扩大双方合作作出贡献""此事可以考虑""有待研究""可以转达贵方要求""此事无可奉告""请原谅，我有难处，不能满足贵方提出的愿望""既然如此，深表遗憾""我已再三提醒贵方，一切后果由贵方自负""坚持贵方立场是您的权力，但竞争失败的责任则由您自己负""我们谈判大门是敞开的，贵方请求过后，可以随时与我们联系""您说了我想说的意思""我没有这么说，这是您的说法"等。

（2）商业法律语言

商业法律语言是与交易有关的专业术语、价格条件、运输、保险、税收、产权、企业法人与自然人、商检、经济和法律制裁等行业习惯用语和条例法规的规范语言。商务法律语言的特征是刻板性、通用性和严谨性。

商务法律语言是商务谈判的基础语言，由于经济利益多以商业法律语言来表述，所以形

成了其语言的刻板性、简单、明确、毋庸置疑。如果交易在不同领土、民族之间进行，增加共同语言的有效办法是使用工商业习惯统一的定义和用词来表达，其表达的形式也加以符号化、规格化，从而使其语言具有通用性。

典型的商业法律语言有国际商会编写的《国际贸易术语解释通则》明确了"装运港船上交货""成本加运费加保险费""货交承运人"等定义及表达方式。

一系列国际协定，如《跟单信用证统一惯例》《托收统一规则》《关税与贸易总协定》《国际货物买卖合同及国际货物买卖法》等，也给商业法律语言提供了语汇。常用的有工业产权、技术转让、物权与所有权、买方信贷、所有权与风险转移、货比三家、汇率浮动、电汇、信汇、信用证、保函等。

（3）文学语言

文学语言是在谈判中使用的优美动人的修辞。文学语言的特征是优雅、诙谐、生动、形象和富有感染力。鉴于人们受民族文化的熏陶及个性的爱好，文学语言自然地被谈判者所引入，并具有很大的魅力。

文学语言具有制造良好气氛、化解紧张交锋、增强感染力的作用。谈判者把经济利害明显的话题以文学语言表达，自然会使其"文雅""诙谐"，从而获取"轻松而不生硬，虽难而不使人介意"的效果。由于谈判者的民族、出生地、经历、文化修养不同，采用的民族文化、地域文化、民间文化的语言通常色彩鲜明、生动异常，其性其意十分感染人。尤其像"文化人演讲"似的妙语连珠、抑扬顿挫，会有令人倾倒的魅力。

典型的文学语言有"平分秋色""浑水摸鱼""得寸进尺""春风化雨""山重水复疑无路，柳暗花明又一村""友谊桥梁的架设者""播种友谊"等。

（4）军事语言

军事语言是在商务谈判中运用的军事术语，即简明、坚定的语言。在商务谈判中难免产生激烈对峙的局面，而且有的对手"吃硬不吃软"，从谈判的效果出发，军事语言就不可缺少。

军事语言的特征是干脆、坚定和自信。

商务谈判始终围绕着债权与债务、得与失进行。在失去其内在平衡时，谈判者容易急躁，甚至表现粗暴。从两个方面（攻与防）促使军事语言进入谈判领域，主要是强化态度，从心理上打击对手，起着动员、压制和威慑的作用，也用来振奋参加谈判人员的工作精神。军人不拖泥带水，在生死面前镇定自若，有一种一往无前的英雄气概。复杂的商务谈判充满了心理战，无论双方虚实如何，简明、干脆的表达可以减少泄露机密的可能性，并烘托出谈判者坚定的立场，不畏惧谈判结果的自信态度，这会促使对方思考其现在的立场是否正确。军事语言排斥了模棱两可、犹豫不决，给双方创造了决战气氛，加速了谈判进程。尽管军事语言表现出冷酷无情，但鉴于它特殊的优点，只要时机成熟，谈判者还会把它作为喜爱的工具加以运用。

典型的军事语言有"价格防线""成本低限的摸底或侦查""集中突破一点""知己知彼，百战不殆""闪电战术""走马换将""各司其职""声东击西""兵不厌诈""顺手牵羊""以攻为守""以退为进""坚守阵地""避实就虚""以逸待劳""出其不意，攻其不备"等。

步骤二　了解商务谈判语言的应用技巧

各类谈判语言在谈判沟通过程中具有不同的作用，因此，合理、有效地运用谈判语言是谈判沟通中的重要技能。合理地运用谈判语言就是有效地组合各种谈判语言，使谈判语言系统的功能达到最大化。在实际商务谈判中，要从6个方面注意谈判语言技巧的合理运用。

1. 谈判内容

不同的谈判内容，即谈判过程中不同的谈判议题，对谈判的语言要求差异较大。在谈判开局阶段的相互介绍中，双方通常使用外交语言和文学语言来相互交换信息，以外交语言的礼节性和文学语言的生动及感染力渲染出良好的谈判开局气氛；在涉及谈判价格及谈判合同等谈判实质性议题时，谈判语言要起缓冲作用，一些军事语言作为支持力量；在涉及谈判分歧时，多以外交语言、文学语言的运用为主，插入适当的商业法律语言。运用外交语言和文学语言是为了缓解谈判气氛，以外交语言和文学语言的优雅、诙谐性缓解心理压力，降低对立和条件。在分歧面前，军事语言应谨慎运用，适当地以有节制的军事语言应对对方的出言不逊、傲慢无礼亦有必要。

2. 谈判对手

谈判对手对谈判语言运用的影响，与谈判对手的心理与行为状态及谈判对手对所用语言的反应有关。即谈判对手的心理与行为状态、谈判对手对所用语言的反应是确定谈判语言运用的依据。因此，分析谈判对手对谈判语言运用的影响，就需要考虑谈判对手的特征、谈判双方实力的对比与谈判对手关系这3个涉及谈判对手的因素。

谈判对手的特征是谈判对手具有的社会的、文化的、心理的与个性的特征，如社会角色、价值取向、性格、态度、性别和年龄等特征。谈判者社会的、文化的、心理的个性的特征是形成并引起谈判者心理与行为状态变化的主要因素，这就要求谈判者必须依据对手特征作出自己的语言选择。在谈判中，双方的实力对比既影响双方在特定谈判氛围中呈现的行为与心理状态，也制约着一方对另一方所用语言的反应。

3. 谈判进程

谈判进程的不同阶段，语言运用的差异一般如下。

在谈判开局阶段，以文学语言、外交语言为谈判语言的主体，旨在创造一个良好的谈判氛围。在谈判进入磋商阶段后，谈判语言主体宜为商业法律语言，穿插文学语言和军事语言。

谈判磋商阶段涉及的话题是谈判实质性问题，双方将就谈判议题、交易条件等进行辩论与磋商，因此，谈判基础语言应为商业法律语言，但在阐述观点时，又可用文学和军事语言，以求制造有利的谈判气氛。

在谈判终结阶段，谈判的中心议题是签订协议，因此，适宜运用军事语言表明己方立场和态度，并辅之以商业法律语言确定交易条件。

4. 谈判气氛

谈判的结果在本质上没有输赢之分。但是谈判的各方都尽力设法在谈判中争取优势，即从各自的角度去区别地接受谈判的条件，不可避免地会产生谈判过程的顺利、比较顺利与不顺利现象，从而也导致了不同的谈判气氛。谈判者应该把握各种谈判气氛，正确运用谈判语言以争取谈判过程中的主动。如遇到在价格问题上争执不休时，则可以考虑用幽默语言、威胁劝诱语言，在谈判的开始与结束时用礼节性外交语言等。

5. 谈判关系

谈判双方就关系来讲，如果是经常接触并已经成功地进行过多次交易，那么双方不仅互相比较了解，而且在谈判中戒备、敌对的心理比较少，这时除了一些必要的礼节性外交语言外，则应该以专业性的交易语言为主，配之以幽默诙谐性语言使相互关系更加密切；而对于初次接触或很少接触、或虽有过谈判但未成功的双方来说，应该以礼节性的外交语言贯穿始终，以使对方感到可信，从而提高谈判兴趣，在谈判中以专业性的交易语言来明确双方的权利与义务关系，用留有余地的弹性语言来维持与进一步发展双方关系，使对方由不熟悉转变为熟悉进而向友好过渡。

6. 谈判时机

谈判中语言的运用很讲时机，时机选择是否恰当，直接影响语言的运用效果。一般，当遇到出乎本方的意料或判断不准而难以直接具体明确地予以回答时，应选择采用留有余地的弹性语言；当遇到某个本方占有优势、而双方又争执相持不下的问题时，可以选择采用威胁劝诱性语言；当双方在某一问题上争执激烈，易形成僵局或导致谈判破裂时，不妨运用幽默诙谐的语言；当涉及规定双方权利、责任和义务关系的问题时，应选择专业性的交易语言。

步骤三 把握谈判语言技巧的运用原则

1. 客观性原则

谈判语言的客观性是在商务谈判中运用语言技巧表达思想、传递信息时，必须以客观事实为依据，运用恰当的语言向对方提供令人信服的依据。这是一条最基本的原则，是其他一切原则的基础。离开了客观性原则，即使能言善辩也只能成为无源之水、无本之木。

坚持客观性原则，从供方来说主要表现为介绍本企业情况要真实；介绍商品性能、质量要恰如其分，如可带出示样品或进行演示，还可以客观地介绍用户对该商品的评价；报价要恰当可行，既要努力谋取己方利益，又要不损害对方利益；确定支付方式要充分考虑到双方都能接受、都满意的结果。从需方来说，谈判语言的客观性，主要表现为介绍自己的购买力要真实；评价对方商品的质量、性能应中肯，不可信口雌黄、任意褒贬；还价要充满诚意，如果提出压价，理由要有充分根据。

如果谈判双方均能遵循客观性原则，就能给对方真实可信和以诚相待的印象，就可以缩小双方立场的差距，使谈判成功的可能性增加，并为今后长期合作奠定良好的基础。

2. 针对性原则

谈判语言的针对性是根据不同对手、不同目的、不同阶段的不同要求使用不同的语言。简言之，就是谈判语言要有的放矢、对症下药。提高谈判语言的针对性，要求做到如下4点。

1）根据不同的谈判对象，采用不同的谈判语言。不同的谈判对象，其身份、性格、态度、年龄和性别等均不同。在谈判时，必须反映这些差异。从谈判语言技巧的角度看，这些差异剖析得越细，洽谈效果就越好。

2）根据不同的谈判话题，采用不同的谈判语言。

3）根据不同的谈判目的，采用不同的谈判语言。

4）根据不同的谈判阶段，采用不同的谈判语言。

3. 逻辑性原则

谈判语言的逻辑性是商务谈判语言要概念明确、谈判恰当，推理符合逻辑规定，证据确凿、说服有力。

在商务谈判中，逻辑性原则反映在问题的陈述、提问、回答、辩论和说服等各个语言运用方面。陈述问题时，要注意术语概念的同一性，问题及其前因后果的衔接性、全面性、本质性和具体性。提问时要注意察言观色、有的放矢，要注意和谈判议题紧密结合在一起。回答问题要切题,一般不要答非所问,说服对方时要使语言、声调、表情等恰如其分地反映人的逻辑思维过程。同时,要善于利用谈判对手在语言逻辑上的混乱和漏洞及时驳倒对手,增强自身语言的说服力。

提高谈判语言的逻辑性,要求谈判人员必须具备一定的逻辑知识,包括形式逻辑和辩证逻辑,同时要求在谈判前准备好丰富的材料,进行科学整理,然后在谈判席上运用逻辑性强和论证严密的语言进行表述,促使谈判工作顺利进行。

4．规范性原则

谈判语言的规范性是谈判过程中的语言表述要文明、清晰、严谨和准确。

1）谈判语言必须坚持文明礼貌的原则,必须符合商界的特点和职业道德要求。无论出现何种情况,都不能用粗鲁的语言、污秽的语言或攻击辱骂的语言。在涉外谈判中,要避免使用意识形态分歧大的语言,如"资产阶级""剥削者""霸权主义"等。

2）谈判所用语言必须清晰易懂。口音应当标准化,不能用方言或黑话、俗语等。

3）谈判语言应当注意抑扬顿挫、轻重缓急,避免吞吞吐吐、词不达意、嗓音微弱、大吼大叫或感情用事等。

4）谈判语言应当准确、严谨,特别是在讨价还价等关键时刻,更要注意语言的准确性。在谈判过程中,由于用语不慎导致谈判走向歧途甚至谈判失败的事例屡见不鲜。因此,必须认真思考、谨慎发言,用严谨、精练的语言准确地表达自己的观点。

步骤四　把握提问的语言技巧

提问是商务谈判中经常运用的语言技巧,通过巧妙而适当的提问可以摸清对方的需要,把握对方的心理状态,并能准确表达己方的思想,其目的是了解情况、启开话题,也可以从不同的角度进行发问。

有一名教士这样问主教"在祈祷的时候我可以抽烟吗?"毫无疑问,他的请求给主教以祈祷不专心、对上帝不恭的感觉,自然会断然遭到拒绝。另一名教士也问主教"在抽烟的时候我可以祈祷吗?"主教会认为他休息时仍不忘敬拜上帝,自然这名教士得到了肯定答复。换一种问法,换一个角度,便走进了一片新天地,商务谈判者应掌握发问的一些基本知识,熟悉提问的各种技巧。

8种常用的提问类型如下。

1）封闭式提问。通过提问能在一定范围内引出肯定或否定问题的答复。例如,"您同意这个价格吗""条件就是这些,您决定了吗?""您是否认为售后服务没有改进的可能?"等。

2）开放式提问。通过提问在广泛的领域内引出广泛的答复,通常无法以"是"或"否"等简单字句答复。例如,"您好的意思是……""您对当前市场销售状况有什么看法?"等。

3）证实式提问。针对对方的答复重新措辞,通过提问使对方证实或补充之前的答复。例如,"根据总经理的叙述,我可以得出……您看是否正确?""根据您刚才的陈述,我理解……是这样吗?"等。

4）引导式提问。引导式提问对答案具有强烈的暗示性,是反义疑问句的一种。它具有不可否认的引导性,几乎使对方没有选择的余地,只能产生与发问者观念一致的反应。例如,"说到现在,我看这样……您一定会同意的,是吗?""在交货时,难道我们不考虑入境的问题?"等。

5）选择式提问。选择式提问的目的是将自己一方的意见说明，让对方在划定的范围内进行选择。由于选择式提问一般都带有强迫性，因此在使用时要注意语调得体、措辞委婉，以免给人留下专横独断、强加于人的不好印象。例如，"只有今天可以，你说上午还是下午？""现在只是接货方式还没有定下来，您愿意空运还是陆运？"等。

6）借问式提问。借问式提问可凭借权威的力量影响谈判对手，被借助者应当是当事人了解并能对其产生积极影响的人或机构，否则影响其效果甚至适得其反。例如，"我们这种产品是国际首创，经过美国哈佛大学凯特等几位教授的共同鉴定，已达到国际先进水平。现在就谈谈产品的价格吧？""我们请教了某顾问，对该产品的价格有了较多的了解。请您考虑，是否把价格再降低一些？"等。

7）探索式提问。探索式提问是针对双方所讨论的问题要求进一步引申或说明的一种方法。它不仅起到探测、发掘更多信息的作用，而且还显示出发问者对问题的重视。例如，"我方负责运输，贵方在价格上是否再考虑一下？""我们想增加订货，您能否在价格上更优惠些？"等。

8）协商式提问。协商式提问是为了使对方同意自己的观点，采用商量的口吻向对方发出的提问。这种方式语气平和，对方容易接受，即使对方没有接受自己的条件，但是谈判的气氛仍能保持融洽，双方仍有继续合作的可能。

步骤五　把握回答的语言技巧

商务谈判中有问就有答，谈判人员把握回答问题的语言技巧同样重要。

1）不要彻底回答是答话时将问话的范围缩小或只回答问题的某一部分。有时对方问话，全部回答不利于我方。例如，对方问"你们对这个方案怎么看，同意吗？"这时，如果马上回答同意，时机尚未成熟，可以说"我们正在考虑、推敲……"。

2）不要马上回答。对于一些问话，不一定要马上回答。特别是对一些可能会暴露我方意图、目的的话题更要慎重。例如，对方问"你们准备开价多少？"如果时机还不成熟，那么就不要马上回答。可以找一些其他借口谈其他内容或是闪烁其词、所答非所问，如产品质量、交货期限等，等时机成熟再摊牌，这样，效果会更理想。

3）不要确切回答，模棱两可、弹性较大的回答有时很必要。许多谈判专家认为，谈判时针对问题的回答并不一定就是最好的回答。回答问题的要诀在于知道该说什么和不该说什么，而不必考虑所答的是否对题。例如，对方问"你们打算购买多少？"如果你考虑先说出订数不利于讲价，那么就可以说"这要根据情况而定，看你们的优惠条件是什么？"这类回答通常采用比较的语气，"据我所知……""那要看……而定""至于……就看你怎么看了"。

4）使问话者失去追问的兴趣。在许多场合下，提问者会采取"连珠炮"的形式提问，这对回答者很不利。特别是当对方有准备时，会诱使答话者落入其圈套。因此，要尽量使问话者找不到继续追问的话题和借口。比较好的方法是，在回答时，可以说明许多客观理由，但却避开自己的原因。例如，"我们交货延期，是由于铁路运输……，许可证办理……。"但不说自己公司方面可能出现的问题。

有时，可以借口无法回答或资料不在回避难以回答的问题，冲淡回答的气氛。此外，当对方的问题不能予以清晰、有条理的回答时，可以降低问题的意义，如"我们考虑过，情况没有你想的那样严重。"

项目4 商务谈判

 **触类旁通**

商务谈判语言禁忌

商务谈判是经济合作双方为实现某种交易或为了解决某种争端,而进行的协商洽谈活动。谈判双方的说话方式与言谈技巧,对于谈判的进程与结果都起着举足轻重的作用。为此,特提出商务谈判的语言禁忌。

一忌欺诈隐骗

有些人把商务谈判视为对立性的你死我活的竞争,在具体洽谈时,不顾客观事实,欺、诈、隐、骗,依靠谎言或"大话"求得自身的谈判优势。如一位业务员同一家商店进行推销洽谈,业务员为了促销,在介绍产品质量时声称已经获得"省优"和"部优",商店看样后认为有一定市场,于是双方达成买卖意向。商店后来了解到这种商品既非"省优"也不是"部优",产品虽适销,但商店也怕上当受骗,于是未予签订合同,一桩生意失败。可见,欺骗性的语言一旦被对方识破,不仅会破坏谈判双方的友好关系,使谈判蒙上阴影或导致谈判破裂,而且也会给企业的信誉带来极大损失。所以,谈判语言应坚持从实际出发,应给对方诚实、可以信赖的感觉。

二忌盛气凌人

有的谈判者由于自身地位、资历"高人一筹"或者谈判实力"强人一等",在谈判中通常盛气凌人。居高临下、盛气凌人的行为易伤害对方感情,使对方产生对抗或报复心理。所以,参加商务谈判的人员,不管自身的行政级别多高、资历多老、所代表的企业实力多强,只要和对方坐在谈判桌前,就应坚持平等原则,平等相待、平等协商、等价交换。

三忌道听途说

有的谈判者由于与社会接触多,与外界联系多,各种信息来源渠道广,在谈判时通常利用一些未经证实的信息作为向对方讨价还价的依据,缺乏确凿证据的实际材料,其结果很容易使对方抓住谈话漏洞或把柄进攻。就个人形象来讲,也会使对方感觉谈判者不认真、不严肃,不值得充分信赖。因此,在商务谈判中,应避免用"据说"之类的词语。

四忌攻势过猛

某些谈判者在谈判桌上争强好胜,一切从"能压住对方"出发,说话锋利刻薄,频繁地向对方发动攻势,在一些细枝末节上也不甘示弱,有些人还以揭人隐私为快事。在谈判中攻势过猛的做法是极不可取的,极容易伤害对方的自尊心。遇到生性懦弱的人可能一时得逞;遇到涵养较深的人,尽管暂时忍让,让谈判者尽情表演,但他欲擒故纵,到关键时刻将迫使谈判者付出代价;遇到强硬、进攻性很强的对手,小的进攻就会惹起更大的反击,反而对自己不利。因此,在谈判中说话应该委婉,尊重对方的意见和隐私,不要过早地锋芒毕露、表现出急切的样子,避免言语过急过猛,伤害对方。

五忌含糊不清

有的谈判者由于事前缺乏对双方谈判条件的具体分析,加之自身不善表达,当阐述自身立场、观点或回答对方提出的某些问题时,或者语塞,或者含糊、模棱两可,或者回答相互矛盾。模棱两可的语言容易给对方留下一种"不痛快""素质不高"的感觉,也容易使对方抓住漏洞,使自己陷入被动挨打的境地。所以,谈判者事前应做好充分的思想准备和语言准备,对谈判条件进行认真分析,把握自身的优势和劣势,对谈判的最终目标和重要交易条件做到心中有数。同时作一些必要的假设,把对方可能提出的问题和可能出现的争议预先做好准备,这样,在谈判中不管出现何种复杂局面,都能随机应变,清楚地说明自己的观点,准确明了地回答对方的提问。尤其是在签订谈判协议时,能够把握关键,使合同条款具体、完善、明确、严谨。

六忌以我为主

在商务谈判中,有些人随意打断别人的话;有些人在别人说话时不够专注;有些人自己滔滔不绝,而不考虑对方的反应和感受;尤其当洽谈某些交易条件时,只站在自己的立场上过分强调自身的需要,不为对方着想。这些做法是很不礼貌的,极容易引起对方的反感。

分析与思考

A、B双方合作开发特色绿茶项目模拟谈判准备工作。

学习成果展示

1．展示方式

A、B双方合作开发特色绿茶项目模拟谈判。

准备:单号学习小组与双号学习小组随机抽签,组成3组谈判对手,进行模拟谈判,其余学习小组观摩,并参与评分。

2．展示内容

A、B双方合作开发特色绿茶项目模拟谈判。

学生在谈判过程中的表现。

3．学习评价

(1) 组内成员相互评价

组别_____ 项目_____

成　员	学习参与情况		成果贡献率		得　分
	积极(5分)	一般(3分)	大(5分)	小(3分)	
成员1					
成员2					
成员3					
成员4					

(2) 学习组相互评价

组别_____ 项目_____

学习组	展示内容		表现效果		得　分
	好(5分)	一般(3分)	好(5分)	一般(3分)	
小组1					
小组2					
小组3					
……					
小组N					

项目 5

商 品 采 购

开篇案例

A 公司该怎么办？

A 公司接到客户 C 公司的订单后，向供应商 B 公司下了订单，通知其生产一批满足 C 公司需求的专用材料。几天后，A 公司突然接到 C 公司通知，要求取消订单。但此时，A 公司向 B 公司订购的专用材料已经开始生产，对于 A 公司暂时没有其他客户需要这批材料。在这种情况下，A 公司该采取哪些措施？

项目描述

商品采购是企业生产经营的重要环节，合理采购、控制采购成本是提高效益的重要途径。掌握采购策略，合理编制采购计划，加强商品入库管理，在模拟采购活动中培养学生的采购员素养。

学习目标

- 知识目标：了解采购策略、采购计划编制原理、采购合同基本内容和商品入库基本流程。
- 能力目标：能运用采购策略编制采购计划，掌握商品入库流程。
- 情感目标：在多种采购策略探究中，让学生感受经营活动的乐趣，提升学习培养采购员素质的自觉性。

要点剖析

- 项目重点：采购策略、编制采购计划、买卖合同签订和商品入库流程。
- 项目难点：采购策略灵活运用、商品采购数量和时间的确定。

任务 1　确定采购策略

任务要点

关　键　词：采购品种策略、采购渠道策略、网络低成本采购策略。

理论要点：采购品种策略是企业采用的带有指导性、全局性和长远性的基本运作方案，是决定企业经营成败的重要决策。

实践要点：认识、理解并逐步掌握采购策略的决策过程与方法。

任务情境

沃尔玛的全球采购策略为其低价销售策略提供了支持

沃尔玛之所以能在几十年中跻身于世界零售商第一名，首要原因在于它采取"天天平价，始终如一"的低价销售策略。沃尔玛不是一种商品或若干种商品低价销售，而是所有商品都以最低价销售；不是在一地或一段时间内低价销售，而是常年都以最低价销售。沃尔玛之所以能坚持这一低价销售策略，是因为利于沃尔玛的全球采购策略，即某个国家的沃尔玛店铺通过全球采购网络从其他国家的供应商进口商品，而从该国供应商进货则由该国沃尔玛公司的采购部门负责采购，这一全球采购策略为沃尔玛提供了低廉的采购成本。

任务分析

掌握采购品种策略、认识采购渠道策略、理解网络低成本采购策略均需要很强的实际生活体验，学习者要转换角色，以经营者的视角观察分析市场，体验决策过程，掌握决策方法。

任务实施

步骤一　掌握采购品种策略

1. 了解什么是采购品种

采购品种是通过商品经营目录的制订来体现的。商品经营目录具体列明经营商品的品种、花色、规格和质量。它包括必备商品目录和非必备商品目录。必备商品目录是企业最低限度应经营的商品品种目录，是保证企业经营正常进行和消费者日常固定需要的商品不致脱销的基本措施。非必备产品目录的品种较多，商品的型号、牌号和数量的规定界限也较灵活，由企业根据其实际的资源情况确定，通常是企业形成特色的经营商品目录。

2. 建立采购品种策略的概念

（1）采购品种策略

采购品种策略是根据企业经营商品的市场性质和需求性质确定合适的经营商品目录战略。采购品种策略是企业所采用的带有指导性、全局性和长远性的基本运作方案，主要包括采购品种、供应商和采购方式等。

（2）采购品种策略的分类

1）按采购品种的供应商风险和重要性划分，可分为常规重要品、紧缺重要品、常规非重要品和紧缺非重要品 4 种策略,其供应商多少、采购难易程度、价值高低、重要性程度等特性的比较见表 5-1。

表 5-1 采购品种供应商风险和重要性程度比较

采购品种	供应商多少	采购难易程度	价值高低	重要性程度
常规重要品	多	易	高	高
紧缺重要品	少	难	高	高
常规非重要品	多	易	低	低
紧缺非重要品	少	难	低	低

2)按采购品种的多少和采购方式划分,可分为单一品种定期采购策略、单一品种定量采购策略、多品种定期联合采购策略和多品种定量联合采购策略。

3)按采购品种价格划分,可分为不变价格采购策略、折扣价格采购策略和区段价格采购策略等。

步骤二 了解采购品种策略的决策方法

1. 按照品种的供应风险和需求重要性形成的采购品种策略决策

1)常规品采购策略,特点是供过于求。应采取的策略为重要品集中竞价采购,在订货点采购中可采用定期订货法采购;非重要品以一般化、系统化、程序化的方式采购。

2)紧缺品采购策略,特点是供不应求。应采取的策略为重要品与供应商建立策略同盟,在订货点采购中可采用定期订货法采购;非重要品如代用产品或自制不能代用时,可采取确保供应策略,如高价格、高库存,与供应商建立某种契约、联盟关系,在订货点采购中可采用定量订货或定期订货采购策略。

2. 按照品种的多少和采购需求方式划分的采购品种策略决策

1)单一品种采购策略。对某一品种大批量订购,应采取的策略分为定量订购或定期订购。

2)多品种联合采购策略指同类多品种、同地多品种联合订购策略。联合采购策略又可分为定量联合订购策略和定期联合订购策略。定量联合订购策略是以各品种经济订货批量为基础的定量订货采购策略。联合订购中的主品用经济批量,副品视运输包装单元情况可以用经济订货批量或附属经济订货批量。定期联合订购策略是以各品种经济订货周期为基础的定期订货采购策略。联合订货中的各品种的订货周期都化为某个标准周期的简单整数倍,然后以标准周期为单位进行周期运行,在不同的运行周期中实现不同品种的联合订购。

3. 按照品种价格划分的采购品种策略决策

按照品种价格划分的采购品种策略可分为不变价格采购策略、折扣采购策略和区段价格采购策略。折扣价格采购要比较折扣前后的总成本,包括购买成本、订货成本和保管成本,可以用节约比较法或成本比较法。区段价格采购策略实际上是多个折扣区段价格的采购策略,可以采用多区段成本比较法。

4. 按商品生命周期划分的采购品种策略决策

根据商品生命周期的特点,采取相应的品种策略。

1)进入阶段,即新产品上市时间不长,消费者对它不了解,企业处在向消费者介绍试销阶段。此阶段中,销售量缓慢增长,宜采用试销方式,逐渐进入。

2）成长阶段，即新产品进入市场后，通过广告宣传，逐渐为消费者所熟悉和接受，销售量直线上升。此阶段应加大对商品的销售与采购力度。

3）成熟阶段，即销售增长到达高峰，接近饱和状态，销售量稳定，稍有上下波动。此阶段应选择促销方式，争取市场的最大份额。

4）衰退阶段，即老产品过了成熟阶段，消费者的要求和爱好将转移到另一种新产品上，而老产品的销售量逐年下降，此阶段应选择逐渐退出市场。

步骤三 认识批发企业采购渠道策略

1. 批发企业商品采购特点

商贸批发企业具有采购数量大，采购次数频繁的特点，一般由专门的采购人员到商品的产地或订货会议、大型专业商品交易市场等看样订货。要求采购人员具有较高的业务素质，对自己采购商品的性能、特点、产地、质量指标等内容都非常清楚，从而保证商品的质量。

2. 批发企业商品采购方式

1）市场选择是商贸企业根据销售的需要，通过大型商品市场自由选购商品。

2）合同采购是商贸企业根据贸易双方事前签订的采购合同购进商品的一种采购方式。

3）计划收购是商贸企业受国家委托或指定，对少数关系国计民生的特别重要的商品，在特定条件下有计划采购的形式。

4）代批代销是商贸企业接受生产单位或其他部门的委托办理批发或零售，销售后办理结算手续并由委托单位按购销数量、金额付给商贸企业一定手续费的经营方式。

5）联营联销是贸易双方在自愿平等的基础上，根据风险共担、利益均沾的原则实行联合经营的经营方式。

3. 批发企业采购渠道策略

1）全国或地区性的订货会议。这是目前我国商贸企业采购商品的主要渠道。订货会议一般由全国或地区的专业公司召开。在会上，商品的购销双方直接见面，看样订货，签订合同，订货会议有定期或不定期两种。

2）专业性的商品交易会和商品展销会。这是 20 世纪 80 年代以后发展起来的一种商品购销方式。会议可以由工业部门单独举办，也可以由工业部门会同批发企业联合举办，可以是全国性的，也可以是地区性的。专业商品交易会的特点是专业性强，每次交易会只供应某一类商品。

3）商品交易市场。这是我国向市场经济转轨过程中出现的新的商品购销形式。目前，在全国已经形成了许多规模化专业性商品交易市场，已经成为批发企业取得货源的主要渠道。

4）从外贸企业进货。随着我国对外开放的深入发展以及国际间贸易往来的扩大，批发企业从外贸企业采购的进口商品将会越来越多。

5）其他进货渠道。目前，除了以上的进货渠道外，批发企业还可以从生产企业直接进货或与生产企业联营、代销等取得货源。

步骤四 掌握零售企业采购渠道策略

1）零售商贸企业采购的特点。零售商贸企业采购具有少批量、多批次、多品种、季节性和时效性等特点。

2）零售企业采购方式。按照零售商贸企业采购的时间可分为季节性采购、时令性采购和随机性采购；按照零售企业与供应商之间的关系不同可分为驻地采购、常规采购、双方协商采购和加工回采等；按照采购空间范围可分为定点采购、区域采购、全国采购和接收进口等。

3）零售企业采购渠道策略。零售商贸企业的采购渠道主要包括企业所在地的商贸批发企业和外地的商贸批发企业，生产企业自设的销售经营部，外贸企业的内销商品，贸易货栈和小商品批发市场，从事手工生产的个体经营户，与生产厂家联营、代销商品等。零售企业采购策略主要有集中采购与分散采购2种。

① 集中采购，即由企业的业务部门统一组织进货，设专门的采购员或采购组，负责收购企业经营范围内的各种商品，然后按照计划分配给各个业务经营环节。采用这种进货方式能使商品的采购资金统一掌握、调剂使用。

② 分散采购是由企业内部的业务组织环节自行组织采购。分散采购根据分散的程度不同又分为柜组采购和营业小组采购等不同形式。零售企业按分散采购的要求可以采用核定资金，并规定在资金定额管理范围内由柜组、采购小组直接从批发企业或生产部门购进商品。

触类旁通

了解互联网低成本采购策略

1．互联网采购优势特征

1）利用互联网可以将采购信息进行整合和处理，统一从供应商订货，以求获得最大批量折扣。如美国的沃尔玛公司就是通过其零售管理信息系统将需要采购的信息统一汇集到总部，然后由总部通过网络统一向供应商批量订购，获得最大限度实惠。

2）利用互联网将生产信息、库存信息和采购系统连接在一起，可以实现实时订购，企业可以根据需要订购，最大限度降低库存，实现"零库存"管理，这样一方面减少资金占用和仓储成本；另一方面可以避免价格波动对产品的影响。

3）通过互联网实现库存、订购管理的自动化和科学化，可以最大限度减少人为因素的干预，同时能以较高效率进行采购，可以节省大量人力和避免人为因素造成不必要的损失。

4）通过互联网可以与供应商进行信息共享，可以帮助供应商能按照企业生产的需要进行供应，同时又不影响生产和增加库存产品。如美国的波音公司为满足世界各地航空公司对公司零部件的需求，在互联网设立零部件网页，各地用户可以直接通过其网页与零部件供应商联系获取支持，一方面提高了波音公司对用户的服务速度并降低成本，同时用户可以以最快速度获得支持，避免过多中间环节，实现零周转。

5）通过在互联网上发布求购信息和使用实时视频会议系统，可以让全球的供应商报价与竞价，从而选择综合成本最低的供应商。例如，一位温州个体户，免费在网上发布了求购鲨鱼皮的消息后，3天内就收到了韩国、日本、秘鲁的多家水产商的报价，最低价格到温州为50元/kg，而当时温州的价格为150～200元/kg。

2．互联网采购必须注意的问题

1）必须与企业的内部经营管理系统特别是库存系统和生产系统（商业部门是销售系统）进行数据共享，使采购部门能及时了解信息并在网上发布订购信息。

2）企业站点要设立专门网页提供企业需要的产品的种类、型号、数量、供货时间以及

3）尽量与少数几家供应商建立长期合作关系，将采购信息与供应商共享，加强双方的互惠互利合作，获得长期商业利益。

 **分析与思考**

从校园消费的大宗商品中选择 6 种商品，分析其应该选择怎样的商品采购渠道。

任务2　拟订采购计划

 任务要点

关　键　词：采购计划、采购批量、采购时间、编制流程。
理论要点：采购计划是企业生产经营活动过程中对计划期内物料采购管理活动所做的预见性的安排和部署，对企业经营活动至关重要。
实践要点：掌握采购批量、采购时间确定法，了解采购计划编制流程。

 任务情境

戴尔公司的零库存采购模式

戴尔的库存时间比联想少 18 天，效率比联想高 90%，当客户把订单传至戴尔信息中心后，由控制中心将订单分解为子任务，并通过 Internet 和企业间信息网分派给上游配件制造商。各制造商按电子配件生产组装，并按控制中心的时间表供货。戴尔的零库存是建立在对供应商库存的使用或者借用的基础上，并形成 3%的物料成本优势。戴尔的低库存是因为它的每一个产品都是有订单的，通过成熟网络，每 20s 就整合一次订单。

戴尔不懈追求的目标是降低库存量。21 世纪初期，戴尔公司的库存量相当于 5 天的出货量，康柏的库存天数为 26 天，一般个人计算机厂商的库存时间为 2 个月，而中国 IT 巨头联想集团是 30 天。

戴尔公司分管物流配送业务的副总裁迪克·亨特说，高库存一方面意味着占有更多的资金；另一方面意味着使用了高价物料。戴尔公司的库存量只相当于 1 个星期出货量，而别的公司库存量相当于 4 个星期出货量，这意味着戴尔拥有 3%的物料成本优势，反映到产品低价就是 2%或 3%的优势。

 任务分析

了解采购计划编制的意义，正确理解经济采购批量、合理采购时间，掌握采购批量、采购时间确定法，了解采购计划编制流程，培养采购管理过程中的预测决策能力。

 **任务实施**

步骤一　认识编制采购计划的意义

1．建立采购的概念

采购是个人或单位在一定的条件下,从供应市场获取产品或服务作为自己的资源,以满足自身需要或保证生产、经营活动正常开展的一项经营活动。商贸企业采购是通过市场交换购进适销对路的商品以保障销售的经营活动。

根据采购的目的不同分为战略采购和日常采购两种。战略采购是采购人员根据企业的经营战略需求,制订和执行采购企业物料获得的规划,主要通过内部客户需求分析,外部供应市场、竞争对手、供应基础等分析设定物料的长短期的采购目标,达成目标所需的采购策略及行动计划,并通过行动的实施寻找到合适的供应资源,满足企业在成本、质量、时间和技术等方面的综合指标。日常采购是采购人员根据确定的供应协议和条款以及企业的物料需求时间计划,以采购订单的形式向供应方发出需求信息,并安排和跟踪整个物流过程,确保物料按时到达企业,以支持企业的正常运营的过程。

2．理解编制采购计划的目的

1)采购计划是企业管理人员在了解市场供求情况、认识企业生产经营活动的过程中,在掌握物料消耗规律的基础上,对计划期内物料采购管理活动所做的预见性的安排和部署。采购计划是根据生产部门或销售部门的计划制订的包括采购物料、采购数量、需求日期等内容的实施方案。

2)编制采购计划的目的。企业的经营始自购入商品、物料后,经加工制成或经组合配制成为主推商品,再通过销售获取利润。其中,如何获取足够数量的物料是采购计划的重点。因此,采购计划是为维持正常的产销活动而对某一特定的期间内就何时购入何种物料以及数量多少的估计作业。编制采购计划应达到下列目的。

① 预估商品、物料采购需用的数量与时间,防止供应中断,影响产销活动。
② 避免采购商品、物料储存过多,积压资金,占用堆积的空间。
③ 使采购部门事先准备,选择有利时机购入商品和物料。

3．了解采购计划的分类

1)按计划期的长短可以把采购计划分为年度物料采购计划、季度物料采购计划和月度物料采购计划等。

2)按物料的使用方向可以把采购计划分为生产产品用物料采购计划、维修用物料采购计划、基本建设用物料采购计划、技术改造措施用物料采购计划、科研用物料采购计划和企业管理用物料采购计划。

步骤二　掌握采购批量确定法

编制采购计划的关键有两点:一是确定采购批量;二是确定采购时间。采购批量确定的依据是经济采购原理,由此确定的采购批量称为经济采购批量。所谓经济采购批量,也称最佳进货批量,它是在一定时期内在进货总量不变的条件下,使采购费用和储存费用总和最小的采购批量。

采购费随采购批量的增加而减少，储存费随进货批量的增加而增加，两者之和即是采购储存总费用。采购费与储存费相等时所对应的进货批量即是总费用最小的经济采购批量。经济采购批量的计算公式见式（5-1）。

$$Q=\sqrt{\frac{2DS}{IT}} \quad (5-1)$$

式中　Q——经济采购批量；

　　　D——采购总量；

　　　S——每次采购费用；

　　　I——单位商品保管费用；

　　　T——商品平均储存时间。

例如，某企业预定在2012年向外地工厂采购某种商品，已知全年采购总量$D=8000$件，每次采购费用$S=5$元，单位商品保管费用$I=1/720$元/（件·天）。则该商品的经济采购批量如下。

$$经济采购批量=\sqrt{\frac{2DS}{IT}}=\sqrt{\frac{2\times 8000\times 5}{\frac{1}{720}\times 360}}=400（件）$$

注意，只有在下列条件下，才可以使用经济采购批量法来确定周转储存定额。

1）商品需求均衡、稳定，计划期采购总量一定。

2）每次采购数量不受限制。

3）资源充足，不存在缺货情况。

4）仓储条件和商品储存寿命不受限制。

5）资金充足，没有限制条件。

步骤三　掌握采购时间确定法

1．确定采购时间的意义

企业保持一定的商品储备是销售过程得以继续的必要条件。而确定商品合理的库存量，是管理中的难点之一。库存量过小会造成商品脱销，而且增加进货次数导致进货费用提高；库存量过大则会造成商品积压，一方面导致商品因长期储存而使质量下降；另一方面也造成资金积压，还增加了储存费用。因此，应该根据合理的商品储存数量需要确定采购时间，以获得最佳采购效益。

所谓商品的合理储存量是在一定条件下，为保证企业生产经营活动的正常进行所确定的合理储存商品的数量标准。影响商品储存数量的因素主要包括商品销售量、商品销售速度、商品再生产周期、商品花色品种的复杂程度、商品运输条件、商品的物理化学性能、企业进货周期、保管条件以及商品销售前的准备工作等。在不同时期，针对不同的商品，其合理储存量确定的大小和方式是不尽相同的，但一般是围绕周转储存定额进行确定。

2．以周转储存定额确定采购时间

周转储存定额亦称为经常储存定额，是在一定条件下为保证两次进货间隔期内正常销售

的需要而规定的储备数量标准。对于需求较为均衡、连续的商品，可采用供应期法来确定其周转储存定额。供应期法也称为储备期法，它是以商品供应间隔周期的长短，即以供应期天数和平均每日需求量为基础来确定周转储存定额的方法。其计算公式见式（5-2）。

$$周转储存定额 = 平均每日需求量 \times 供应期天数 \qquad (5-2)$$

其中：平均每日需求量=计划期商品需要量/计划期天数

计划期商品需要量可根据计划期任务量和商品消耗定额核定。当任务量不明确时，可用预测的方法计算出计划期预测商品需要量。

例如，某种商品全年需要1 800t，供应期为一个月，则商品的周转储存定额如下。

$$周转储存定额 = 1\,800 \div 360 \times 30 = 150（t）$$

供应期天数是储备物资数量能够保证供应的天数，它是确定两次进货间隔期的依据。供应期天数有多种确定方法，它们各有不同的适用条件。

3．以进货可能性确定商品采购时间

对于资源比较充裕，需用单位能够预先规定进货日期的商品，一般可根据需用单位的使用周期来确定供应期，也可以按商品在经营管理中的重要程度进行分类，对各类商品分别规定不同的供应期。事实上，目前许多商品不可能完全按需用单位的需要来确定供应期，要参考进货可能性确定商品采购时间。

1）按供货单位供货周期确定供应期。目前一些供货单位规定了供货周期，有些供货合同还设有分期交货的条款。对于这类商品，流通企业可用供货单位的供货周期天数作为核定周转储存量的供应期天数。

2）按订货、发货限额核实供应期。在某些情况下，供方可能对一些商品的供应规定订、发货限额。当其规定的限额高于一个供货周期的商品需要量时，应以订、发货限额作为核定周转储存定额的依据。其供应期天数可由限额和平均每日需求量计算而得，该方法适用于日需要量较大的商品。否则，易造成储备天数过大，此时，不宜从供货单位直接进货，应以经中转环节少量进货为宜。

3）按供货企业的轮番生产周期确定供应期。有些商品是由供货单位批量生产的，如果其轮番生产周期比供货周期长，且成品储备能力受限制，则需用单位需要按轮番生产周期天数确定供应期。

4）通过分析进货统计资料确定供应期。上述几种确定储备供应期的方法，均适用于该商品在一个供货周期内只由一个供货单位一次供货的条件。如果在一个供货周期内多次进货，或一个供货单位分批供货，或从多个供货企业进货，则根据进货统计资料，用加权平均的方法求出平均进货间隔期，以此确定储备供应期。

4．保险储存时间

在实际经营活动中，由于可能出现意外变故，造成订货供应无法准时而给企业带来经营损失，为此要增加一定的保险储备天数。

1）按平均误期天数确定。这是从企业的外部影响因素来考虑的，如果货未能在规定供应期内到达，则为误期到货，超过供应期规定的天数即为误期天数。

2）按临时需要比例确定保险储备天数。临时需要是核定商品需要量以外的需要。通过

内部供应记录和其他统计资料的分析可以得出临时需要量,供应期平均临时需要量与经常储备定额之比即是需要比例。

3)按临时采购所需天数确定保险储备定额。临时采购所需天数包括办理采购手续天数、供货单位发货所需天数、途中运输天数和接货等。按临时采购所需天数为依据确定保险储备天数可保证供应的连续性。

步骤四 掌握商品采购计划编制流程

采购计划(预算)是属于生产、销售计划中的一部分,也是公司年度计划与目标的一部分。通常,销售部门的计划(即销售收入预算)是公司年度营业计划的起点,然后生产、销售计划才随之确定。而生产、销售计划包括采购预算(直接原料、商品采购成本)、直接人工预算和制造、销售费用预算。由此可见,采购预算是采购部门为配合年度的销售预测或采购数量,对所需求的商品、物料等的数量及成本作出的详细计划。

1. 采购预算

采购预算是采购计划以金额来表达的形式,它的编制必须以整个企业的预算制度为基础,并且遵循一定的流程。

2. 采购数量计划编制流程

1)拟订采购计划。由销售预测,由人判断,即可拟订销售计划或目标。销售计划是表明各种产品在不同时间的预期销售数量。生产计划即依据销售数量与预期的期末存货之和减去期初存货来拟订的。

2)拟订采购商品和物料的清单。采购计划只列示产品的数量,无法直接了解某一产品需用哪些物料以及使用数量,因此必须借助采购商品和物料清单。清单是由公司市场部配合采购部门拟订的,内容列示各种产品由哪些基本的商品所制造或组合而成。根据清单可以精确计算某种商品及组合库存和库存的安全数量。清单所列的基本安全量即通称的标准用量(以15日或30日为一个周期)与实际用量相互比较,作为成本控制的依据。

3)制作存量管制卡。若商品有存货,则采购数量不一定要等于销售数量。所以商品采购数量也不一定要等于根据清单计算的基本商品需用量。采购员应依据实际和计划商品需求数量,并考虑采购的安全在途时间和安全存量水准,计算出正确的采购数量,然后才开具请购单进行采购活动。

步骤五 掌握编制、执行采购计划的注意点

在实际工作中,由于供应商、物流环节、气候状况和市场变化等外在因素比较复杂,在编制和执行采购计划时,应注意以下4个方面的问题,根据实际情况予以及时调整,避免由于采购环节出现问题而影响全局的经营活动。

1)在制订采购计划时,要把货物、工程和咨询服务分开。编制采购计划时应关注采购设备、工程或服务的规模和数量、具体的技术规范与规格及使用性能要求。采购时分为几个阶段或步骤,哪些安排在前面,哪些安排在后面,要有先后顺序,且要对每批货物或工程从准备到交货或竣工需要的时间作出安排。一般应以重要的控制日期作为里程碑式的横条图或类似图表,如开标、签约日、开工日、交货日和竣工日等,并应定期予以修订。还要注意货物和工程采购中的衔接,如何进行分包或分段,包与合同段的数量,每个包与合同段中含有

哪些具体工程或货物品目。

2）在实际工作中，为更好地组织采购工作，要建立强有力的管理机构，并保持领导班子的稳定性和连续性。切实加强领导，保证项目采购工作的顺利进行。要根据市场结构、供货能力或施工力量以及潜在的竞争性确定采购批量安排、打捆分包及合同段划分。在确定采购时间表时，要根据项目实施安排权衡贷款成本，采购过早、提前用款，要支付利息，过迟会影响项目执行。因此，项目采购部门及采购人员要权衡利弊，作出统筹安排。

3）及早做好采购准备工作。根据采购周期以及项目周期和招标采购安排的要求，一般在采购计划制订完毕之后，下一步要做的工作就是编制招标文件（包括在此之前的资格预审文件），进入正式采购阶段。通常，最理想的安排是在项目准备和评估阶段就要开始准备招标文件，同时进行资格预审，到贷款协议生效之前就完成开标、评标工作，待协议生效就可以正式签订合同。这样做可以避免因采购前期准备工作不充分而影响采购工作如期进行。

4）选择合适的采购代理机构。采购代理机构的选择要根据项目采购的内容、采购方式以及国家的有关规定来确定。通常，属于国际竞争性招标的，要选择国家批准的有国际招标资格的公司承担。对属于询价采购、国内竞争性招标或直接采购的，要视情况而定，可以选择国际招标公司或选择外贸公司作为代理，还可以由项目单位自行组织采购。在世界银行项目中选择采购代理机构，既是国家有关部门的规定，也是由我国现行体制决定的。在绝大多数项目中，业主通常只是接触自己一个项目，几乎所有的工作都是从头开始，而采购代理机构则介入了许多项目，对世界银行各方面的规定和程序都有深刻的了解。实践证明，业主完全可以借此加快项目进度，并避免产生不必要的错误。

 触类旁通

沃尔玛的商品采购哲学

1．一站式购物

沃尔玛的采购重点就是尽量为顾客提供一个一次性购足商品的地方。公司的采购员负责将顾客最需要的商品采购到店里来。

2．商品采购重点

1）寻找最畅销的商品。采购员采购商品时必须寻找那些他所在部门的商品中最好、最畅销的产品。

2）寻找新颖、有创意、令人心动的商品。采购员要与供应商合作，寻找具有创意、令人心动的商品放在店中，造成一种令人高兴、开心和动心的效果。

3）寻找能创造价值的商品。要积极去寻找、去发现高质量的商品。而这些商品必须提供一种最好的价格，这种价格要反映商品的最大价值。只有这样顾客才会信任我们。

3．高素质的人能够造就优秀的商人

沃尔玛的创始人老沃尔顿说过"高素质的人能够造就优秀的商人"，因此要积极寻找高素质的人去培养他们，使他们成为好的商人，而好的商人才能够把好的商品采购到店中。沃尔玛公司的经营哲学和政策之一就是寻找高素质的人才，为他们提供机会，培养他们，使他们将好的商品采购到商店中，为公司创造利润。

沃尔玛采购员的工作职责

1. 建立商品种类的计划

采购员负责把商品采购进来并出售,一旦商品进来就成为一种义务。因此,采购员采购商品时一定要小心、慎重、有选择性,不能掉以轻心。

2. 负责季节性商品的促销活动

作为采购员应该仔细制订计划,在节假日或一些促销季节应该拿出。作为促销商品,使用什么方式、如何进行都要充分进行考虑,与供应商商议出一个好的促销方式、促销价格和最佳时间。

3. 负责库存管理

作为采购员,一是要了解、观察自己采购商品的库存情况;二是要尽力增加库存与付款的对比额,最终达到提高商品的销售速度和资金的流通率。

4. 负责竞争对手(同行)的调查

采购员应该牢记的一点就是竞争对手是自己最好的老师。不仅要知道自己采购商品的销售情况,而且要了解对手那里同一种商品的销售情况及价格等,做到知己知彼。

5. 负责商品的组合分析

采购员对自己采购商品的销售情况要负责分析,哪些好卖,哪些不好卖,不好卖的原因是什么,采取什么措施解决等。

分析与思考

以学习小组为单位,根据校园消费中的食品、日用品的消费特点,选择其中的一类商品,编制一年的采购计划。

任务3 签订采购合同

任务要点

关 键 词:合同、合同法、合同内容、履行合同。

理论要点:合同是平等主体的自然人、法人及其他组织之间设立、变更或终止民事权利义务关系的协议。

实践要点:把握合同内容,履行合同义务,维护合同权益。

任务情境

B厂是否需要赔偿

A建筑公司和B水泥厂签订一份合同,合同规定A公司向B厂购买水泥900t,在一年内分三批交货。合同订立后,水泥厂发出第一批300t水泥。这时,水泥价格大幅上扬,众多客户以高价向水泥厂订货。在利益驱动下，水泥厂连续10个月未向A公司发过一吨水泥，而将这些水泥供应给其他高价位的客户。期间，A公司几次催促B厂发货未果。于是只能以高价向其他厂家订货。年底水泥价格回落，B厂向A公司交付余下两批共600t水泥，两次交货时间相差不足10天。由于工程临近尾声，A公司拒绝接收后两批水泥，并要求B厂赔偿其用高价向其他厂家购买水泥所造成的差价。

请问：B厂是否需要赔偿？为什么？

任务分析

掌握买卖合同的基本条款，把握签订合同、执行合同时应注意的问题，掌握对于违约合同保障本企业的权益的方法。

任务实施

▶ 步骤一　建立合同的概念

1. 合同的概念和特征

合同是平等主体的自然人、法人和其他组织之间设立、变更、终止民事权利义务关系的协议。其特征主要如下。

1）合同是多方民事行为。民事行为是当事人为设立、变更终止民事权利、义务关系而为的行为，可分为单方民事行为和多方民事行为。

2）合同当事人的法律地位平等。只有具有平等法律地位的当事人之间订立的合同，才属于民事合同的范畴，但并非所有平等法律地位的当事人之间订立的合同都是我国合同法所调整的范围，如婚姻、收养、监护等有关身份关系的协议及劳动合同，这些合同适用其他法律的规定。

3）合同能引起一定的法律后果。合同一经订立，不管其有效与否，都会引起一定的法律后果，而且一般都具有财产内容。如果合同是有效的，如某买卖合同有效，则要求当事人按约履行，其引发的法律后果是当事人所期望的；如果合同是无效的，则要求有过错的一方当事人必须赔偿另一方由此造成的损失，其所引发的法律后果是当事人所不期望的。

4）合同一经依法成立，即具有法律约束力。这种法律约束力主要体现为当事人必须按合同约定全面正确地履行合同义务；如果没有法定事由或与对方当事人协商一致，则当事人不能随意地变更或解除合同；当事人一方不履行合同义务的，另一方当事人可以寻求法律保护。

2. 合同法的概念

合同法是调整在合同的订立、履行、担保、变更、解除、终止过程中所产生的民事权利义务关系的法律规范的总称。目前调整合同问题的法律主要有《中华人民共和国合同法》《中华人民共和国担保法》《中华人民共和国民法通则》等。

3. 合同法的基本原则

1）平等原则，即合同当事人的法律地位平等，一方不得将自己的意志强加给另一方。

2）自愿原则，即当事人依法享有自愿订立合同的权利，任何单位和个人不得非法干预。

3）公平原则是社会道德观念在法律中的体现，合同当事人应当遵循公平原则确定各方的权利和义务，使各方在合同活动中机会均等、权利和义务对等，保护当事人的合法权益。

4）诚实信用原则。诚实信用原则是恪守信用，诚实不欺，遵循诺言，不弄虚作假、欺诈蒙骗。合同当事人行使权利、履行义务应当遵循诚实信用的原则。

5）遵守法律，尊重社会公德原则。合同当事人订立、履行合同，应当遵循法律、行政法规，尊重社会公德，不得扰乱社会经济秩序、损害社会公共利益。

步骤二 掌握买卖合同的内容

在商品采购计划制订后，商贸企业要根据计划选择合适的生产厂家或批发企业采购相应的商品。为了明确买卖各方的义务，保护各自的合法权利，在采购过程中必须签订商品买卖合同。

1. 商品买卖合同的内容

商品买卖合同的内容由当事人约定，一般包括以下条款。

1）当事人的名称或者姓名和住所。
2）标的。
3）数量。
4）质量。
5）价款或者报酬。
6）履行期限、地点和方式。
7）违约责任。
8）解决争议的方法。

买卖合同的内容除以上规定外，还可以包括包装方式、检验标准和方法、结算方式、合同使用的文字及其效力等条款。

目前，我国国内贸易的合同由工商行政部门统一印制，其样式见表 5-2。

2. 签订商品买卖合同时应明确的几个问题

1）标的物明确。标的物就是所要采购的商品。在采购合同中要写明所购商品的名称、商品的等级、商品的质量和包装形式等。在合同中，这些内容不能简化，不能缩写，也不能用词含糊。且出卖的标的物，应当属于出卖人所有或出卖人有权处分。

2）商品的数量明确。在采购合同中，要用双方都认可的计量单位，明确写明所购商品的数量，特别是多重包装的商品，更要注意明确数量。

3）商品价格明确。在采购合同中要明确写上商品的单位、单价和总金额。

4）交（提）货日期和交（提）货方式明确。采购合同中应具体写明交（提）货的年月日和在什么地方用什么方式交（提）货。

5）结算方式明确。在采购合同中要写明在什么时间以什么样的结算方式结算货款。如果需要预付货款，应在合同中写明预付货款的比例或金额。需要用外币结算的，也应写明外币的名称和金额。

表 5-2　国内贸易合同样式

GF-99-0001

工矿产品购销合同

供方： _____	合同编号：
需方： _____	签订地点：
一、产品名称、商标、型号、厂家、数量、金额、供货时间及数量	签订时间：　年　月　日

产品名称	牌号商标	规格型号	生产厂家	计量单位	数量	单价	总金额	交（提）货时间及数量

合计人民币金额（大写）

二、质量要求技术标准、供方对质量负责的条件和期限

三、交（提）货地点、方式

四、运输方式及到达站港和费用负担

五、合理损耗及计算方法

六、包装标准、包装物的供应与回收

七、验收标准、方法及提出异议期限

八、随机备品、配件工具数量及供应办法

九、结算方式及期限

十、如需提供担保，另立合同担保书，作为本合同附件

十一、违约责任

十二、解决合同纠纷的方式（任选一种）：　　1. 提交仲裁委员会仲裁；
　　　　　　　　　　　　　　　　　　　　　2. 依法向人民法院起诉。

十三、其他约定事项

供　方	需　方	鉴（公）证意见：
单位名称（章）	单位名称（章）	
单位地址：	单位地址：	经办人：
法定代表人：	法定代表人：	
委托代理人：	委托代理人：	鉴（公）证机关（盖章）
电话：	电话：	
电报挂号：	电报挂号：	（注：除国家另有规定外，
开户银行：	开户银行：	鉴（公）证实行自愿原则）
账号：	账号：	年　月　日
邮政编码：	邮政编码：	

有效期限：　　年　月　日至　　年　月　日

监制部门：

　　6）违约责任明确。在采购合同签订时，要充分考虑各种可能出现的情况，使合同尽可能规范双方的行为，并明确违约责任，不要让对方发现疏漏。在合同法中，对许多条款都作了"除外"说明，例如，在合同法中规定"标的物毁损、灭失的风险，在标的物交付之前由出卖人承担，交付之后由买受人承担，但法律另有规定或者当事人另有约定的除外。""出卖人出卖交由承运人运输的在途标的物，除当事人另有约定的以外，毁损、灭失的风险自合同成立时起由买受人承担"等。因此，合同的订立要充分考虑各种可能出现的对买方不利的因

素，并在合同中加以约定，尽量减少因卖方违约而造成的损失。

步骤三　理解买卖双方的义务

1. 卖方的义务

在买卖合同的履行中，卖方的义务主要包括交货义务、质量保证义务和对货物的权利保证义务等。

（1）卖方的交货义务应包括的内容

1）备货。卖方应做好交货前的准备工作，如库存货物应按时、按质、按量，按照合同规定的品质、规格和包装等备货。

2）托运。根据合同的规定，如果卖方有义务安排货物的运输，就必须负责订立必要的运输合同，用适当的运输工具，按照通常的运输条件，将货物运到指定地点。

3）按合同规定的数量交货。这是卖方履行合同的一项重要义务。卖方交货的数量必须与合同相符，不得多交，也不能少交。

4）按合同规定的质量、品种、规格、花色和包装交货。另外，在样品买卖的合同中，一般都列明"质量与样品相同"或类似的文句，并注明样品的编号和日期。

5）按合同规定的时间、地点和方式交货。

6）按合同规定的运输路线、运输工具妥善装运。

（2）卖方的质量保证义务。

质量保证义务有明示保证和默示保证两种。

1）明示保证。这是卖方明白地、直接地对其货物所作出的保证。明示保证是买卖合同的组成部分，并且是买卖双方达成交易的基础。卖方在合同中并不需要使用"保证""担保"等词语，只要买卖双方当事人在合同中言明货物的标准，卖方所交的货就必须达到合同规定的标准，否则即构成违约。

2）默示保证。这是法律规定卖方交付的货物所应达到的最低标准。

（3）卖方对货物的权利保证义务。

权利保证是卖方应保证对其所出售的货物享有合法的权利，没有侵犯任何第三人的权利，并且任何第三人都不会就该项货物向买方主张任何权利。卖方的权利保证义务主要包括3个方面的内容。

1）卖方保证对其出售的货物享有合法的权利。

2）卖方保证在其出售的货物上不存在任何未曾向买方透露的担保物权，如抵押、留置权等。

3）卖方应保证其出售的货物没有侵犯他人的权利。

2. 买方的义务

买方的义务有两项：一是支付货款；二是收取货物。按一般原则，卖方按合同要求准备好货物，并将其交付给买方，以换取货款，而买方则必须根据合同准备好货款并将其支付给卖方，以换取货物。

步骤四　理解买卖合同违约及其责任

1. 违约及违约责任的概念

所谓违约是合同当事人不履行合同义务或不完全履行合同义务的行为，如不交货，不按时、按质、按量交货，或不付款、不及时付款等。

违约责任是违约一方所应承担的违反买卖合同的责任。

2．承担违约责任的方式

承担违约责任的方式是违约当事人按法律规定或合同约定所应承担的责任措施。根据《合同法》规定，买卖合同中承担违约责任的方式主要有如下 4 种。

1）支付违约金。违约金是当事人在不履行或不完全履行合同时，承担违约责任而必须付给对方的一定数量的金钱。它是与买卖合同当事人的违约责任直接联系的，是产生违约责任的一种必然的法律后果。违约金可分为约定违约金与法定违约金两种。

2）赔偿损失。《合同法》第 107 条规定"当事人一方不履行合同义务或者履行合同义务不符合约定的，应当承担继续履行、采取补救措施或者赔偿损失等违约责任"。赔偿损失是买卖合同最重要、适用最广的补救方式。赔偿损失的本质是用金钱赔偿因一方违约而对另一方造成的损失。所以确定赔偿损失的责任范围是一个十分重要的问题。通常应掌握 3 项原则，违约一方的赔偿责任，应当相当于另一方因此而受到的损失；违约一方的赔偿责任不得超过违约的一方在订立合同时应当预见的因违反合同可能造成的损失；一方当事人因另一方当事人违反合同而受到损失的，应当及时采取适当措施防止损失的扩大，没有及时采取适当措施致使损失扩大的，无权就扩大的损失要求赔偿。

3）解除合同。解除合同是结束合同关系，不再履行合同。解除合同是一种权利，是一方当事人违约时，另一方当事人取得的一种法定救济权利，是一种单方权利。

4）实际履行。是在违约方支付违约金和赔偿损失后，根据受害方的要求，在受害方指定或双方重新约定的期限内，继续履行原合同中规定的义务。

3．买卖双方的违约责任

（1）卖方的违约责任

在买卖合同中，卖方违反合同的情况主要表现为不能交货（拒绝交货）、不按时交货和所交货物与合同不符合等。其承担的违约责任应视不同的情况而定。

不能交货。卖方不能交货的原因是多方面的，有主观与客观之分，在客观原因中，有的属于合同中免责条款范围，有的不属于合同中免责条款的范围。凡属于合同中免责条款范围的原因使卖方不能交货时，卖方有权根据合同的规定免除自己的交货义务。但如果由于卖方的过错以及其他主观原因而不能交货，则卖方就要承担违约的法律责任。主要形式如下。

1）偿付违约金。卖方不能交货的，应向买方偿付违约金，法定违约金首先按货物的性质而定。

2）赔偿实际损失。违约方偿付违约金，不以是否给对方造成损失而定，因违约使对方遭受损失的，如违约金能够抵补损失，则不再另行支付赔偿金，如违约金不足以抵补损失，则还应支付赔偿金以补偿其差额部分。

3）继续履行交货义务。交货是卖方的基本义务，倘若卖方不交货，则构成严重违约。买方为维护其利益，有权要求卖方按照合同规定履行其交货义务，只有当现实证明卖方不能交货，譬如买卖的是特定货物，而该货物已被毁，买方才不能提出履行交货的要求。

不按时交货，即卖方未能按合同规定的时间交付货物。不按时交货有逾期交货和提前交货两种情况。

逾期交货是卖方在合同规定的交货期限届满后才履行交货义务。对于逾期交货的一般按下列规定处理。

1）逾期交货的，卖方应在发货前与买方协商，买方仍需要的，卖方应照数补交，并向买方偿付逾期交货的违约金。

2）因逾期交货，买方不再需要的，应当在接到卖方通知后10日内通知卖方，办理解除合同手续，货物由卖方自行处理，并向买方承担不能交货的违约责任。如果买方逾期不答复，则视为同意发货。

3）买方按卖方通知的时间、地点前往提货点提货而未提到的，卖方应负逾期交货的违约责任，并承担买方因此而支付的实际费用。

提前交货是卖方在合同规定的日期之前交付货物。此时，买方不同意接货的，可以拒收；同意接货的，仍按合同规定的交货时间付款；合同规定自提的，买方可拒绝提货。

交货质量不符合合同规定是卖方所交货物的品种、型号、规格、花色质量等与合同规定不相符合。这种违约行为通常会给买方带来损失。因此，遇到这种情况，买方有权视不同情况采取适当措施，以维护其权益。通常可以向卖方提出要求减低价格；要求交付替代货物；要求对所交货物进行修补；拒收或退货；要求赔偿损失。

所交货物的包装不符合要求。对于包装不符合合同规定需返修或重新包装的，卖方应负责返修或重新包装，并承担因此而支付的费用。

所交货物的数量与合同规定的不符。数量不符包括多交或少交两种情况。对于多交，买方可以拒收；对于少交，买方可以拒付少交货物部分的货款。如果由此而造成损失，则可以向卖方提出赔偿损失。

（2）买方的违约责任

在买卖合同中，买方的义务是按约定时间接受货物和支付价金。因此，买方最基本的违约行为是不接受合同货物和不按照合同规定支付价款。对此，买方应承担的违约责任主要有以下几种。

中途退货。中途退货就是不接受合同货物。买方拒不收货的方式有以下几种，合同规定的交货日期届满时，买方不收取货物，即"不按约定时间收货"；卖方如期交付时，买方借口货物不符合同拒绝收货，即"不当拒收"；买方接受货物后，借口新发现了货物瑕疵而退货，即"不当退货"；买方在交付日期前就声称他将不履行合同，不接受卖方货物，即"事先毁约"。

买方中途退货的违约责任主要有以下3种。

1）偿付违约金。买方中途退货的要向卖方偿付违约金，同时应当承担由此造成的损失。

2）赔偿损失。由于买方中途退货或拒收而对卖方造成损失的，根据实际情况由买方赔偿其损失。

3）实际履行。在市场经济比较发达的情况下，货物一般供过于求。因而，卖方违约时，买方总能从市场上转购货物或其替代物，最终实际履行的情形很少。相反，买方不履行义务时，实际履行有时会成为卖方最有效的救济途径。

步骤五　了解买卖合同纠纷的处理

解决买卖合同纠纷的途径主要有4种，即和解、调解、仲裁和判决。

1）和解，即当事人自行协商解决。在买卖合同发生争议时，当事人应及时协商解决。

协商解决又称友好协商，它是在争议发生后，由双方当事人在没有第三方参加的情况下，直接进行磋商，自行解决纠纷。通过协商，双方都作出让步，并在双方都认为可以接受的基础上达成和解。和解是解决买卖争议的一种好方法，既有利于澄清事实，分清是非，明确责任，消除误解，还可以节省仲裁或诉讼费用，有利于双方贸易关系的顺利发展。在协商解决的过程中需注意如下两个问题。

① 当事人在和解中，应依照国家法律、政策进行，和解协议不得违背法律、政策，不应损害他人及公众利益。

② 在和解过程中，双方当事人的地位平等，任何一方不应以任何手段迫使对方同意己方的意见。

2）调解是在第三方的主持下，当事人经过协商达成调解协议，从而解决买卖合同争议的方法。由于第三方参加调解，比当事人双方理解问题会更客观、公平，便于说服、分清是非。

调解买卖合同的4种方式如下。

① 上级主管机关调解。这种方式主要适用于本系统内的买卖合同纠纷。

② 当事人委托律师与对方当事人或对方当事人委托的律师通过协商进行调解。

③ 仲裁机关调解。当事人向仲裁机关申请仲裁，在申请受理后，由仲裁机关主持双方当事人进行调解。

④ 法院调解。当事人向人民法院起诉后，由人民法院主持调解。

调解买卖合同纠纷的基本原则包括调解必须遵循自愿原则；调解必须遵循合法性原则；调解不是仲裁或判决的必经程序。

3）仲裁。"仲"即为地位居中，"裁"含有裁决、裁断的意思，其基本含义是仲裁机关就某一争议居中裁断，所以亦称公断。

申请仲裁应递交仲裁申请书，并按被诉人数提交副本。仲裁机关经审核认为符合受理条件的，应在7日内立案。仲裁机关在案件事实清楚、责任分明的基础上，应先行调解，当事人不愿调解或调解不成时，应开庭仲裁。

4）判决即买卖合同纠纷的当事人一方向法院提起诉讼，申请判决。人民法院审理买卖合同纠纷一般先进行调解，如当事人不愿调解或调解不成，则应依法进行判决。开庭审理一般分为4个阶段，即法庭调查、法庭辩论、合议庭评议、宣告判决。当事人不服一审法院的判决，有权向上一级法院提起上诉。

 触类旁通

争执的根源出在何处？

某建筑公司于某年3月与某建材企业订立了购买黄沙的合同，当时黄沙的市场价格为150元/吨，于是该公司与该建材企业签订了购买50车黄沙并于该年8月10日交货的合同。但是合同签订后没多久黄沙价格飞涨，到8月份时已涨至300元/吨。该建材企业在这种情况下已不想再履行合同，但不履行要承担违约责任，于是该企业想了个办法，用0.5吨的皮卡装了50车运给该建筑公司。建筑公司认为数量不对，他们要的50车是5吨卡车的50车，而不是0.5吨皮卡的50车，于是双方发生争执。

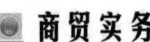

分析与思考

分析案例《争执的根源出在何处?》回答以下几个问题。
1) 合同履行中出现的矛盾焦点是什么?
2) 合同本身存在什么漏洞?
3) 买卖双方分别是怎样解读这份合同的?
4) 如果继续履行这份合同,该怎样调整?

练一练

各学习小组根据上述"触类旁通"案例,重新拟订一份购销合同。

任务 4　验收入库商品

任务要点

关　键　词:入库流程、入库准备、接货、商品验收。
理论要点:优化的入库流程,是提高仓储管理水平、提高企业经营效益的有效途径。
实践要点:掌握入库验收操作流程,学会处理验收中出现的问题。

任务情境

无线仓储管理系统为纳贝斯克公司实现精准仓储管理

纳贝斯克食品(苏州)有限公司为世界 500 强企业,由纳贝斯克公司于 1995 年 11 月在苏州投资 5000 千万美元建立。先进的生产设备和技术为它奠定了坚实的基础。主要产品为曲奇等烘烤食品,几种主要产品在国内都占据领先的市场份额。

上海灵蛙科贸于 2004 年下半年开始为纳贝斯克的仓库实施基于条码的无线仓储管理系统,工程于年内实施完毕。系统实施以后,企业的库存准确率提高到 99.8%,并通过与 ERP 数据交互,保证了 ERP 中的实施库存数据的准确性。出入库采用条码扫描方式,速度快,数据准确,未出现以前人工操作时物料出入库错误的现象。同时,采用批次管理后,实现了先进先出,并且加快了库存周转率,减少了库存资金的占用。

任务分析

掌握商品或原材料入库流程,有效提高仓储管理水平,了解商品验收方法以及商品验收过程中出现问题时的处理流程,培养细致认真的职业素质。

 **任务实施**

步骤一　了解商品入库验收操作流程

企业仓储管理基本采用了仓储系统软件，其入库、出库、在库盘点等均通过系统进行管理，提高了准确率和工作效率。具体软件系统很多，但其原理、功能基本相似。以通用功能描述商品入库验收操作流程，如图 5-1 所示。

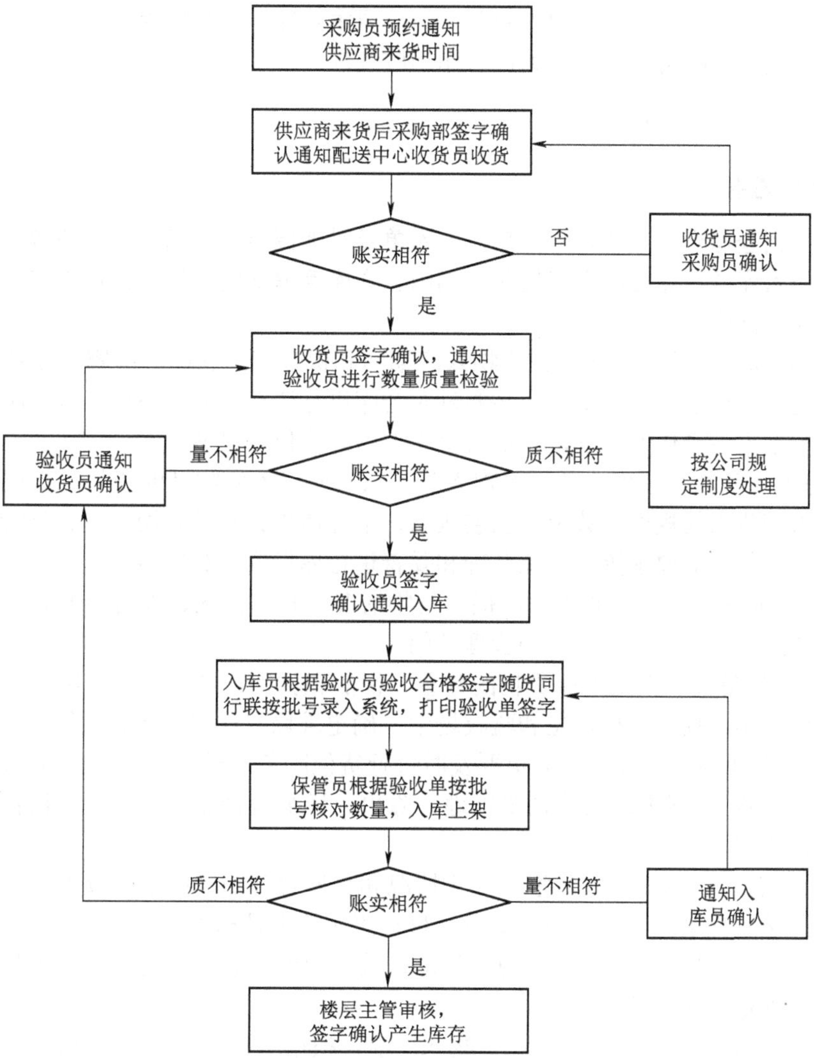

图 5-1　商品入库验收操作流程

1）采购员根据审批后的采购计划通知供应商在指定到货时间送货。

2）供应商来货后，采购员按软件系统中的采购订单核对随货同行联的商品品规、价格及数量等信息，无误后签字确认，通知配送中心收货员收货。若货单不符，则通知供应商确认。

3）收货员收货至待验区，按随货同行联核对实际来货数量，无误后签字确认，通知验收员验收；若账实不符，则通知对方送货人员或公司采购员确认。

4）验收员按质量验收管理制度及程序进行质量验收，按随货同行联核对品名、规格、生产企业、批准文号、批号、每批数量和有效期等，无误后签字确认，有质量问题、近有效期的按公司有关制度处理；若账实不符，通知收货员确认。

5）入库员根据验收员验收合格签字的随货同行联按批号将商品批号、有效期准确录入软件系统，核对无误后，打印验收单交验收员确认签字。

6）保管员根据验收单按批号核对数量，入库上架，各楼层主管确认签字，配送中心部长审核产生系统库存，入库员打印入库单，由楼层主管签字，产生库存；若账实不符，根据不符原因分别通知验收员、入库员确认，作相应处理。

步骤二　掌握入库准备工作

1．入库前准备

仓库应根据仓储合同或者入库计划、入库单及时地调整仓库场地，以便货物能按时顺利入库。仓库的入库准备需要由仓库的业务部门、仓库管理部门、设备作业部门相互合作，共同努力。具体要做好以下工作。

1）了解仓库库场情况。熟悉在货物入库期间和保管期间仓库的库容、设备、人员的变动情况，以便对工作进行具体安排。必要时对仓库进行清查、清理归位，以便腾出仓容。对于必须使用重型设备操作的货物，一定要事先准备好货位和设备。

2）熟悉入库货物。仓库业务、管理人员应认真核对入库物品的资料，必要时向供货人询问，掌握入库货物的规格、数量、包装状态、单件体积、到库确切时间、货物存期、货物的理化特性以及保管的要求等。据此精确和妥善进行库场安排和准备。

3）制订仓储计划。仓库业务部门根据货物情况、仓库情况、设备情况制订仓储计划，并将任务下达到各相应的作业单位和管理部门。

4）妥善安排货位。根据入库货物的数量、性能和类别，结合仓库分区分类保管的具体要求核算货位大小，妥善安排货位和验收场地，确定堆垛方法和苫垫方案等。

5）做好货位准备。仓库理货人员要及时进行货位准备，对货位进行清洁，清除残留物，清理排水管道（沟），必要时安排消毒铺地、除虫。详细检查照明和通风等设备，发现任何损坏及时进行修理。

6）验收准备。仓库理货人员根据货物情况和仓库管理制度确定验收方法。准备验收所需的点数、调试、称量、开箱装箱、丈量、移动照明等用具和工具。

7）装卸搬运工艺设定。根据货物、货位、人员和设备条件等情况，合理科学地设定卸车搬运工艺，确定工作的顺序。

8）准备苫垫材料、作业用具。在货物入库前，根据所确定的苫垫方案准备相应的材料，并组织苫垫铺设作业。将作业所需的用具准备妥当，以便能及时使用。

9）文件单证准备。仓库理货人员将货物入库所需的各种票据凭证、单证、记录簿（如入库记录、理货检验单、料卡和残损单等）预填备妥，以备查用。由于货物不同、仓库不同、业务性质不同，入库准备工作也有很大差别，需要根据具体情况和仓库制度做好充分准备。

2. 接货

接货是仓库向运输部门或供货单位提取或接受入库商品时所发生的业务活动。其主要任务是向承运者或供货者办清业务交接凭证，按质按量地将商品接运回库。它是仓储作业和储存业务管理的首要环节，是商品入库和保管的前提。因此，在接货时应做到手续清楚、责任分明，避免将商品入库前的差错带入仓库，对日后的验收和保管工作造成困难。接货方式可分为以下3种。

1）专用线到货或车站、码头、机场接货。有铁路专用线或专用码头的单位，在接到到货通知后，依次做好以下4个方面工作。

① 接货准备。当接到到货预报后，应及时核对进货计划、订购合同等有关资料，根据分区分类保管物资的规划安排卸车货位，并准备好卸车的工具设备和人力。

② 到货检查。到货后应按指定的卸货位置引车就位，并对到货商品进行检查。

③ 组织卸车。

④ 填写卸车记录和到货交接单据，办理内部交接手续。

到车站、码头、机场办理提货的，通常是零担运输。在这种方式下，提货的依据是订货合同、到货通知单、运单、产品质量认证书或合格证等资料。提货时，首先应详细核对品名、标志和数量，并进行外观质量检查。如有短缺、损坏，则应当场请承运方查审，划清责任，并签认现场记录。其次，在提运商品的作业过程中，要注意按商品运输标志安全操作。提运完毕后，应查看现场，防止漏装少提。商品提运回库后，应按指定的货位组织卸车，与保管员办理交接手续。

2）买方库内接货。这种方式是由供货单位直接将商品运达仓库，保管员和验收员直接与送货人员办理交接手续，当面验收并做好记录。这种接货形式通常是供货方与仓储方在同一地区和邻近地区，不需要长途运送时所采用的，其接货重点在于接货的同时要做好商品的验收。如发现有质量缺陷、数量损益或规格差错等，供方人员应在验收记录上签证，以作为退货、换货、补货或索赔的依据。

3）卖方仓库自行提货。提货员凭合同、调拨单或提货通知单到供方仓库自提商品。这种方式的业务管理要求类似于库内接货，不同的是要把自提与初步验收结合起来。保管人员或验收人员应将验收注意事项详细地向提运人员说明清楚。必要时，也可由验收人员参与提货。

步骤三 把握入库商品验收内容与要求

商贸企业在商品购进之后必须进行数量和质量的验收，及时办理进货手续。

做好商品验收工作，一方面是企业加强管理的一项重要措施，可以保证采购商品到库的数量和质量；另一方面也是保证服务质量，对消费者负责，提高企业信誉，增强企业在市场中的竞争力的有力措施。要做好商品验收工作，必须遵循以下几项原则。

责任明确的原则。商品从进入企业开始直到上柜出售，在各流转环节中，随着每次商品管理权的转移必须进行一次验收，以明确责任。

随时验收的原则。商品验收必须及时、迅速、准确，做到随进货随验收。

区别对待的原则。根据商品的不同性质、商品管理的不同方式、商品包装的不同状况，采取不同的验收方法，明确商品验收的具体要求。

办理进货手续是采购环节中不可缺少的重要一环，主要包括开具收货单办理入库记账和采购核销等手续。收货单一般是一式四联，由采购员填写供货单位、合同号、开单日期、储存仓库、发票号码、单位、应收数、单价、运输工作、进仓日期、提单号等内容后交保管员。待保管员填上实收数留下第二联后再填写实收金额，留下第一、三联后将第四联交经理留存，并办理记账业务。收货单样式如图5-2所示。

收货单流转程序如图5-3所示。

收 货 单

货号、品名、规格、牌号	国别产地	包装及件数	单位	应收数	实收数	单价	实收数金额	第一联进货存根联

供货单位：　　　　合同号码：　　　　储存仓库：
发票号码：　　　　原订交货时间：　　储存凭证（桩脚）号码：
开单日期：　年　月　日

到车站（港）日期	提运情况	提运员		起运地点		备注	出厂日期	
		运输工具		车船号				
		接运、进仓、日期		提货单号			储存期限	

仓库主管：　　　点验人：　　　复核：　　　制单：

图5-2　收货单样式

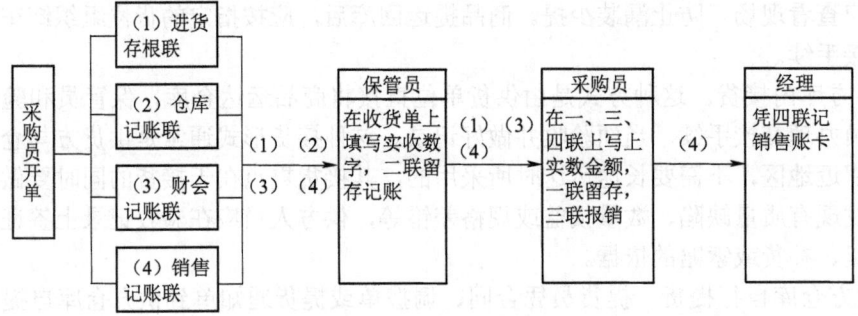

图5-3　收货单流转程序

记账是在商品购进后，根据进货单将进货日期、进货单号码、进货价格、数量、金额等记入销货账卡中。销货账卡样式如图5-4所示。

销 货 账 卡

产地、生产厂：　　　　　　　　储存仓库：
包装、数量：　　　　　　　　　仓库地址：
　　　　　　　　　　　　　　　储存凭证（桩脚）号码：

年		凭证号码	摘要	单位	进货			销售			结存			备注
月	日				件数	数量	金额	件数	数量	金额	件数	数量	金额	

填卡人

图5-4　销货账卡样式

采购核销就是办理报销采购资金手续。采购员购进商品后，凭收货单元第三联及增值税专用发票第二、三联到财务部门报销采购资金。采购员在接受卖方开出的增值税发票时要特别注意鉴定其真伪,预防对方开出假增值税发票,无法抵扣销项税额而带来损失。

步骤四　办理进货退出手续

进货退出是商品购进后由于商品质量问题或其他原因办理的退货手续。在确定退货时,采购员开具进货退出单一式四联。要求用红笔开单垫红色复写纸,记账时应将退货数量和金额用红色字体填写在进货栏中,以冲减原进货数量和金额,并在备注栏中注明退货。进货退出单样式如图 5-5 所示。

进货退出单

退货仓库:								
地址:			记账日期:		年　月　日			
供给者:			合同号码:			收货单号:		
发票号码:			进账日期:			桩脚或储存凭证号:		
编号	品名、牌号、规格	国别	件数及包装	净重	单位	单价	金　额	第一联进货存根联
退货原因								
主管		业务部		审核		制单	制单日期　年　月　日	

图 5-5　进货退出单样式

进货退出手续的流程如图 5-6 所示。

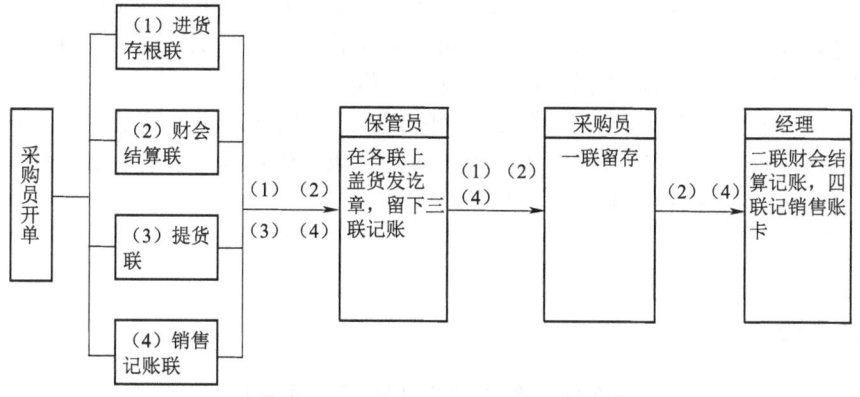

图 5-6　进货退出手续的流程

步骤五　学会处理验收中出现的问题

商品在验收过程中可能会发生各种各样的问题,验收人员应该根据实际情况,按照有关政策法规,在有效期内及时处理,并要认真填写"商品验收记录"。在问题未得到解决之前,应将有问题的商品分开存放,妥善保管,尽量保持原捆、原包,不得发放出库。

验收中出现的问题,及其解决方法如下。

1) 单货不符。在收货点验时,应遵循"以单为主,以单核货"的原则。对同一批次的入库货物,如出现数量、品种等方面的单货不符,应在货运交接单上按实批注,以分清责任。同时,应积极查询,数量短少的应追回少提部分;多的则应退回多提部分;错的应换回错提、串提部分;无法追回的则由仓库设法处理负责赔偿。总之,需作出符合入库要求的具体处理后方可签收入库。

2）货物异状。发现入库货物外观质量异状时，应该分清情况区别处理。如属轻微异状不影响使用，则可在入库单上批注清楚，予以办理入库手续。在库内要积极采取措施，以防异状扩大。如属异状严重但数量较少，送货单位同意及时到库调换整理的，仓库可先行收货，待调换整理后再签发单证。如属严重异状且数量较多，则应交涉调换或退货，暂不办理入库。

3）包装不符标准。对于不能有效保护货物安全的包装，仓库要及时通知送货单位到库负责对包装整理加固或换装。如属包装破损程度轻微、数量较少，则收货人员应会同送货单位或提货员开箱检点细数，如无短缺则可做好验收记录并按实批注入库单，予以办理入库手续。如不影响质量也无细数短缺，则可签发单证代为整理。此外，在验收中还应注意那些虽然包装完整但其毛重有显著差异的货物。对此，收货人员应会同送货单位或提货员开箱检点细数有无短缺，以明责任。

4）证件不齐。入库商品的证件不齐全可先进行预验，但需单独存放，妥善保管，不得发放出库。待证件到齐后方可正式验收办理入库手续。

5）质量证明书与到货技术标准不符。如果到货技术标准与质量证明书不符，则应如实填写"商品验收记录"并及时处理。

6）磅差。按重量交货的商品可能因为多种原因出现磅差，如磅差在国家规定的允许范围内，则应按应收数入账；如果磅差超过允许范围，则应尽量原包、原捆另行存放，复验确认后方可办理入库手续。

7）单货不同行。在仓库收货业务中，可能会发生有单无货或有货无单的情况。若在规定时间内单到而实物未到，则应及时查询，及时作出正确处理。若在规定时间内货到而单未到，则可以根据运输部门的货运交接单催请货主单位补单，同时安排卸货，并按实收数签盖货运交接单，待入库单到后再正式办理单证签发手续。

8）进口商品出现数量损益、质量缺陷、包装破损等问题。进口商品出现上述问题，可通过商检局出证，按索赔程序办理。收货人员应当提供验收中的有关数据和验收记录，以便向商检局报验，并配合商检局复验，做好索赔工作。

 触类旁通

纳贝斯克集团的仓库管理系统建设

纳贝斯克食品（苏州）有限公司为世界500强企业。纳贝斯克于1995年11月在苏州投资5 000千万美元建立，先进的生产设备和技术为它奠定了坚实的基础。主要产品为曲奇等烘烤食品，几种主要产品在国内都占据领先的市场份额，现在有300多名雇员正在为成为中国第一而充满信心地努力工作。

上海灵蛙科贸于2004年下半年开始为纳贝斯克的仓库实施基于条码的无线仓储管理系统，工程于年内实施完毕，目前已正式上线运行。

企业的产品决定了其原料的复杂性。与一般的企业仓库不同，该仓库存储的物料既有箱式包装，也有料罐式存储的流体型原料，出入库的方式也存在常规栈板出入库和管道出入库两种方式。

实施WMS（Ware house Management System，仓库管理系统）前，仓库只简单进行分区，种类繁多、形式各异的物料也未按照固定的区域存放，经常出现仓库员工不能准确找到和区分物料的现象，物料入库后也没有严格按照批次进行管理，有的原料因长时间没有使用甚至过期变质，造成了一定的资源浪费。

生产中使用的物料种类、规格繁多，传统的手工出入库记录和不准确的库位限制了出入库操作的速度，与先进的高速生产线形成强烈的反差，并成为企业内部物流的瓶颈。

该仓库还存在一个重要问题，车间生产是三班倒，24h 连轴转，这就要求仓库同步工作。因此，仓库不能进行准确的盘点，只能利用产线休息时盘点或由员工在出入库操作的同时进行粗略清点，仓库库存数据与实际值一直都有较大偏差。库存数据是 ERP（Enterprise Resource Planning，企业资源计划）系统的基础，是重要数据，不准确的库存数据也造成 ERP 的一些功能形同虚设，企业各级领导也为之大伤脑筋。

针对该仓库的具体情况，经过上海灵蛙实施人员近两个月的现场调查和多次的双方座谈，最终确定了两种物料形式（箱式、流体）兼容、统一分区编码、动态盘点的无线仓储管理系统方案。

系统在灵蛙仓库管理系统 LINX-WMS2.0 的基础上进行了部分客户化的功能定制，利用无线数据采集终端和条码打印设备，统一物料的条码和格式，对原料、成品建立批次，实现物料的全面条码管理，原料严格按批次先进先出。

对仓库进行区位划分，物料与仓位严格对应，规范管理。出入库和盘点操作都采用无线手持终端进行，实际操作的同时，出入库和盘点的数据也自动录入系统中，提高操作速度。系统按发料单对要发的物料批次、位置进行指定，既提高了发料速度，也减少了发料的错误。

与 ERP 集成，建立从采购到生产的连续物流体系，仓库库存数据和出入库、移库数据及时反馈到 ERP 系统，并建立库存预警机制，使企业信息系统的功能得到全面发挥。

系统为实现仓库不停工的动态盘点设计了精巧缜密的算法，基于自动识别技术的动态盘点功能使盘点操作不再需要停工后才可以进行，而是与其他出入库操作同时进行。该仓库切实实现了 7×24 的连续运转，与生产线的节奏保持了一致。

对于管道出入库的物料，实施中建立设备数据自动采集功能，并根据管道流体的特点设计了相应的解决方案。

系统实施以后，企业的库存准确率提高到 99.8%，并通过与 ERP 数据交互保证了 ERP 中的实施库存数据的准确性。出入库采用条码扫描方式，速度快、数据准确，投入使用以来未出现以前人工操作时物料出入库错误的现象。同时，采用批次管理后实现了先进先出，并且加快了库存周转率，减少了库存资金的占用。

学习成果展示

1. 展示方式

展示交流本项目学习的两个成果。

2. 展示内容

1）各学习小组制订的校园食品、日用品采购计划。

2）各学习小组根据上述"触类旁通"案例，重新拟订一份购销合同。

3．学习评价

（1）组内成员相互评价

组别_____ 项目_____

成 员	学习参与情况		成果贡献率		得 分
	积极（5分）	一般（3分）	大（5分）	小（3分）	
成员1					
成员2					
成员3					
成员4					

（2）学习组相互评价

组别_____ 项目_____

学习组	展示内容		表现效果		得 分
	好（5分）	一般（3分）	好（5分）	一般（3分）	
小组1					
小组2					
小组3					
……					
小组 N					

项目 6

商品销售

 开篇案例

问题出在哪里？

某民营医院的美容科购买了一台某公司的激光治疗仪，销售工程师如期把这台仪器安装、调试好之后，还用了一天为该医院的医生进行临床操作内容的培训。

几天之后，该美容科主任对销售工程师打电话，口气非常严厉，让销售工程师马上到医院来。销售工程师立刻放下手头的工作赶到该医院。

主任与销售工程师一见面，就不客气地说："你们的产品质量不行，我们用你们的仪器治疗一个病人的太田痣，没有任何效果，这件事不但没有为我们赚钱，还损害了我科室的形象。"

销售工程师很愤怒，询问了仪器的操作数据后严厉地说："这完全是你们的操作失误，这些数据设置是治疗其他病的，不是治疗太田痣的。上次培训时，我讲得很清楚。这是你们的责任，还把责任强加给我，真不讲理。"结果双方大吵起来，不但货款没有收到，最后公司还要花钱把仪器运回来。

项目描述

实现商品销售是商贸企业的根本目标。商品销售策略的确定与商品本身的特性有关，与企业经营资源有关。常见的销售策略有薄利多销策略、销售服务策略、季节性销售策略、组合商品策略和商品生命周期策略等。

学习目标

- 知识目标：销售策略、商品生命周期、买卖合同、进销存管理系统。
- 能力目标：掌握销售流程，能熟练操作进销存管理系统。
- 情感目标：通过进销存管理系统实操，让学生在愉悦的实践活动中掌握商品销售流程，感悟商品销售的乐趣。

要点剖析

- 项目重点：掌握销售策略，熟悉销售流程和销售推广决策。
- 项目难点：灵活运用销售策略，掌握销售推广决策过程。

任务1 制订销售策略

任务要点

关　键　词：薄利多销策略、销售服务策略、季节性销售策略、商品组合策略。
理论要点：企业根据自身的资源优势以及商品特点采取适当的销售策略是确保在激烈的竞争环境中立于不败之地的法宝。
实践要点：掌握销售策略原理，分析研讨企业的具体销售策略。

任务情境

沃尔玛"折价销售"策略

世界零售大王沃尔玛首创"折价销售"法，在零售店里打出"天天平价"的广告，同一种商品在沃尔玛要比其他商店更便宜。公司每星期六早上召开经理人员会议，如果有分店报告某商品在其他商店比沃尔玛便宜，则立即决定降价，沃尔玛的口号是"为顾客节省每一美元"。事实上，沃尔玛提倡的是低成本、低费用结构、低价格的经营思想，一般零售商的利润都在45%左右，而沃尔玛只要30%就可以了。

任务分析

企业普遍采用的基本策略包括薄利多销、销售服务、季节性销售和组合商品等，通过具体案例讨论分析，要求掌握基本策略的原理和应用方式。

任务实施

步骤一 掌握薄利多销策略

1. 薄利多销策略的内涵

薄利多销策略是企业在定价时有意识地以相对低廉的销售价格刺激消费需求，以单位商品利润下降为代价换取长时期的总利润最大化和扩大市场占有率的一种价格策略。

2. 薄利多销的基本原理

薄利多销策略的基本原理是消费者对商品的价格需求弹性。一般情况下，薄利是通过适当低价来实现商品的销售数量增加。但也有例外，薄利并不一定能增加销售量。这是因为薄利销售时，若商品销售数量增大的变化幅度小于商品价格的变化幅度，则薄利不多销。比如，当价格降低10%而商品数量增加5%时，销售量不仅没增加反而减少了约5%。由此可知，薄利多销并不是一个通用的法则，该法则对部分商品存在陷阱，比如生活用品和耐用品。例如，人们并不能因为食盐价格的下降而多消费食盐，也不能因为食盐的价格上涨而少消费食盐。比如手表，理性的人不会因为手表价格的下降而带两块手表。薄利多销首先取决于商品的需求弹性（它是商品需求量的变动率与价格的变动率之比），当商品的需求弹性大于 1 时，薄利可能多销；当商品的需求弹性等于或小于 1 时，薄利则不可能多销。

3. 薄利多销的原则被广泛应用于下列 6 个方面

1）商品有生命力，但销售步入低谷时采用薄利多销可促进顾客的购买欲，以刺激产供销环节的周转、挖掘商品的潜在效能，使企业立于不败之地。

2）商品属市场淘汰之列不会再有起色，以多销微利保本为原则，将企业损失降到最低限度，争取时间开发出新商品。

3）市场上同类型商品多、竞争激烈时，采用薄利多销、降本让利策略可以争夺同类商品的顾客，促进该企业商品覆盖率、辐射率、市场占有率的提高。

4）新商品试销阶段以薄利多销方式尽快使商品进入市场、扩散影响、提高知名度与应用频率，建立市场信誉和威信。

5）市场消费基金受到宏观调整、资金紧缺时，采用薄利多销策略能很快筹措资金，吸引及导致市场购买率的倾斜，形成对企业商品有利的经销势态。

6）原料来源充足、生产工艺简单、技术性一般、产量高、市场及企业吞吐量大的商品，可以采用薄利多销的原则，使"原料—产品—商品—资金—原料"的良性循环加快，充分发挥企业设备效益、资金效益、技术效益，形成较稳固的生产、供应、销售三位一体基础与发展实力。

4. 采用薄利多销策略时应注意以下 3 点

1）把薄利多销策略的运用同提高商品质量紧密结合起来。影响商品销售的因素很多，价格只是其中之一。作为消费者，注重商品的价格，更注重商品的质量，比质比价，比质在前比价在后。在市场上，经常看到一些劣质商品尽管价格较低也很少有人过问，而一些高质量商品虽然比同类商品价格高出一些，人们仍争相购买。所以，质量是商品的生命是企业的生存之本。在同质的基础上，价廉当然备受欢迎。企业只有在提高商品质量的前提下，才能吸引更多顾客实现薄利多销。

2）把薄利多销策略的运用与目标市场的选择结合起来。理想的目标市场首先要具备一定的销售潜量，也只有具备一定销售潜量的市场才可以采用薄利多销策略。如果一个市场的需求有限，那么再薄利也无法达到多销的目的。以家电商品为例，目前中国城镇家庭彩电的普及率达 100.49%，洗衣机达 95.12%，而农村这两项指标分别仅为 27% 和 22%。相对而言，农村的市场潜力很大。这类商品只有把农村市场作为目标市场，实行薄利多销才最有效。比如，20 世纪八九十年代，四川某企业针对农村市场开发的物美价廉的彩色电视机面市后很快占领了农村市场。因此，企业在采用薄利多销策略之前，必须首先调查、分析、预测各类市场的需求情况，深入了解各类市场人口的数量及其购买力的大小、购买欲望的强弱，从而发现薄利多销的市场机会。

3）把薄利多销策略的运用与生产经营能力结合起来。通常采用薄利多销策略都把获取利益的着眼点立足于长远，薄利（即低价）会带来市场需求的增长，这就要求企业要有一定的现实生产能力和潜在生产能力源源不断地提供商品与之对应。如果企业的生产能力满足不了这种要求，则在一定程度上为竞争者留出了空间，提供了迎头赶上的机会，从而影响企业自身的长远发展，导致预期的目标不能实现。

步骤二　理解销售服务策略

1. 销售服务的理念

服务是经济学中的一个重要概念。服务是一方能够向另一方提供的基本无形的各种活动或利益,并且不导致任何所有权的产生。服务可以与某种物质商品密切相关,也可能毫无联系。销售服务即是与有形商品密切相关的服务。销售服务与有形商品不同,在被购买前是无形的,其中心内容是向顾客提供有价值的活动,它既不能实现大批量生产,其内容也不容易标准化。此外,销售服务还具有与生产、消费的不可分割性以及不可储存性和灵活性等特点。

2. 实施销售服务的意义

销售服务有利于提高企业竞争力,其意义主要体现在以下4个方面。

1) 可以更好地满足消费需求。消费者购买的有形商品仅为满足其需求提供了必要的物质条件,通常还需要通过服务将商品的功能发挥,使商品成为完整商品,从而有效地满足消费需求。

2) 通过示范等服务可以有效地扩大影响面,使有关信息通过消费者自身发出的"消费波"被传递,从而达到扩大销售的成效。

3) 企业通过各种销售服务活动的开展加强与消费者的联系,进而能广泛收集信息,促使企业正确决策,减少风险和失误。

4) 企业通过上门维修等服务减轻消费者的费用负担。

3. 销售服务的分类

销售服务可按多种分类标志进行分类,通常如下。

1) 按经营活动的过程可分为售前服务、售时服务和售后服务。
2) 按服务的作用可分为可靠性服务、及时性服务、指导性服务和善后性服务。
3) 按服务方法先进程度可分为现代化服务、普通服务和手工服务。
4) 按服务的范围可分为综合性服务、一般性服务和单项服务。
5) 按销售服务活动的情况可分为固定服务和流动巡回服务。
6) 按收费状况可分为有偿服务和无偿服务。

4. 销售服务的形式与内容

1) 销售服务的形式主要包括业务技术咨询、接待和访问消费者、商品质量"三包"服务、零配件供应、租赁服务、转向配送服务和金融活动服务等。

2) 销售服务的内容主要如下。

① 技术服务。包括技术咨询、质量保证服务、技术培训、安装调试和验收、检修服务、组织用户现场交流以及其他用户需求的技术服务。

② 业务服务。这是以销售业务为主的各项服务,强调的是有效满足消费者需求。其具体内容包括接待来访和来函处理、访问用户、送货服务、提供知识性指导和销售业务咨询以及其他有关销售业务的服务。

步骤三　理解季节性销售策略

季节性销售策略是根据季节性需求特点及其他有关因素的影响而采取的销售手段和方法。一般有以下3种策略。

1．季节性消费满足策略

季节性消费满足策略是由于季节性的变化出现消费需求高峰时采取大批量销售，以满足消费者的消费需求的一种销售策略。采取这种策略时，应在季节到来之前做好市场调研和销售宣传工作，备足适销对路的商品，并选择适当的时机推出销售。

2．季节性优惠销售策略

这是一种由于季节气候变化可能引起商品质量变化而相应采取的一种销售策略。采取这种策略要特别关注企业宣传，不要对消费者造成优惠商品是残次品的印象。

3．季节性更替策略

这是由于季节的更替使一些商品的需求相应减少，为减少库存加速资金周转而对其采取降价优惠的一种销售策略。

步骤四　理解商品组合发展策略

1．商品的概念

从营销学的角度，商品是能够被提供到市场上去而引起消费者留意、购买、使用和消费以满足其某种欲望和需求的一切东西。因而，商品的内涵不仅包括有形的物品，而且还包括一切能够满足消费者需求和利益的无形部分，如服务、人员、地点和观念等，即整体商品的概念。

2．商品的 5 个层次

根据消费者需求的多样性和无限性，将消费者对商品的需求分为 5 个层次，具体如下。

1）核心利益。这是消费者真正要购买的根本利益，主要是商品自身的效用及向消费者提供的基本服务。核心利益是商品层次中最基本的层次。如旅馆向消费者提供的就是"休息与睡眠"。

2）一般商品。这是商品的基本形态，位于整体商品的第 2 个层次是核心利益得以实现的有形实体。如旅馆应是包含许多出租房间的建筑物。

3）期望商品。这是购买者购买商品时希望商品应具备的装备或条件。期望商品位于整体商品中的第 3 层次，是消费者对其需求和利益的最低限度的要求。例如，对于住宿旅馆的客人，期望的是干净的床铺和安静的环境等。

4）附加商品。这是商品包含的附加服务和利益，位于整体商品的第 4 层。附加商品是消费者期望获得的服务等额外利益。如旅馆还可以通过提供电视、鲜花、微笑服务、快速结账等来扩大其商品的内涵。这一层次的商品可以将不同企业的商品加以区分。

5）潜在商品。这是整体商品中最外围一层，是以上 4 个层次的现实商品在未来的延续。它是此种商品最终可能的所有增加或改变，是基于对将来消费者需求趋势预测基础上的商品的发展。其目的是想寻求新的方式去满足消费者欲望、需求和利益，并以差别化的方式在竞争中取胜。如全套间旅馆的出现即是对传统旅馆商品的一种创新转变。

3．商品组合

商品组合是一个企业对市场提供的全部商品线和商品项目的组合。企业的商品组合有 4 大要素，即宽度、长度、深度和关联性。商品组合示意见表 6-1。

表 6-1 某公司商品的商品组合

	商品组合宽度				
商品组合长度	洗涤剂	牙膏	香皂	除臭剂	尿布
	白猫	佳洁士	全家福	秘密	露肤
	猛冲	白玉	力士	万全	帮宝适
	强劲		舒肤佳		
	光明		伊利		
	爱尔				

商品组合的宽度是企业所拥有的商品线的数目。所谓商品线又称为商品大类，是商品类别中具有密切关系的一组商品。如从表6-1中可以看到，该公司有洗涤剂、牙膏、香皂、除臭剂和尿布5个大类的商品，即商品组合宽度是5条商品线。

商品组合的长度是一个企业所拥有的商品项目总数。如在表6-1中，商品组合的长度为15个。若以总长度数除以商品线数目，可得到该企业每条商品线的平均长度为3，即该公司平均每条生产线有3个商品项目。

商品组合的深度是商品线中每种商品有多少品种规格。

产业组合的关联性是企业的各商品线在最终用途、生产条件和销售渠道等方面相互联系的紧密程度。

4．商品组合策略

商品组合的宽度、长度、深度和关联性在市场营销战略上意义重大。增加商品组合的宽度、实行多角化经营，可以减少企业风险，并且可以充分利用企业的资源、技术，提高经营效益。增加商品组合的长度和深度，可以进一步满足消费者的不同需求和爱好，招徕和吸引更多的顾客。增加商品组合的关联性，还可以提高企业在某一地区、行业的声誉。可见，企业拓展商品组合的宽度、长度、深度和关联性，都可以促进销售、增加利润，然而这种努力要受到资源、竞争条件和市场需求的限制。因此，企业在调整商品组合时，应根据不同情况采取各自有利的商品组合策略。

常见的商品组合策略有以下5种。

1）扩大商品组合策略。此策略是企业增加商品线或商品项目的策略，即扩大商品经营范围或在原有的商品线内增加新的商品项目。

采用这种策略，有利于充分利用企业的各种资源，增强竞争能力；满足顾客多方面的需求，占领同类商品更多的细分市场，扩大营业规模；减少季节性和市场需求波动的影响，分散经营风险；并可充分利用商誉和商标，获得大量采购同类原材料的价格优惠，提高企业的营销效率。但这种策略要求企业拥有多条生产线、多种销售渠道和多样化的促销手段，增加了生产成本和销售费用。

2）缩减商品组合策略。这是企业减少经营的商品线或商品项目的策略。这种策略是企业在市场饱和、价格竞争激烈或原料和能源供应紧张时，为集中优势从商品组合中剔除获利较少的商品线或商品项目。

3）商品线延伸策略。这种策略是企业伸长现有商品线，改变企业原有商品的市场地位，以开拓新市场、适应消费者需求的变化或使企业经营的种类更为全面所采取的。一般有3种方式。

① 向上延伸。这是在原有的商品线内增加高档商品项目。这种策略有一定的风险，一方

面可能引起原生产高档商品的竞争者进入低档市场反攻；另一方面，消费者对企业生产的高档商品可能会持怀疑态度。

② 向下延伸。这是在原有的商品线内增加低档商品项目。这种策略也有一定的风险。企业生产低档商品可能会损害原有的名牌商品的质量形象，刺激生产低档商品的企业向高档商品市场发起进攻。此外，由于经营低档商品的利润低，经销商可能不愿意经营。

③ 双向延伸。这是原生产中档商品的企业，在占据市场优势后同时增加高档和低档两个商品项目，以期进一步扩大市场。

4）商品线现代化策略。这种策略是将现代化的科学技术应用在生产过程中。在某些情况下，企业商品线的宽度和深度都比较合适，但商品式样已过时，此时企业需要对商品线进行现代化的改造。

5）商品线号召策略。这种策略是企业选取具有代表性和吸引力的一个或几个商品项目作为特别号召，以吸引顾客对商品线的注意。

无论是商品线中的低档品还是高档品，都可以作为促销活动中的号召品。如英国一家公司曾以售价低廉的经济型汽车作为号召品吸引顾客。只要顾客一进门，就有销售人员上前以贬低经济型汽车的方式来鼓动顾客购买高档汽车。

 触类旁通

某品牌空调跨季节性销售策略

火热的夏季让国内空调企业迎来了全年销售的最旺季时节。不过，某报记者在对江苏某电器有限公司总经理刘军采访中了解到，作为传统季节性消费品的空调，近年来在一些空调企业技术创新和商品理念的升级推动下，正在从单纯的制冷制热功能向空气温度湿度调节器的复合型健康功能升级。

刘军还指出，对于成功的经销商来说，空调没有淡旺季，一般来说都是旺季赚销量、淡季攒人气，这样才能实现企业与商家的双赢。

价格回归商品技术战

一谈到当前处于销售旺季的空调生意，刘军就笑得合不拢嘴："确实卖得很不错，消费者非常认可此品牌的商品。目前已经迎来全年的销售高潮，我们的安装人员根本忙不过来，每天都要加班加点帮用户安装，虽然辛苦些，但卖得好大家都开心。"

经营某品牌空调已有五年多的刘军，从第三年开始便坐稳了江苏省某市空调销售冠军的位置，这与他准确的市场定位、科学的经营理念是分不开的。他认为，空调卖得好不好，品牌和价格都起了很重要的作用。

刘军认为，某品牌之所以能够针对不同的区域市场准确定位，就是靠每年对终端市场进行严谨的考察、分析。面对自去年开始价格稳步攀升的空调市场，某品牌提出"价格回归"的经营理念，通过了解市场的实际情况，准确测算利润空间。这个一举多得的方法使企业、经销商、消费者达到共赢。

深挖市场打破淡旺季

多年以来，空调销售已经形成了淡旺季分明的走势，每年的5月进入旺季期，10月以后

就要集体面临销售淡季的考验。刘军告诉记者,"如何在这个时期逆势而行、顺利过冬便成为每个空调经销商必须面对的问题,也成为考验企业和商家整合市场经营能力的关键。"

在刘军的营销理念中,想要做到"旺季取利、淡季取势"就必须要"软硬兼施"。"软"是指从销售、安装到维修、管理等配套设施,"硬"则是指空调的品质、技术、功能。目前正处于空调购买、安装的高峰期,所以安装跟得上购买就成为夏季空调营销的重点之一。

对于淡季期间的市场营销,企业就需要深挖细分需求,一方面加大促销力度会对保持销售量起到一定的作用;另一方面,利用这段时间为提升品牌美誉度积聚人气。因为淡季销量必然会减少,所以加大宣传力度、推出新品、回报消费者便成为企业决定来年旺季市场方向的重要依据。

好的广告营销会让品牌传播事半功倍,刘军认为在这一点上某品牌做得就很成功,去年邀请明星作为其代言人,其健康、向上的形象与其品牌形象一拍即合。不论是针对城市消费人群的各地方电视台的娱乐、影视节目,或是针对农村消费人群主要收看的中央电视台,某品牌加大宣传力度,在重点电视台、重点时间段投放广告,为商品销售带来了积极的作用。

正是基于某品牌深挖市场需求的经营观念,尽管淡季市场不具有短时间释放需求的力量,但依然保证了"淡季不淡",反季节营销的成功为某品牌带来更大的商机。

 **分析与思考**

1)某品牌空调应用了哪些销售策略?
2)某品牌空调销售是怎样突破季节性销售的?

 **练一练**

以学习小组为单位到校内超市调查,列出该超市以下5类商品的商品组合。
1)饮料。
2)食品。
3)牙膏。
4)洗涤用品。
5)洗发用品。

任务2　熟悉销售流程

 任务要点

关　键　词:销售策略、销售流程、销售推广、销售系统管理。
理论要点:每个企业都有适合自己的销售流程,商流、物流、信息流和资金流将集中反映一个企业的管理水平,揭示企业生存与发展空间。
实践要点:掌握销售策略,重点把握物流和企业内部信息流。

项目 6　商品销售

 **任务情境**

流程优化显成效

一家全球制造商的"内线"销售代表 75%的工作时间都没有使用电话——他们忙于推进停滞不前的交易，匆忙搜寻数据以回答客户的问题，并将一些对即使是最简单请求的一次性建议胡乱拼凑在一起。领取高薪的现场代表将自己 45%的时间都花在内部销售支持和跟踪交易进展上。制订一项标准的销售提案需要多达 7 位销售人员多次开会，为了使一项特殊的价格申请获得批准，现场代表不得不付出长达 3 周的不懈努力。当这家企业笨拙地处理一种新产品的上市事宜时，由于它无法满足确保初始订单量的计划截止日期，这种模式的效率低下达到了极点。

后来，该公司通过创建由职责明确的专业销售支持人员和交易协调人员组成的"销售工厂"，通过代表销售人员的这种系统来领导销售工作，努力精简和优化了其全球销售业务。对内部流程进行了标准化和简化，并实施了一种综合绩效管理体系。虽然并不是所有企业都能成功地实现这种艰难而费时的转型，但对于那些敢于迎接挑战的企业来说，获得的回报值得它们去付出。当这家全球企业逐个国家推广该改革计划时，在某些情况下，在短短 4 个月内就能感受到其影响：销售代表用于销售的时间平均增加了 15%以上，销售提案的转化率提高了 5%，内部销售流程的循环时间缩短了 20%。

 **任务分析**

拟订销售计划，集企业商流、物流、信息流和资金流于一体，是一项综合性工作，熟悉其编制的方法与思路，重点掌握销售合同卖方主体的注意事项。

 任务实施

步骤一　拟订销售计划

1．销售计划的概念

销售计划是企业根据历史销售记录和已有的销售合同，综合考虑企业的发展和现实的市场情况制订的针对部门、人员的关于任何时间范围的销售指标（数量或金额），企业以此为目标指导相应的生产作业计划、采购计划、资金筹措计划以及相应的其他计划安排和实施。

销售计划是商贸企业整体经营计划的核心，它规定了企业在计划期内销售商品的品种、数量、销售收入、销售利润等方面的指标和要求，明确了企业的具体营销目标，可以促进企业改善经营管理，提高经济效益。

销售计划的内容一般包括分析营销现状、确定销售目标、制订销售策略、评价和选定销售策略、综合编制销售计划、对计划加以具体说明、执行计划、检查效率并进行控制。

2．销售计划的分类

目前，企业的商品销售计划按照时间长短可以分为月度销售计划、季度销售计划、年度销售计划等。按照范围大小可以分为企业总体销售计划、分公司（部门）销售计划等。按照市场区域可以分为整体销售计划、区域销售计划，区域一般按大区或省区、地市、县市、乡镇等行政区域来划分，也可以根据公司的实际销售范围和统计区域划分。

另外，根据企业的不同，又分为生产企业销售计划、流通企业销售计划、零售企业销售计划等，各类企业由于经营性质和销售产品的不同，其市场销售计划的制订方法和模式也完全不一样。

3．编制销售计划的依据

销售计划的制订必须有所依据，也就是要根据实际情况制订相关的销售计划。凭空想象、闭门造车、不切实际的销售计划，不但于销售无益还会对销售活动和生产活动带来负面影响。制订销售计划，必须有理有据、有的放矢，必须兼顾以下几个方面的内容，即本企业的生产情况、市场的需求情况、市场的竞争情况、上一销售计划的实现情况、销售队伍的建设情况和竞争对手的销售情况。

4．编制销售计划的方式

决定销售计划的方式有两种，即分配方式与上行方式。分配方式是一种由上向下的方式，即自经营最高阶层起向下逐层分配销售计划值的方式，是一种演绎式的决定法。上行方式是先由第一线的销售人员估计销售计划值，然后再逐层向上呈报，此种方法属于归纳式的方法。

在下列情况下，宜采用分配方式，即高阶层对第一线了如指掌，而位处组织末梢的销售人员，也深深信赖高阶层者；第一线负责者信赖拟定计划者，且唯命是从。当第一线负责者能以全公司的立场分析自己所属区域，而且预估值是在企业的许可范围内时，宜采用上行方式。

5．编制销售计划的方法

根据不同的情况，各企业编制销售计划的方法也不尽相同，主要有以下 4 种。

1）综合平衡法。综合平衡法是根据企业内、外部条件，在对企业各部门间综合平衡的基础上编制销售计划。这种方法适用于适用性强、需求量大的商品。

2）合同法。合同法是根据企业所签订的合同确定商品的销售计划。该方法适用于产品品种较多、需求量变化较大的企业。

3）滚动编制法。滚动编制法是根据企业内部条件的变化，对在执行中的销售计划定期加以修改，使计划不断延伸。

4）基年预测法。基年预测法是以上一年度的预计销售量为基础，根据下一年的需求和企业实力状况进行调整以确定下一年度的计划销售量。

6．编制销售计划的原则

制订周密的销售计划是销售活动成功的第一步，销售员在制订计划时，应遵循以下原则。

（1）具体化原则。

把每日应做事项列成一览表，依事件的重要程度决定顺序，逐日填写。

（2）顺序优先原则。

将当日的行动依序先后排列。顺序取决于事项的重要性，即把必须先做的事放在前面，而不是以难易程度作决定。此外也要考虑事项的类似性，将类似的事项一起处理。

（3）安排单纯化原则。

掌握销售的秘诀，避免不必要的浪费。

（4）不拘泥于工作日程原则。

工作一览表只是概括性的准则，并非绝对性的规定。尤其是以人为工作对象时，随时会有突发状况，如不留意这种现象，可能会不经意冒犯客户，所以必须格外警惕。

步骤二　了解签订销售合同的程序

签订销售合同是一件非常重要的事情，合同签订的好坏关系企业的兴衰，这种事例屡见不鲜。所以营销员在签订合同时，要同客户就合同的内容反复协商，达成一致，并签订书面合同。有关合同问题在之前已经讨论过，此处仅对签订销售合同的程序略作讨论。

销售合同的签订程序具体可概括为两个阶段，即要约和承诺。

1．要约

这是当事人一方向另一方提出订立销售合同的建议和要求。提出要约的一方称为要约人，对方称为受约人。要约人在要约中要向对方表达订立销售合同的愿望，并明确提出销售合同的主要条款以及要求对方作出答复的期限等。要约人在自己规定的期限内受到要约的法律约束；如果对方接受自己的要约，则有义务与对方签订销售合同；就特定物而言，不能向第三者发出同样的要约或签订同样内容的销售合同，否则承担由此给对方造成的损失。

2．承诺

这是受约人对要约人提出的建议和要求表示完全同意。要约一经承诺，即表明双方就合同主要条款达成协议，合同即告成立，所以承诺对合同的成立起决定性作用。承诺应在要约规定的期限内作出，要约中没有规定期限的，应按其合理期限考虑，即双方函电的正常往返时间加上必要的考虑时间。承诺的内容必须与要约的内容完全一致，承诺必须是无条件地完全接受要约的全部条款。如果受约人在答复中对要约内容、条件作了变更或只部分同意要约内容，或附条件地接受要约的，就应视为对要约的拒绝，而向原要约人提出新的要约称为反要约。

在实际操作中，一份销售合同的订立通常经过要约、反要约、再反要约、一直到承诺这样一个复杂的谈判过程。一个销售合同能否有效成立，主要看其是否经历了要约和承诺两个阶段。

3．销售合同的签订

在双方经过多轮洽谈以后，明确了标的、数量、质量、价款或酬金、履行期限地点及方式、支付方式及违约责任等合同重要内容，即可签订购销合同。

步骤三　开销货单和增值税专用发票

1．销货单

销货单（又称发货单、提货单）是企业在销售商品时填制的载明销售业务执行和完成情况的书面证明。它是用户提货的凭证，是仓库发货的依据，也是财务结算的原始凭证。

2．销货单的形式

销货单的形式有一式三联单、一式四联单、一式五联单、一式六联单等多种。具体采用何种形式的销货单，由各企业根据自己的实际情况和具体要求，本着方便用户、便于本企业内各环节的衔接配合的基本原则而定。最基本的销货单是一式三联单，见表6-2。

第一联：登统联，主要用于销售员记卡。

第二联：提货联，主要用于购货方提货。

第三联：结算联，主要用于财务收款记账。

表 6-2 销货单

购货单位：　　　　　　　　　　　　　　　运输方式：
收货地址：　　　　　年　月　日　　　　　编　号：

产品编号	产品名称	规　格	单　位	数　量	单　价	金　额	备　注
合　　计							

销售部门负责人（盖章）　　　　　　发货人　　　　　　提货　　　　　　制票

3．填制销货单

填制销货单要求做到书写规范，字迹清楚，商品名称要按统一名称或规格填写；凭证上各项目必须填写完整、清楚；计算要准确、迅速，提高工作效率和质量；大写金额以下没有角、分的，应加写"整"字，并应在大写金额前标明"人民币"字样，"人民币"与数字间应靠拢；阿拉伯数字间的间距要适当，各数之间保持同等距离，书写应干净、利落，不要含混不清。

步骤四　开增值税专用发票

销售员收款后，在开具销货票的同时还应同时开具增值税专用发票。

增值税专用发票格式见表 6-3。

表 6-3 增值税专用发票格式

（代码）　　　　　　　　　江苏增值税专用发票　　　　　　　　　　NO
记账联（抵扣联、存根联）　　　　　开票日期

购货单位	名称： 纳税人识别号： 地址、电话： 开户行及账号：			密码区			
货物或应税劳务名称	规格型号	单位	数量	单价	金额	税率	税额
价税合计（大写）				小写（合计）			
销货单位	名称： 纳税人识别号： 地址、电话： 开户行及账号：			备注			
收款人：		复核：		开票人：	销货单位（章）		

目前增值税专用发票为一式三联。

第一联：记账联，销货方记账凭证。

第二联：抵扣联，购货方扣税凭证。

第三联：发票联，购货方记账凭证。

开具增值税专用发票的具体要求为字迹清楚；不得涂改，如填写有误，则应另行开具，并在误填的专用发票上注明"误填作废"，如开具后因购货方不索取而成为废票的则也应按填写有误办理；项目填写齐全；票、物相符，票面金额与实际收取金额相符；各项目内容正确无误；按规定的时限开具；不得开具伪造的专用发票；不得拆本使用专用发票等。

开具增值税专用发票时应注意的问题为"单价""金额"栏填写不含税单价、金额；购货方单位名称必须详细填写；在"金额""税额"栏合计（小写）数字用"￥"符号封顶，在"价税合计（大写）"栏大写合计数前"×"符号封顶；为减少工作量、降低成本，销售货物品种较多

的可汇总开具专用发票，开具汇总专用发票应附有销售方开具并加盖"财务专用章"或"发票专用章"的销货清单；可不填写"货物或应税劳务名称""单位""数量"和"单价"；如所售货物适用的税率不一致，应按不同税率分别汇总填开专用发票。

目前，随着电子税务的发展，多数地区都已经推行电子票务系统，要熟练掌握电子票务系统的操作，要仔细填制每一个项目，特别是购销单位的名称、代码、金额等重要信息，一旦出错，在认证时再反馈回来重开会很麻烦，有时会因为过了抵扣认证时间造成不能及时抵扣而增加企业的负担。

步骤五　了解货款结算与货物发运

1. 货款结算

货款结算是销售企业货物转化为货币、采购企业的货币转化为货物的过程。办妥货款结算，货物的所有权即从销售方转移到购进方。这个环节通常直接关系销售的成败。货款结算可采用现付结算的方式，也可以采用分期付款方式。可以收取票据也可委托银行结算，在限额范围内也可以收取现金。财务部门办妥收款手续后要在销货单的提货联上加盖"收款专用章"。如销货单的提货联上没有"收款专用章"，则仓库不予发货或提货。销货单与增值税票的流转程序如图6-1所示。

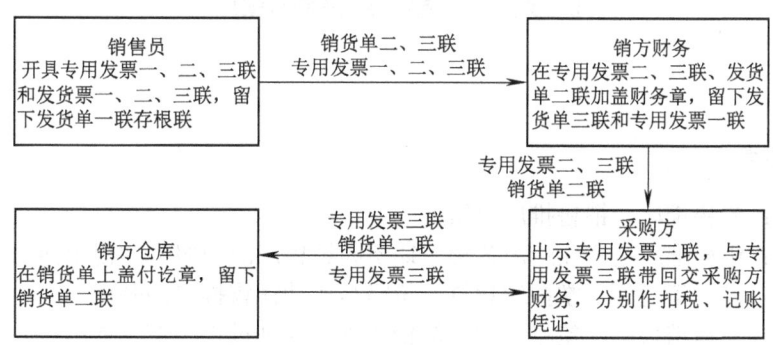

图6-1　销货单与增值税票的流转程序

2. 仓库发运或代运

这是物资销售过程中的最后一个环节。在这个环节中，商品完成空间的转移。仓库在发货和代运物资时，应认真检查销货单的提货联上是否盖有财务部门的"收款专用章"，并仔细检查所发货物是否与仓库有关物资账和实物相符。

 触类旁通

这场买卖官司如何了结？

2006年7、8月，21名原告与被告杨某双方口头约定，由被告杨某向原告销售新疆某生物工程有限公司生产的某种医药保健产品，并约定在原告交付货款后被告组织货源并及时向原告提供所需保健产品，但未约定具体供货时间。双方约定后，21名原告依约向被告杨某汇款数笔，其中有部分已按双方约定履行。21名原告于2006年7~10月间分别向被告杨某指定的交通银行账户和其个人工商银行账户汇货款及在其财务上交现金共计 110 余万元（未履行部分）。但该货款汇付后，被告杨某开始以货未到为由一直未供货。之后，21 名原告多次与被告杨某交涉，要求供货或者退还货款。但被告以各种借口拖欠货款不还。

分析与思考

回答以下 3 个问题。
1）口头约定合同是否成立？
2）该口头约定存在什么明显问题？
3）销售方杨某可选择哪些方法解决此纠纷？

练一练

选择 3 种商品，每种商品按照 1 000 件开具运输增值税专用发票。

任务 3　掌握销售推广

任务要点

关　键　词：销售推广、销售推广决策。
理论要点：销售推广是企业运用各种短期诱因销售产品和服务的促销活动，了解销售推广决策过程，掌握销售推广策略是成功销售推广的基础。
实践要点：掌握销售推广策略，在了解销售推广控制过程中培养能力。

任务情境

讨论交流：
"怕上火，喝王老吉"给你怎样的感受？
背景：2003 年初，经过一个月的定位研究，广州成美营销顾问公司为加多宝公司制订了红罐王老吉的品牌定位战略，将其定位为预防上火的饮料，并且确立了"怕上火，喝王老吉"的广告语。这项工作成果成为红罐王老吉腾飞的一个关键因素。

任务分析

确定销售推广目标、选择销售推广方式、制订销售推广方案、控制销售推广过程是每个企业销售推广过程中的关键技术。根据企业的实际情况，制订合适的销售推广方案，可以不断提升企业在社会公众中的形象，扩大商品在消费者中的影响力。

 **任务实施**

步骤一 建立销售推广的概念

1. 销售推广的概念

销售推广又称为营业推广、销售促进，是企业运用各种短期诱因销售产品和服务的促销活动。美国市场营销学会对其下的定义是"除人员推销、广告和公共宣传以外的，用以增加消费者购买和交易效益的那些促销活动，诸如陈列、展览会、展示会等不规则的、非周期性发生的销售努力。"

2. 销售推广的特征

1）针对性强，形式灵活多样。销售推广的方式多种多样，如优待券、包装促销、集点优待、零售补贴、免费样品、竞赛与抽奖等。企业可以根据不同的营销环境、消费对象采取灵活的方式，以达到迅速促销的效果。

2）非连续性。销售推广一般是为达到某种即期的促销目标而专门开展的一次性促销活动，因此通常是非规则、非周期性地使用和出现的。

3）短期效益比较显著。但容易使消费者感觉卖方急于出售，并由此而产生疑虑。

3. 销售推广的作用

销售推广是一种特殊的促销手段，是构成促销组合的一个重要方面。它可以在企业的促销活动中发挥重要作用。

1）可以有效地加速新产品进入市场。对于刚投放市场的新产品，消费者通常还未能有足够的认识和积极的反应。此时，可以通过一些必要的促销措施在短期内迅速为新产品开辟道路。如化妆品柜台，经常备有一些样品供消费者免费试用。这种做法，虽然增加了成本，但缩短了消费者了解该产品的时间，且容易引起公众兴趣。如果产品能够经受消费者的挑剔，则这种欲取先予的战术很快就能取得成效。

2）是在市场竞争中抵御和反击竞争者的有效武器。面对竞争对手发起的促销活动，如果不及时采取针锋相对的反击，则可能丧失已占有的市场份额。企业可以采用多种有效的销售推广手段稳定和扩大自己的顾客队伍，抵御竞争者的侵蚀，巩固和扩大市场占有率。

3）可以有效地刺激消费者购买和向消费者灌输对本企业有利的意见。解说员的现场示范讲解加上各种奖励、优惠条件，通常可以打动那些犹豫不决的顾客，促使其作出购买决策，甚至可能引起一些顾客的冲动性购买。如厂方代表在百货商店宣传、展示自己的产品；又如企业对于体积较大的商品，采用免费送货到位的方式刺激顾客购买。

4）可以有效地影响中间商，特别是零售商的交易行为。如通过给予中间商批量折扣、采取经销竞赛等方式调动中间商的积极性，使企业与他们保持稳定的购销关系。

步骤二 掌握销售推广决策的过程

1. 确定销售推广的目标

销售推广的目标是从总的促销组合目标中引申出来的，要受到企业市场营销总目标的制约，是总目标在促销策略方面的具体化。在不同类型的目标市场中，销售促进设立的具体目标是各不相同的。销售推广的目标应该通过对多种因素的分析，根据目标市场和企业的销售目标具体确定。所确定的某一时期的具体目标，应使其尽可能做到数量化和切实可行。

1）对最终消费者市场而言，其目标可以确立为鼓励大量购买和重复购买，吸引潜在用户试用，说服消费者放弃原使用品牌改用本企业产品。

2）针对中间商市场而言，其目标可以确立为促使零售商购买新的产品项目，提高购买力水平；鼓励非季节性购买；建立零售商忠诚本品牌的意识，对抗竞争者的促销活动；积极创造和争取进入新的零售网点的机会。

3）就推销人员而言，其目标可以确立为鼓励对新产品和型号的支持；刺激非季节性销售；鼓励更高的销售水平。

2．选择销售推广的方式

销售推广的方式有多种，各有其特点和适用范围。企业必须根据已确定的销售推广目标，在充分考虑市场类型、竞争条件和环境、促销成本和效率等因素的基础上，作出适当选择。

（1）对消费者进行销售推广的方式主要如下

1）奖励。给予购买某特定商品者一定的实物奖励，如买一送一等。

2）现金折扣。按商品原价打折后进行销售。

3）赠送样品。这是在新产品上市时常用的。消费者可以免费得到样品，试用后决定是否购买。

4）优惠卡。这种方式有利于巩固老顾客队伍。企业通过某种事先选择的途径将卡赠予消费者，消费者可凭卡享受一定条件下的优惠。

5）竞赛。组织竞赛活动，对竞赛的优胜者由销售部门给予一定的奖励，以此增加吸引力，促进产品的销售。

6）赠品印花。消费者购买商品达到一定金额时，企业给予一定数量的印花，凑足一定数量的印花可兑换某些商品。

7）消费信贷。通过赊销的方式销售商品，如分期付款等。

（2）对中间商进行销售推广的主要方式如下

1）批量折扣。这种方式是鼓励大量购买，当购买达到一定数量时即给予一定的折扣。这种做法还有利于降低销售成本。

2）季节折扣。在销售淡季给予一定的价格折扣，鼓励购买，以利于库存的减少和资金的周转。

3）经销竞赛。对参与销售竞赛并取得显著成绩的中间商给予奖励。

4）廉价包装。发运时向中间商提供廉价包装，可节省中间商大量的包装费用。

5）代销或试销。这种做法可以减少中间商的风险。

（3）对推销人员进行销售推广的方式主要如下

1）红利提成。对销售人员实行按销售额或利润提成，这样可以调动销售人员的积极性，起到奖勤罚懒的作用。

2）开展竞赛。以竞赛方式激发销售人员的进取心，以阶段性评比促成你追我赶的竞争局面。

步骤三　制订销售推广方案

所要制订的销售推广方案主要包括以下6方面内容。

1）确定刺激程度。要获得促销活动的成功，必须具备一定程度的刺激。刺激程度越高，通常引起的销售反应也越大。但也存在一定的限度，若超过了这个限度，则虽然销售额和销售利润可能继续上升，但效率将相对递减。因此，刺激程度应依据费用最低、效率最高的原则，考察销售和成本增加的相对比率，并结合环境条件来确定。

2）选择销售推广对象。销售推广对象选择的正确与否直接影响销售推广活动的效果。企业在选择销售推广对象时，一般尽可能限制那些难以成为长期顾客的人参加；但另一方面，限制条件也不能过于苛刻，否则，会减少参与活动的人数，不利于目标顾客范围的扩大，进而影响销售推广活动的效果。

3）选择合适的送达方式。企业还必须研究通过什么送达方式让销售推广对象参加，才能达到较为理想的效果。送达方式的选择，又涉及企业的开支水平和活动效果。因此，企业应该仔细斟酌、反复权衡。

4）决定活动期限。如果销售推广时间太短，则可能使许多潜在用户难以在活动期限内重复购买或来不及购买；如果销售推广时间过长，则不能促使消费者立即购买，同时也会加大开支，并可能使商品在消费者心目中的身价下跌。因此，应综合考虑商品的特点、消费者购买习惯、促销目标、竞争者策略及其他因素，按实际需求加以确定。

5）具体安排促销日程。销售推广日程的安排应根据消费需求时间的特点，结合总的市场营销战略来确定。其安排要有利于各部门之间的协调。

6）确定销售和推广的预算。销售和推广的预算，一般采用以下两种方法确定：自下而上的方式，即根据销售推广活动的内容、所采取的方式及相应的成本费用等确定销售和推广的预算；比率法，即按推广费用占全部促销费用的习惯比例来计算。

步骤四　控制销售推广过程

销售推广方案制定后，一般要经过必要的试验才可实施。试验可以采取询问消费者、填调查表、在选定的有限地区内试行方案等方式进行。如果试验结果与预期相近，则可以进入实施阶段。

对于每一项销售推广工作都应该制订相应的实施和控制计划。实施计划包括前置时间和销售延续时间。前置时间是从准备方案到正式开始实施的时间。包括最初计划和设计工作、配合广告宣传的准备工作和销售网点材料、购买或印制特别赠品或包装材料等。延续时间是大约95%的被推广商品销售出去的时间。这段时间的长短取决于销售推广的期限，一般是一个月或几个月。

在方案实施过程中，要随时注意市场反应，发现问题及时调整、解决，保持对促销方案实施的良好监控，以便顺利实现预期的方案和效果。

 触类旁通

淘宝推广技巧探秘

（1）SEO（搜索引擎优化）

简单来说，搜索引擎优化就是通过修改和添加一些热门关键字或词促使搜索引擎在检索信息的时候最先检索到你的词汇，然后使排名更加靠前，得到更靠前的商品展示机会。包括一些图片和Flash的优化，都可以促使店铺或者商品排名靠前。

（2）广告联盟广告（淘宝客、阿里妈妈）

对于广告联盟广告，在淘宝客里选择了想要推广的 30 件商品，再按照商品价格和能够承受的程度设置佣金比例，这样别人就可以从这里选择他想要帮你推广的产品，卖出的产品他可以按照佣金比例提成，做起来更有动力。

（3）QQ 群推广

这是目前能使用的最直接、最快速见效的一种方式，在 QQ 群里可以通过各种方式达到目的。在 QQ 群里和人交流的时候要注意说话方式，让大家的注意力集中，看准他们说话的语气，适当的时候就开始私聊。把握一个原则，即和男人聊就只能劝他给女朋友买或者让他帮忙宣传，和女人聊才能刺激她的消费欲。女人通常抵挡不了廉价的诱惑，而且女人比较冲动情绪化，只要她喜欢上这件商品了，贵她也会买，享受的是心理上的满足。

（4）邮件推广

邮件推广的优点是可以通过群邮件发信息、推广自己的信息。邮件推广存在着许多弊端，邮件关注的人并不多，但是也有一些年龄段的人会使用，多一个方法多一条路，一个石子激不起涟漪，多几个总会有反应。

（5）软文推广

软文推广是通过文字叙述或者图片的方式将想要推广的东西嵌入文章和图片中，在神不知鬼不觉的情况下让人接受他。当然这种境界并不是每个人都可以的，这需要长时间的文学积累，首先写的东西要有吸引力，要抓住现在人的喜好来编写软文，尽量在里面融入耸动的东西，同时还不能让这些亮点遮住了你自己的主题，两者之间的度要把握好，合理的分配和良好的写作功底是软文必不可少的东西。

（6）论坛推广

论坛推广是一个很有效的方式，论坛是人气聚集最高的地方，如果在论坛中成功地多发帖子，那么对于推广店铺是个不可缺少的小绝技。当然你的帖子肯定是要有吸引力的、内容比较能引起大家共鸣的、大家都感兴趣的才行，但是由于大量的人乱发广告，现在论坛的管理是非常严格的，所以帖子一定要很软很软才行，而且标题和内容一定要很耸动，很吸引人，让人看了一眼就想点进去看，这样才能让更多的人来关注你的帖子，这其实需要软文的支持，完全是和软文分不开的。

（7）淘宝社区、淘江湖、加帮派

这些也是目前使用的比较广泛的方式，在社区里回帖，回帖的个人信息就会显示自己的旺旺号，这里就可以点击进入自己的店铺，多在里面留下自己的身影，帖子回得够震撼、吸引人的眼球，店铺被关注的机会才更高。去淘江湖和帮派里多回帖、多参加活动聚集自己的人气也是一个好方式。

（8）加入旺旺群

旺旺群是可以使用的又一种方法。收藏人气的多少会影响店铺在淘宝上的排名，加旺旺群，群里面通常会有许多活动，例如，拍卖会、收藏会之类的活动，这些对于刚做淘宝的人来说都是一种机会。

分析与思考

1）本地区主要产品应选择怎样的推广策略？

2）校园超市应采取哪些推广策略？

任务4　销售系统管理

任务要点

关　键　词：进销存业务流程、管理系统、功能模块。
理论要点：进销存管理系统，实现进货、销售和库存一体化管理，实现对库存商品查询
　　　　　和汇总的适时管理，极大提高了管理效率和决策效率。
实践要点：了解进销存业务流程，掌握进销存管理系统的操作方法。

任务情境

应用 ERP 系统见成效

杭州百货大楼集团依托信息技术进行业务流程重组。他们与北京长益信息科技有限公司配合进行信息系统建设时，以商品进销存为基础，以财务管理为核心，实现了业务、财务一体化管理。应用 ERP 系统后，流程再造初见成效，具体体现包括 4 个方面：商品结构得到了有效调整，整个经营层对商品结构非常了解，以前有 3 000 多个供应商，现在精选出 2 400 多家，引进的新商品有 392 个，其中 50 多个品种是首次在杭州面市，品牌的品种也提升到 2 000 多种；降低了采购成本，上了 ERP 系统后，采购成本下降了 13.5%；管理成本大大降低，人员素质大大提高，没有实行集中收银前收银员有 168 名，集中管理后门店面积扩大了 6 000 多平方米，但收银员减少到 97 人，系统上线后两步精简，核算员减到 13 人，会计人员由原来的 29 人精简到 12 人；企业的信誉度大有提高，得到了供应商的广泛赞誉，无障碍结款使得结账变得畅通无阻，网上供应链的在线管理，大大提高了供应商的工作效率，改善了工商关系，拉紧了供需双方的关系。

任务分析

了解进销存管理系统知识，熟悉进销存管理流程，熟练操作进销存管理系统。可以下载免费进销存管理系统，开展系统的进销存管理系统训练，培养进销存系统管理能力。

任务实施

步骤一　认识现代进销存管理系统

1. 常见的进销存管理系统介绍

现代进销存管理系统，实现了企业进货、销售及库存的一体化管理，可以实现对库存商品查询和汇总的适时管理，让管理者时刻对物资储存做到了如指掌；通过建立商品到货入库管理，对入库商品的采购时间、供应商及价格进行控制，及时掌握企业销售动向。极大提高了管理效率和决策效率。

国内知名的进销存管理系统软件包括《Simple 进销存》《美萍软件》《金蝶软件》《特尔特软件》《用友软件》《秘奥软件》和《金动力软件》等。每种进销存软件的功能和特点均不一样，目前国内进销存软件市场可大致分为 3 大派系。

第一类以《速达》为首，将进销存做成专业的财务软件供会计使用。此类软件专业性强、功能强大，可用于报税。但此类软件前期培训成本较高，且对于非财务人员不适用，有很强的排他性。

第二类以《管家婆》为首，将进销存专业、复杂的程序隐入幕后，做成"傻瓜型"的软件供普通用户使用。此类软件操作界面简单，易学易用，非财务人员也能快速掌握。但此类软件功能比较单一，很多统计数据无法实现。

第三类以《金蝶智慧记》为首，针对个体批发店、个体零售店和网店简单管理小企业的免费进销存软件。主要功能包括进出货记录、管理库存、管理欠款、管理收支、管理客户、管理供应商和统计报表等，界面简单，功能齐全，简单易学。

进销存软件主要管理企业活动中最频繁的物品进出、资金往来等业务，同时还为企业经营提供良好的决策信息。主要表现在以下 3 个方面。

1）采购管理。设置物品上、下限后，在采购时，软件能按供应商、物品类别等分类迅速找出目前应采购的物品及应采购的数量，这样不仅可以避免库存积压和断货，同时还提高了采购物品效率。同时，在采购时只要单击鼠标就能轻松了解物品进货和销售状况，从而提高采购质量。

2）销售管理。在开单时，只要选好销售物品，输入售价和数量，计算机自动计算整单金额。单据打印提升形象，增加客户满意度。老客户光临，计算机自动记忆上次的销售价，计算机自动显示和核算应收款。只要单击鼠标，立即就能了解实际收到现金的数量。自动管理客户订单，到期未发的客户订单自动提醒。

3）库存管理。物品货位非常清楚，提高物品取放效率；只要单击鼠标，物品进出明细一目了然。超限物品、过期物品可以方便地查询。使每一分资金都能充分使用。

2．手工进销存管理模式的不足

随着企业规模的不断扩大，原始手工的管理方式已不能适应企业的发展现状，也无法满足企业高度复杂、快速、准确的管理工作要求，严重影响了企业的发展。其不足之处具体表现在以下 4 个方面。

1）信息流转慢。非电子化的信息储存、传输及查阅等处理速度慢，准确度低，甚至随着信息量的增加，查阅、调用信息将变得无法进行。

2）仓储管理乱。商品入库管理、在库管理和出库管理的流程繁琐、杂乱，周期长。

3）管理成本高。传统手工操作管理的劳动强度大，投入成本多。随着社会生活节奏的加快、劳动成本的提高，这样的趋势越来越明显。

4）决策效率低。纸制表样式信息处理慢、准确率低，不能有效利用前端外部信息，也不利于企业内部信息共享。

步骤二　了解常见进销存管理系统具有的基本功能

常见进销存管理系统一般包括 6 大模块，其总体设计如图 6-2 所示。包括基本资料管理模块、商品入库管理模块、商品销售管理模块、商品库存管理模块、报表管理模块和系统管理模块。

项目 6　商品销售

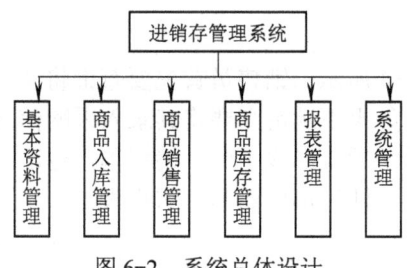

图 6-2　系统总体设计

1．基本资料管理

基本资料管理是系统运行的基础，要实现计量单位、商品类型、商品信息、供应商信息和客户信息的动态管理。这些信息要先于其他的数据录入系统，系统才能正常运行。

2．商品入库管理

采购员将到货商品信息录入该模块，同时也实现了商品的入库，用户可以查询商品入库的详细信息。

3．商品销售管理

销售员将销售信息录入该模块，同时也实现了商品的出库，可以自动计算销售总额和销售的利润，用户可以查看商品的销售情况、商品销售汇总。

4．商品库存管理

该模块实现了库存的查询、库存情况汇总、设置库存预警值，可以查询哪些商品的库存低于预警值并且显示出来。

5．报表管理

打印和导出商品信息报表、商品入库报表、商品销售报表和导出库存预警报表。

6．系统管理

实现备份数据、还原数据和管理用户功能。

步骤三　掌握主要业务流程

1．商品到货入库流程

该业务主要是对计量单位信息、商品类别信息、商品信息、客户信息和供应商信息进行维护。商品到货入库业务流程如图 6-3 所示。

采购员通过库存预警报表、客户的需求调查，采购商品后形成采购信息及到货商品信息，并将商品到货信息录入系统，确定商品入库的同时也可以形成商品入库报表。

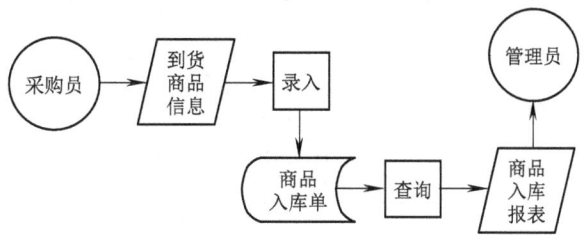

图 6-3　商品到货入库业务流程

2. 商品销售业务流程

商品销售业务流程如图6-4所示。销售员首先要查询将要销售的商品是否还有存货,如果有,则判断是否满足要求,如果不满足则要将其录入采购信息中;如果没有也将其录入采购信息中。将销售信息录入系统后就形成了商品销售单,也即商品的出库单。通过对商品销售单在特定的查询条件下查询,即可形成商品销售报表。

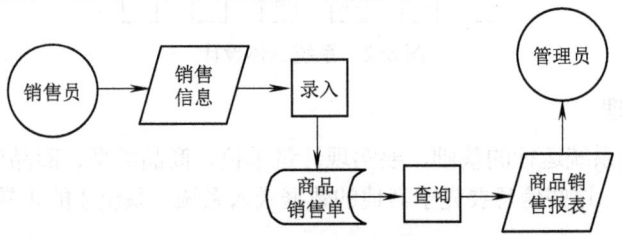

图6-4 商品销售业务流程

3. 库存管理业务流程

库存管理业务流程如图6-5所示。采购员、管理员和销售员分别将商品到货单、库存预警值和商品销售单输入系统,修改库存表。通过对库存表的查询生成商品库存情况报表和库存预警表,而销售人员也可以将库存预警表当作采购信息的重要来源之一。可以对库存进行汇总,分别按商品名称汉语拼音第1个字母和商品所属类别进行汇总。

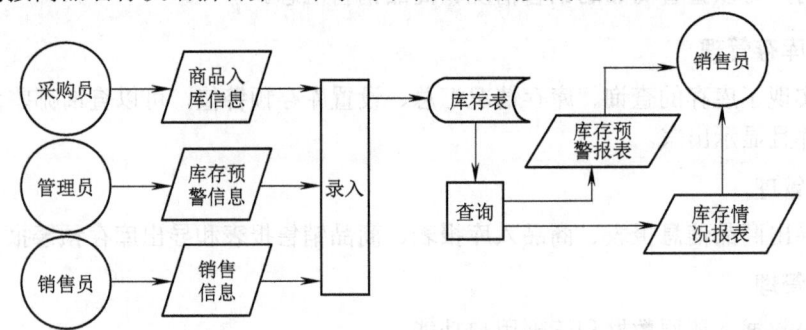

图6-5 库存管理业务流程

步骤四 熟悉各个功能模块内容

通用进销存管理系统各个功能模块包含的详细内容见表6-4。

表6-4 进销存管理系统功能模块

功能类别	功能名称	描述
用户登录	用户登录	对用户输入的用户名、密码进行验证,通过后便可以使用本系统
基本资料管理	计量单位管理	用户增加、删除计量单位
	商品类型管理	用户增加、删除商品的类型
	商品资料管理	用户增加、删除或查询商品数据,系统根据用户的操作对商品资料进行更新或显示
	客户资料管理	用户增加、删除客户数据,系统根据用户的操作对客户资料进行更新或显示
	供应商资料管理	用户增加、删除供应商数据,系统根据用户的操作对供应商资料进行更新或显示

(续)

功能类别	功能名称	描述
商品到货入库管理	商品到货入库	用户可以通过商品名称汉语拼音第1个字母和商品名称查询商品信息中是否有将要录入的商品信息，如果没有则在商品信息管理模块录入商品信息。如果有则可以将到货商品信息录入
	入库信息查询	用户可以根据某一时间段的商品进货单进行查询
商品销售管理	销售出库	用户先要查询仓库中是否有将要售出的商品，如果没有则不能售出，进而形成采购信息；如果有则还可以查询仓库中还剩多少，根据进货价格和销售价格自动计算出利润和销售总额
	商品销售情况汇总	用户选择查询时间段，对该段时间内销售的商品按商品名称对销售数量和销售总额进行汇总
库存管理	库存查询	用户可以按商品名称、供应商或两者的组合来查询库存
	库存情况汇总	用户可以选择按商品名称汉语拼音第1个字母和商品所属类别分别对仓库中的商品进行汇总
	库存预警值设置	设置某物资的最低库存量
	库存预警查询	库存量低于安全存量的商品，系统向用户提供警示信息，以提醒用户及时进货
报表管理	商品信息报表	将商品资料打印，并保存为".xps"格式文件，可以用IE浏览器打开
	商品入库报表	按日期对商品入库信息进行汇总，并将汇总结果打印，并保存为".xps"格式文件
	商品销售明细报表	按日期或用户定义的汇总方式对销售信息进行汇总、打印，同时将数据保存为".xps"格式文件
	库存报警报表	库存量低于安全存量的商品系统向用户提供警示信息，以提醒用户及时进货。可以打印，同时将数据保存为".xps"格式文件
系统管理	数据备份	对数据库中的重要数据进行备份
	数据恢复	将备份信息恢复至数据库
	用户信息管理	拥有系统维护权限的用户可以增加新用户、删除新用户并且修改当前用户的密码
	退出系统	用户结束操作后退出系统

步骤五　熟悉常见进销存管理系统界面

1．员工管理

增加、修改员工时可以为不同的员工赋予不同的权限。例如，经理和店员可以拥有不同的权限，具体划分如下。

1）经理：采购进货，销售出货，库存查看，商品利润，员工管理，销售统计。

2）店员：销售出货控制、是否允许修改和删除已录入的采购进货记录和销售出货记录。

2．商品到货入库管理

1）入库商品信息录入。

2）进货退货处理。

3．销售管理

1）销售出库处理。

2）客户退货处理。

3）销售统计，包括月销售统计、日销售统计、员工销售统计和客户销售统计等。

4．客户管理

客户管理包括供应商管理、客户管理和往来单位管理等。

5．销售利润分析

销售利润分析包括商品销售利润、客户利润、员工销售利润和员工提成等。

6．库存查询

对在库商品实际库存情况进行查询。

 **触类旁通**

目前，国内各种进销存管理系统软件较多，有普及版、单机版和网络版等，收费标准也有差异，不同的企业可以根据本企业业务量的大小选择相应的版本。以下提供的是《管家婆》软件的服务收费标准。

《管家婆》软件服务收费标准

1．年服务收费标准

1）普及版 500 元/年。

2）单机版 1 000 元/年。

3）网络版 1 200 元/年（服务器端）+300 元/（年·台）（客户端）。

2．次服务收费标准

1）普及版 100 元/次。

2）单机版（含经典版）200 元/次。

3）网络版服务器端 300 元/次、客户端 200 元/次。

3．QQ 远程服务

QQ 远程服务每年 365 元（即每天只需 1 元）。

说明：远程服务不能解决必须上门服务的情况如下。

1）操作系统的安装及计算机硬件问题的排除（包含计算机 COMS 的设置）。

2）在没有 SQLServer 数据库光盘及 SP4 补丁的前提下，需要安装含有 SQLServer 数据库支持的《管家婆》软件版本。

3）计算机网络问题和计算机周边设备出现的一些问题的处理等。

以上 3 个方面的情况均为 QQ 远程无法解决而必须上门服务才能解决的问题。当客服人员必须上门服务时要收取上门服务费用，收费标准与次服务收费标准相同。

4．非软件服务收费标准

客户不是因为《管家婆》软件出现问题，而是因为计算机系统维护问题、查杀病毒或重装系统等非软件问题一律按 50 元/（台·次）收取服务费。

学习成果展示

1．展示方式

以交流会方式展示本项目学习的 2 个成果。要求每个学习小组推荐 2 名代表分别阐述学习小组的观点。

2．展示内容

1）校园超市某 5 种商品的组合策略。

2）本地区的主要产品应选择的推广策略。

3．学习评价

（1）组内成员相互评价

组别_____ 项目_____

成员	学习参与情况		成果贡献率		得分
	积极（5分）	一般（3分）	大（5分）	小（3分）	
成员 1					
成员 2					
成员 3					
成员 4					

（2）学习组相互评价

组别_____ 项目_____

学习组	展示内容		表现效果		得分
	好（5分）	一般（3分）	好（5分）	一般（3分）	
小组 1					
小组 2					
小组 3					
……					
小组 N					

项目 7

商 品 推 销

 开篇案例

巧妙地接近

叮咚,门铃响了。一个衣冠整齐的人站在大门的台阶上。当主人把门打开时,这个人问道:"家里有高级的食品搅拌器吗?"主人怔住了,这突然的一问使他不知怎样回答才好。他转过脸和夫人商量,夫人有点窘迫但又好奇地回答说:"我们家有一个食品搅拌器,不过不是特别高级的。"推销员回答说:"我这里有一个高级的。"说着,他从提包里掏出一个高级食品搅拌器。

请问:案例中推销员采用了什么方法接近顾客?

项目描述

推销是发掘和满足顾客的需求,帮助和说服顾客购买,推销是一种"双赢"的公平交易活动,在推销过程中,推销人员要运用一定的方法和技巧。开发销售渠道、培养忠诚客户是企业推销工作的重点,消除异议、把握成交时机是推销成功的关键。

学习目标

- 知识目标:理解顾客、销售渠道、忠诚客户等概念。
- 能力目标:掌握销售渠道开发策略、店堂推销策略,能正确处理顾客异议,及时把握成交时机。
- 情感目标:通过接近顾客,开展模拟推销活动,让学生在愉悦的活动中掌握推销策略。

要点剖析

- 项目重点:开发销售渠道、培养忠诚客户、推销策略、异议处理能力。
- 项目难点:把握推销策略,培养忠诚客户,灵活处理异议。

项目 7　商品推销

任务 1　寻找终端顾客

任务要点

关　键　词：顾客、顾客资格审核、约见。
理论要点：找到顾客、接近顾客是把握终端客户、培养忠诚客户的重要基础，掌握寻找顾客、约见顾客的方法是推销员的基本能力。
实践要点：熟悉寻找顾客的方法，把握约见顾客、接近顾客的技巧。

任务情境

小王与小成的不同境遇

小王与小成同为销售员，先后拜访某公司李经理，境遇大不相同。

小王：有人在吗？我是大成公司的王明。在百忙中打扰你，想要向你请教有关贵商店目前使用收银机的事情。

李经理：哦，我们店里的收银机有什么毛病吗？

小王：并不是有什么毛病，我是想是否已经到了需要换新的时候。

李经理：没有这回事，我们店里的收银机状况很好，还不需要换新的。

小王：噢，不是这样，对面的陈老板已经更换了新的收银机，所以……

李经理：不好意思，以后再说吧。

……

小成：李经理在吗？我是大华公司的成功，在百忙中打扰您。我是本地区销售人员，经常路过贵店。看到贵店的生意一直都是那么好，实在不简单。

李经理：您过奖了，生意并不是那么好。

小成：贵店对顾客的态度非常亲切，李经理对员工的训练一定非常用心，我也常到别家店，但像贵店服务态度这么好的实在是少数；对面的陈老板也对您的经营管理相当钦佩。

李经理：是吗？其实陈老板的店管理得很不错。

小成：李经理果然不同凡响，陈老板说很敬重您。不瞒您说，陈老板昨天刚换了一台新的收银机，非常高兴，才提起您的事情，今天我才来打扰您！

李经理：噢，他换了一台新的收银机？

小成：是的。李经理是否考虑更换一台新的收银机？目前您的收银机虽然也不错，但如果换一台新的功能更多的收银机，让您的顾客不用排队等得太久了，因而会更喜欢光顾您的店了。

李经理：这样，那换一台试试看。

任务分析

寻找顾客、审核确定准顾客和约见顾客的目的是接近顾客、赢得终端客户，恰当的接近方法可以消除顾客的抵触情绪。

175

任务实施

步骤一　掌握寻找顾客的方法

推销是商贸企业推销人员主动发掘和适应顾客需求,运用各种技巧和策略,说服潜在顾客购买某项商品或劳务,实现经营目标的活动过程。

推销是一个十分复杂的活动过程,在这个活动过程中,构成卖者与买者之间的双向沟通。既包括卖者说服买者购买的活动,又包括买者接受卖者商品的活动,从而构成商品从卖者向买者手中转移的过程;同时还包括卖者向买者提供技术、咨询等服务的过程以及卖者与买者之间情感交流的过程。

寻找终端顾客是企业推销工作的第一步。推销人员开展推销活动首先要确定推销对象,一般把那些潜在的或可能的顾客称为准顾客,推销人员只有向这些最有可能成为买主的准顾客开展推销活动,才能有效地提高推销工作效率。

1. 地毯式访问法

地毯式访问法又称"普遍访问寻找法"或"挨家挨户访问法",是推销人员对特定地区或范围内的所有推销对象逐个访问,从中寻找并确定顾客的方法。这种方法依据的原理是"平均法则",即认为在被访问的所有对象中,必定有推销人员所要寻找的顾客,而且是平均分布的,顾客数量与被访问的对象数量是成正比关系的。因此,只要对特定范围内的所有对象逐一查访,就一定会找到顾客。

采用地毯式访问法寻找顾客,首先要挑选好一条比较合适的"地毯",也就是要确定一个适当的访问范围。推销人员必须根据自己所推销商品的各种特性和用途确定一个比较可行的推销地区或推销对象范围,这样可以减少盲目性。如到大中小学推销新年贺卡,向家庭主妇推销化妆用品和洗涤用品等。

地毯式访问法是一种古老而又比较常用的推销方法。它的优点在于可以使推销人员在寻找顾客的同时进行市场调查、搜集市场信息,还可以使推销人员特别是推销新手积累推销经验。但这种方法比较费时费力,带有较大的盲目性。

2. 连锁介绍法

连锁介绍法是设法通过现有顾客介绍寻找未来顾客的方法。推销人员如果能从每一个顾客那里找到两三个可能的准顾客的名单,再去访问这些准顾客,又从他们那里找到两三名可能的准顾客,这样无限连锁地介绍下去,就可以得到越来越多的准顾客。

连锁介绍法的理论依据是事物普遍存在的相关原则,世界上的一切事物都按一定的联系与其他事物发生交往,如每一个顾客都有自己的人际交往圈。连锁介绍法是一种有效的寻找顾客的方法,它可以避免推销人员主观判断的盲目性,可以赢得被介绍顾客的信任。但是这种方法完全依赖现有顾客介绍,推销员通常处于被动地位,难以制订完整的推销计划。因此,采用这种方法的关键在于取信现有顾客,要求推销人员要有热情诚恳的推销服务态度。

连锁介绍法对于有特殊用途的产品、专业性强的产品、服务性产品和农用物资产品有较好的推销效果。

3．中心开花法

中心开花法又称名人介绍法，就是推销人员在某一特定的推销范围内争取一些有影响力的中心人物，在这些中心人物的协助下把该范围内的个人或组织都变成准顾客的方法。

中心开花法的理论依据是心理学中的光辉效应法则。心理学家认为，人们对于在自己心目中享有一定威望的人物是信服并愿意追随的。因此，这些中心人物的购买行为通常对周围群体产生重要影响，形成示范作用和光辉效应。如明星的服饰很可能成为追星族的流行服装。推销人员应正确确定中心人物，如教师可以是某些学生的中心，医生可以是某些病人的中心，取得中心人物的信任和合作，这是此法寻找顾客的关键。

利用中心开花法寻找顾客，可以集中推销员的精力向少数中心人物做细致的说服工作，可以扩大推销面。但要确定和利用中心人物存在着一定的难度。

4．广告开拓法

广告开拓法是推销人员利用广告宣传寻找、招徕顾客的方法。利用广告开拓法寻找顾客，可以借助电视、广播、报纸、杂志和网络等现代传播手段，广泛迅速地传递推销信息。它的关键是正确地选择广告媒介。但广告属于单向沟通，其效果存在一定的局限性。

5．资料查阅法

资料查阅法又称为间接市场调查法，即推销人员通过查阅各种现有资料来寻找顾客的方法。推销人员取得的资料可以分为两大类：一类是企业内部资料，包括财务账目表、销售部门的销售记录和服务部门的服务记录等；另一类是企业外部资料，包括工商企业名录、银行账号、商业广告、商标公告、产品目录、统计资料、年鉴、专业团体会员名单、电话簿和地图册等。

资料查阅法也是一种比较常用的寻找顾客的方法，它可以减少推销工作的盲目性，节省寻找顾客的时间和费用，还可以比较详细地了解顾客。但查阅的资料很难保证时效性，有些资料的查阅会受限制。

6．网络搜寻法

网络搜寻法是借助互联网寻找潜在顾客的方法。它是信息时代非常重要的寻找潜在顾客的方法。与传统方法相比，网络搜寻法具有成本低、效率高、方便供需双方互动、可以在更大范围内寻找顾客并吸引顾客注意力的优点。但由于网络信息更新较快，网上所收集的潜在顾客信息可能准确性不高或缺乏真实可靠性。

除此之外，寻找顾客的方法还有市场咨询法、委托助手法和参与活动法等。推销人员要根据自己的实际情况来选择具体的方法，并善于将各种方法融会贯通、灵活运用。

步骤二　学会顾客资格审查

顾客资格审查是推销人员对可能成为顾客的某些具体对象进行审查，以确定该对象成为准顾客的可能性。顾客资格审查是寻找顾客工作的继续，是从企业利益出发对顾客的一种分析和评价，实际上是对顾客购买资格的审查，而不是政治审查或其他审查。经过审查，从潜在顾客中筛选出合格顾客即准顾客对其进行访问，极大地提高了推销工作的效率，避免推销时间的浪费。

顾客资格审查包括对顾客的财力审查（Money）、权力审查（Authority）和需求审查（Need），因此顾客资格审查又称为"MAN 法则"。

1. 顾客需求审查

顾客需求审查是推销人员对某一特定的顾客进行确认，看其是否真正需要推销品。任何顾客都有需求，而且顾客的需求是多种多样的。但是，具体的特定对象是否需要特定的产品，就要靠推销人员运用大量的知识和经验判断确定。审查顾客的购买需求还包括顾客需求的量、需求的时间和需求的条件等。值得注意的是，有些特定推销对象的需求是潜在的，现在不需要并不意味着他完全没有需要，而且还要启发、引导和培育顾客需要。

2. 顾客财力审查

顾客财力审查是对顾客的购买力、货币支付能力及商业信用的审查，确定顾客拥有资金、筹措资金和偿付资金的能力。顾客财力审查的内容包括现实货币支付能力审查、顾客潜在货币支付能力审查和商业信用的审查。对顾客财力的审查必须建立在掌握其财力信息的基础上。推销人员可以通过市场调查和个人观察两种方法对顾客的财力进行审查。具体方法包括直接观察法、间接资料了解、从企业内部职工和客户处了解、从主管部门和司法部门了解。

3. 顾客购买权力审查

顾客购买权力审查即对顾客购买行为决策能力的审查。主要包括购买决策状况及购买限制等的审查。通过审查，一是寻找与确定真正有购买兴趣的顾客，二是使推销人员能直接面向有购买行为决策权的人开展推销活动，以提高推销效率，避免把时间浪费在无权购买的顾客那里。顾客权力审查主要从3个方面进行。

1）对个体消费者购买决策者资格审查。对于一个家庭，主要是了解顾客属于家庭决策权力类型中的哪一类，即丈夫做主型、妻子做主型、夫妻调和型。一般审查的方法是现场审查，即通过观察和询问即可。

2）对集团消费者的购买决策者资格审查。对于企业或组织的资格审查，既要审查其所有制性质、决策程序、规章制度、企业自主经营的权限等，确定其购买资格，又要审查具体人物在企业购买行为模式与决策过程中的角色资格，即要了解谁最终具有购买决策权，谁是实际购买者、谁能影响购买决策等，向具有决定意义的关键人物进行推销。

3）对顾客购买限制条件的审查。不同的企业有不同的购买限制条件，主要是生产、经营和消费方面的限制，比如，有的企业可以购买汽车却不能购买电视机与自行车。

步骤三　了解如何约见顾客

所谓约见也称商业约会，是推销人员事先征求顾客同意接近的行为。约见的主要目的在于成功地接近顾客，顺利地开展推销洽谈。

1）约见准备。推销人员在与顾客约见、接近之前，应做好以下几个方面的准备工作。

① 重新评定顾客。即对已选定的准顾客进行再次审查，核对顾客的各项购买资格，防止错选、漏选重要的推销访问对象。

② 进一步搜集资料。即进一步搜集已确定的推销访问对象的有关资料，争取更详尽的内容和准顾客的特点，设计面谈方案，内容包括面谈的目的、面谈的理由、面谈的议程和面谈的主要方式等。

③ 心理准备。推销人员要建立推销的自信心，克服自卑感或畏难情绪，做好应付各种困难的心理准备。

④ 仪表准备。推销人员要注重仪表修饰，包括服饰、化妆、姿态和举止等，把自己的形

象推销给顾客。

2）访问对象。根据掌握的资料，准确确定适当的约见对象。推销人员应该努力设法直接约见购买决策人或者对购买决策具有重大影响的当事人。但是，为了顺利地约见主要人物，推销人员应该尊重有关接待人员，如秘书和门卫等，以取得他们的合作与支持。

3）访问事由。即为什么要访问某一推销对象，访问的主要目的是什么。在推销过程的不同阶段、不同环节，访问的目的、事由可能不同。每次访问的事由不宜过多。要循序渐进，不要急于求成。推销人员约见顾客的事由一般包括建立关系、正式推销、市场调查、提供服务和收取货款等。

4）访问时间。与顾客约定会面的时间，这是约见的主要内容。应该选择推销人员与顾客双方都合适的时间。但推销人员应该尽量替顾客着想，最好由顾客主动安排约见时间。在一般情况下，推销人员应该选择顾客较为轻松与愉快的时间为访问时间。例如，不要选择星期一上午顾客工作最繁忙的时候访问，更不要向正在发生家庭纠纷的顾客推销家庭用品。访问时间一经约定，推销人员一定要准时赴约。

5）访问地点。约见的另一项主要内容是访问地点。访问地点的选择应该与访问对象、访问目的和接近方式等相适应。选择地点的基本原则是方便顾客，有利于推销。访问地点一般选择在对方的工作单位或居住地，亦可选择公共场所作为会谈地点，如公园、舞厅和酒楼等。另外，一些社交场合也可以作为推销会谈地点，如商品博览会、产品展销会和订货会等。推销人员可以根据需要与顾客商谈约定。

6）约见方法。约见的方法主要包括以下几种。

① 面约，即推销人员与顾客当面约定访问的时间、地点等事宜。如推销人员与顾客在展销会上不期而遇，而当时又不允许有充足的时间进行洽谈，推销人员可借机面约顾客。

② 函约，即推销人员利用各种信函约见顾客。约见信的主要目的在于引起顾客的注意和兴趣，要写得简明扼要、重点突出、内容准确。

③ 电约，即推销人员利用各种现代化通信手段约见顾客，包括电话、电报和电传等。目前使用最多的是电话约见。

④ 托约，即推销人员委托第三者约见顾客，如留函代转和他人代约等。

⑤ 广约，即推销人员利用各种广告媒介约见顾客，如利用电视、报纸、广播和杂志等。在约见对象不明或太多的情况下，利用大众传播工具进行约见效果较好。

步骤四 掌握接近顾客的方法

完成约见工作后，推销人员便可以按照预先约定的时间和地点会见访问对象。推销人员正式接触访问对象的第一个步骤在推销中称为接近。接近目标在于引起顾客的注意和兴趣，为此必须要有很好的接近方法。

1. 介绍接近法

介绍接近法是推销人员自行介绍或经过第三者介绍而接近顾客的方法。这是接近方法中最常见的一种方法。在一般情况下，推销人员通常采用自我介绍接近法。姓名、工作单位、工作性质是自我介绍的内容。有时还应主动出示介绍信和身份证等。在可能的情况下，推销人员可借助于与访问对象熟识的第三者的介绍来达到接近的目的，他人介绍接近法的主要方式是信函介绍、电话介绍和当面介绍等。

2．产品接近法

产品接近法又称实物接近法，是推销人员直接利用所推销的产品引起顾客的注意和兴趣进而转入面谈的接近方法。让产品自身接近顾客，让产品作无声的介绍，起到"沉默推销员"的作用，这符合顾客的购买心理，因而接近的效果较好。但要求产品自身必须是具有较强吸引力的有形实物，而且外观具有独特新颖的魅力，能够深深地吸引顾客的注意和兴趣。

3．利益接近法

利益接近法又称实惠接近法，是推销人员通过直接向顾客陈述推销品，为顾客带来一些实质性利益而接近顾客的方法。顾客购买推销品的目的是想得到某种利益满足。因此，推销人员必须意识到，自己推销的不仅是产品而且是一种利益。在接触顾客的求利心理时，重点突出产品为顾客带来的利益。例如，燃气热水器易受煤气质量和水压大小的影响而降低消费者的满意度。而太阳能热水器使用方便、省事省钱，属于一次性投入，使用的是天然能源。推销人员在推销太阳能热水器时要突出其既经济又实用的利益。推销人员在使用此方法时要实事求是、讲究信用，不可大吹大擂、欺骗顾客。

4．好奇接近法

好奇接近法是推销人员利用顾客的好奇心理接近顾客的方法。在与顾客见面之后，推销人员可以通过各种巧妙的方法唤起顾客的好奇心，引起其注意和兴趣，然后把话题转向推销品。如一个从事家庭用品的推销员在推销真空吸尘器时，竟是成功地用一句话引起顾客的好奇，即"我能向您介绍一下怎样才能减轻家务劳动吗？"这使顾客产生了好奇心，引发兴趣。又如国外一位科普书籍推销员见到顾客时说："这本书可以告诉你，丈夫的寿命与妻子有关。"顾客立即好奇地拿起来翻阅。因此，好奇接近法是一种行之有效的接近方法。推销人员要善于观察生活，捕捉、利用新奇事物，从而使推销出奇制胜。

5．表演接近法

表演接近法也称马戏接近法，是推销人员利用各种戏剧性表演技法展示产品的特点，从而接近顾客。这是一种古老的推销术，实际上是把产品示范化和戏剧化，以增加对顾客的吸引力，使之产生兴趣，为推销面谈铺平道路。如一位消防用品推销员见到推销对象后并不急于开口说话，而是从提包中拿出一件防火衣，将其装入一个大纸袋，旋即用火点燃纸袋，等纸袋烧完后，里面的衣服仍完好如初。这一戏剧性表演为推销人员最后拿到订单起了决定作用。采用这种方法，推销人员要针对不同的顾客使用不同的表演手段，而且表演要具有一定的戏剧性效果。

6．馈赠接近法

馈赠接近法又称附赠接近法，是推销人员利用赠品作为媒介联络感情，借以达到接近顾客的目的。如印有公司名称或会徽的圆珠笔、台历等，它们既是有效的接近媒介，又是有力的促销手段。如果所赠礼品就是推销品，则效果更佳。如 1997 年安徽某品牌酒进驻南京市场时，首先向零售店赠送时值 28 元一瓶的酒，不日推销人员上门，店家普遍接受。使用这种方法需要注意的是馈赠礼品价值不宜太高，但应具有一定的纪念意义，以工艺性小礼品为多。

7．赞美接近法

赞美接近法又称恭维接近法，是推销人员利用顾客的求荣心理，通过赞美顾客而达到接近的目的。人们所取得的荣誉和成就，人们的穿着打扮，无不希望得到他人的承认和称赞。

推销人员便可以利用这种求荣心理，承认顾客，赞美顾客，从而接近顾客。如某推销员接近顾客时说："听恒星公司的王总讲，跟您做生意最痛快不过了！他夸奖您是一个热心爽快的能人，不知您愿意不愿意试试我们公司的新产品。"推销人员在细心观察后，选择最佳的赞美目标，使赞美切合实际。

8．求教接近法

求教接近法又称咨询接近法，是推销人员利用向顾客请教问题的机会达到接近顾客的方法。一些生产资料市场中的购买者，通常是一些专业水平较高的人士，尤其是购买行为的决策者，大多是该行业的专家。用求教的方法接近顾客，满足顾客自尊心理的需要，容易受到欢迎。尤其对一些年轻资浅的推销人员来说，求教接近法更是一种好方法。如推销某书的推销员如是说："方老师，您可是营销专家，请您对此书提提宝贵意见！"一般，顾客是不会拒绝虚心求教的推销人员的。推销人员在求教时态度要诚恳，语言要谦逊，让顾客多说多讲，让自己多听多记。先赞美，后求教，再推销。

9．调查接近法

调查接近法是推销人员借助调查研究的机会接近顾客的方法。从现代营销学的观点来看，推销面谈的过程也就是调查的过程，即了解和发现准顾客存在哪些问题，有什么愿望和要求，然后向其提供解决问题、满足愿望和要求的最佳方案。因此，这种接近的方法一般容易被双方接受。如某位推销员面对顾客时说："万厂长，为了解决贵厂产品质量的稳定性问题，我想了解一下，在烘干机上需要加装几台高精密温度控制仪。"顾客正为产品质量不稳定烦恼，听推销员如此说，自然高兴。

10．比较接近法

比较接近法又称差异接近法，是推销人员通过比较同类产品或服务的差异来刺激顾客购买欲望的接近方法。如某电热器推销员对顾客说："我推销的电热器属于高效节能型，与其他同类产品相比，耗电量可节约6%。"通过比较推销品与同类产品的差异，突出推销品的优势，借此吸引顾客的注意和兴趣，就能成功地接近顾客。

此外，接近顾客的方法还有连续接近法、震撼接近法、问题接近法、聊天接近法、讲座接近法、直陈接近法和搭讪接近法等。总之，推销人员在实际推销工作中，应灵活应用各种接近方法，既可以单独使用，也可以配合使用，并从实践中找出适合自身特点的接近顾客的方法。

触类旁通

接近顾客的原则与时机

1）接近顾客的基本原则。每个人都希望受人欢迎，因此，在顾客还没有走进店内的时候，就要以职业的微笑向顾客致意与顾客打招呼，这是欢迎顾客的基本要求。服务行业的三个接近顾客的原则，第一个原则是一个普遍公认的"三米原则"，即在顾客离自己还有三米远的时候就可以打招呼了；第二个原则是一句面带微笑的"欢迎光临"；第三个原则是"不要过分热情"。

2）接近顾客的最佳时机。与顾客打招呼是表示对顾客的欢迎和尊重，但招呼过后并不一定是接近顾客的最好时机，有些顾客不喜欢服务人员跟在身后介绍产品，他们认为这是一种干扰,因此,面对这种顾客最好不要过多地干扰,否则会影响他们购物的兴致。当然,让顾客自由地挑选商品并不意味着对顾客不理睬,关键是需要与顾客保持恰当的距离,用目光跟随顾客,观察顾客。当顾客发生以下动作或表情时就是立即上前接近顾客的最佳时机:当顾客看着某件商品时(他对该商品有兴趣);当顾客仔细打量某件商品时(顾客对产品一定有需求,是有备而来的);当顾客翻找标签和价格时(他已产生兴趣,想知道商品的品牌和价格);当顾客看着商品又抬起头时(他在寻找导购的帮助);当顾客表现出在寻找某件商品时(你可以主动询问是否需要帮助);当顾客再次走进柜台时(货比三家之后,觉得刚才看过的商品不错);当顾客与导购的眼神相碰撞时(自然地招呼顾客,询问是否需要帮助);当顾客主动提问时(顾客需要你的帮助或介绍);当顾客突然停下脚步时(看到了自己感兴趣的商品)等。

分析与思考

分析本地区主要产业的大宗产品分别适宜选择怎样的顾客接近方式?

任务2　拓展渠道销售

任务要点

关　键　词:销售渠道、销售渠道模式、渠道销售掌控。
理论要点:销售渠道是桥梁,是沟通企业与终端客户的通路。要把握终端客户,首先要掌控销售渠道。
实践要点:了解销售渠道的主要形式,熟悉如何掌控销售渠道。

任务情境

超级零售终端紧握制造商命门

国美、苏宁在家电产品开发和价格制定上拥有越来越大的决定权。2002年中国彩电高峰论坛,到会要员有18位国内外知名彩电厂家的领军人物,已经很久没有出席这样的大会了。但没有人能够忘记,许多次彩电市场的翻云覆雨都与这样的大会有关。大会看上去一团和气,各路诸侯把盏盖浓,共论"竞合",原来的是非恩怨似乎已经抛到九霄云外。不过,与会的日立(福建)数字媒体有限公司副总经理林希说,可以看出主力——老国美电器的强势。在当天论坛上,国美宣布斥资32亿元与众厂家签订包括100个型号、数量高达100万台的彩电、新科技一族包销协议。32亿元已是中国家电销售订单的记录,而国美A区采购中心总经理李俊涛宣称,国美在2003年的彩电销售目标是2 000万台,目标是销售60亿元,此次签订的32亿元的订单只是一部分,其他到会的8家企业还有另外的合作协议。

以国美电器、山东三联、苏宁电器为代表的超级终端浮出水面,甚至公开与工业企业叫板,一些家电企业要按照超级终端的订单来生产,这个是无法阻挡的历史潮流。销售渠道是桥梁，是沟通企业与终端客户的通路，要把握终端客户，首先要掌控销售渠道。

 **任务分析**

案例提示：终端为王，通路是金。认识了解销售渠道的主要形式，熟悉如何掌控销售渠道的基本手段，提高通路开发认识，培养通路开发意识。

 任务实施

步骤一 了解销售渠道的重要性

1．销售渠道

销售渠道是产品从生产者向消费者转移所经过的通道或途径，它是由一系列相互依赖的组织机构组成的商业机构。即产品由生产者到用户的流通过程中所经历的各个环节连接起来形成的通道。销售渠道的起点是生产者，终点是用户，中间环节包括各种批发商、零售商和商业服务机构（如经纪人、交易市场等）。

2．销售渠道的特征

1）起点是生产者，终点是消费者（生活消费）和用户（生产消费）。
2）参与者是商品流通过程中各种类型的中间商。
3）前提是商品所有权的转移。

销售渠道是企业最重要的资产之一，同时也是变数最大的资产。它是企业把产品向消费者转移的过程中所经过的路径。这个路径包括企业设立的销售机构、代理商、经销商和零售店等。对产品来说，它不对产品自身进行增值，而是通过服务增加产品的附加价值；对企业来说，销售渠道起到物流、资金流、信息流和商流的作用，完成厂家很难完成的任务。不同的行业、不同的产品、企业不同的规模和发展阶段，销售渠道的形态都不相同，绝大多数销售渠道都要经过由经销商到零售店这两个环节。为了满足零售店的需求，也为了自己的利润最大化，很少有经销商只代理一个厂家的产品，而是有自己的产品组合。

虽然超级终端是企业关注的目标，但是在营销实战中，国内企业主要面临的还是经销商层面的问题。经销商不是只经销一个厂家的产品。企业都想让经销商把资金、人员、网络等资源投向自己，扩大自己在当地的市场份额，增加自己的产品在当地的推动力。有些企业想用一些办法来掌控经销商，与经销商结合成战略联盟，共同发展，甚至有的企业与经销商结成合资公司。

步骤二 了解销售渠道的主要模式

企业生产的商品十分繁杂，种类很多，但可以把它分成两大类，即消费品和工业品。根据不同商品的销售特点，可以分为直接式分销渠道与间接式分销渠道两种模式。

1．消费品间接式分销渠道模式

消费品间接式分销渠道模式，是商品从生产领域转移至消费者或用户手中要经过若干中间商的分销渠道。它主要有以下3种渠道。

1）一层渠道：生产者→零售商→消费者。

生产企业直接向大中型零售商供货，零售商再把商品转移给消费者。这种模式主要用于生产耐用消费品的企业。

2）二层渠道。

① 生产者→批发商→零售商→消费者。

这是消费品分销渠道中的传统模式。这种模式主要用于日用消费品的销售，是中、小型企业常采用的模式。

② 生产者→代理商→零售商→消费者。

一些缺乏推销力量和经验的中小企业，在推销新产品、技术性较强的产品或打入某个新市场时，通常要通过对市场情况较熟悉、推销经验丰富的代理商帮助其进行产品的销售。例如，在开拓国际市场时，通常都要利用国外的代理商或零售商。

3）三层渠道：生产者→代理商→批发商→零售商→消费者。

这种模式是有些企业为了大量推销产品或开拓新市场而常采用的一种权宜之计。我国外贸出口企业通常采用这种模式。

2．消费品直接式分销渠道模式（零层渠道）

直接式分销渠道模式是制造商直接把产品卖给消费者或用户。其模式是：生产者→消费者。由于生产者把消费品直接销售给最终消费者，没有任何中间商的介入，因此，它是最直接的渠道模式，也是最简单和最短的分销渠道。主要包括派推销员上门推销、开展邮购、网购、电话购货、开设自销门市部、通过订货会或展销会与用户直接签约供货等形式。

3．工业品直接式分销渠道模式

即生产者→用户。

这种分销渠道模式在工业品销售中占主要地位，特别是生产大型机器设备的企业大多是向用户直接销售产品。

4．工业品间接式分销渠道模式

1）生产者→批发商→用户。

一般生产普通机器设备及附属设备的企业，通常利用批发商把产品卖给用户。

2）生产者→代理商→用户。

有些企业在销售能力不强或为了有利于产品销售时常采用这种模式。

3）生产者→代理商→批发商→用户。

选择这种模式的企业，通常既考虑到代理商的销售能力，又需要利用批发商的存储服务。

▶ 步骤三　熟悉渠道销售的掌控手段

通常，经销商守着一方市场，有充足的社会关系，有健全的销售网络，有经过市场考验的销售队伍。他们的短期利益是获得利润，长期利益是发展，他们的目标和厂家的目标不尽相同。通常，企业使用以下5种方法来"掌控"经销商。

1．愿景掌控

企业愿景是企业未来希望达到的状态，概括了企业的未来目标、使命及核心价值，是企业为之奋斗的愿景和远景。因此，企业愿景是企业领导人所要考虑的头等大事。一个没有愿景的企业是没有灵魂的企业，是只会获得利润的企业，没有发展前途。虽然国内的经销商缺少长远的规划，但是对于厂家来讲一定要有自己的远景规划。因为每一个商家都要考虑自己上家的发展情况，市场机会是有限的，做甲公司产品的经销就意味着将很可能放弃了乙公司同类产品的经销。如果几年以后甲公司出现了经营问题，而乙公司非常兴旺发达，则在经销商（上家）选择上就付出了巨大的机会成本。

基于经销商的考虑，企业一方面要用市场的实绩来证明自己的优秀，另一方面企业要不断地向经销商描述自己的美好前景。经销商认可了公司的理念、企业的发展战略，认可了公司的主要领导人，即使暂时的政策不合适，暂时的产品出现问题，经销商也不会计较。为此，可采取的具体做法如下。

1）企业高层的巡视和拜访。直接让企业的高层与经销商进行沟通与交流，让他们建立个人的联系。通过高层领导传达企业的发展理念和展望企业发展远景，这样的举措可以让经销商更深入地了解企业的现状和未来的发展。

2）企业办内部的刊物。定期刊登企业领导讲话和各地市场状况。最好是开办经销商专栏，让经销商的意见和建议成为刊物的一部分。定期把刊物发放到经销商那里。

3）经销商会议。企业定期召开经销商会议，在会议上对业绩好的经销商进行表扬和激励。公司各项政策的出台事先要召开经销商的讨论会议。这样使经销商有企业一员的参与感，觉得自己是企业的一部分，自己的发展和企业的发展密不可分。

2．品牌掌控

现代的商业社会是一个产品同质化的社会，通常区别产品的唯一特征就是品牌。品牌对于很多企业来说是最重要的资产，所以可口可乐公司的老板敢说："把我所有的厂房都烧掉，只要给我可口可乐的品牌，我一样会做到今天的规模。"有一些品牌，就像麦当劳、百事可乐等已经脱离产品而存在，变成了一种文化、一种价值观。

在渠道管理的角度上，产品品牌通过对消费者的影响，完成对整个渠道的影响。作为经销商也要树立自己的品牌，但是经销商的品牌只能在渠道中发挥作用，对消费者的作用较少。通常经销商的品牌是附加在所代理主要产品的品牌上的，没有厂家的支持，经销商的品牌价值就会大打折扣。

对于经销商，一个品牌响亮的产品的作用是什么呢？是利润，是销量，是形象，但是最关键的是销售的效率。一般，畅销产品的价格是透明的，竞争是激烈的，不是企业利润的主要来源。但是畅销产品需要经销商的市场推广力度比较小，因此经销商的销售成本比较少，还会带动其他产品的销售。这样可以从其他产品中获得利润，同时因为销售速度比较快，所以提高了经销商资金的周转速度。

因此，企业只要在消费者层面上建立了自己良好的品牌形象，就可以对渠道施加影响。通过这个品牌为经销商降低销售成本，提高销售效率进而掌控销售渠道。

3．服务掌控

一般，经销商的管理能力要比企业弱，经销商的人员素质要比企业差。企业有专业的财务人员、销售人员、管理人员和市场推广人员，经销商可能是亲戚或朋友居多。很多经销商在发展到一定的时期以后，非常想接受管理、营销和人力资源方面的专业指导，有一些想借助大学的教授或者专业的咨询公司来帮助自己提高管理水平，最后通常发现对方不能满足自己的真实需求，不能达到自己的期望，费用也比较高。

现代营销中所倡导的顾问式销售就可以专门用来解决这个问题。所谓顾问式销售就是企业的销售代表不仅是把产品销售给经销商，而且帮助经销商销售、提高销售效率、降低销售成本、提高销售利润。也就是说销售代表提供给经销商的是一个解决方案。这个解决方案能解决经销商目前的赢利问题，也能解决其长远的赢利问题。

企业日常的销售都在固定的平台上正常进行，很多企业的销售已经实现了"销售自动化"，商务助理就可以完成日常的销售工作了。销售代表如果把精力放在自身水平的不断提高上，不断在企业学习，根据经销商的需求开展不同的培训课程，对经销商的业务人员、管理人员进行培训，则可以使销售代表的能力得到提高，可以提高经销商人员的专业性，同时可以促进经销商之间的知识交流，提高经销商的整体水平。

在这样的解决方案的贯彻中，企业充当了老师的角色，经销商充当了学生的角色，经销商是按照老师的思路运作的，企业在思想上控制了经销商，这样的师生关系是牢不可破的。这样的渠道还会出现"叛变"的问题吗？对于企业，培训经销商、帮助经销商加强管理，这样的投入和市场推广的投入相比要省很多。

4. 终端掌控

消费品行业使用最多的一个办法就是直接掌控终端，直接掌控经销商的下游商家。有一些企业是顺着做市场，也就是先在当地找到合适的经销商，在帮助经销商做业务的过程中逐步掌握经销商的下游商家和当地的零售店。也有一些企业是倒着做市场，也就是企业没有找到合适的经销商，或者企业没有找经销商，企业认为做市场最重要，要先做市场再做渠道。企业直接与当地的零售店发生业务关系，通过直接对零售店的促销活动炒热了整个市场，使产品成为畅销产品。这时主动权在企业中，再通过招商的方式选择合适的经销商管理市场，完成渠道的建设。

无论哪一种方法，掌控零售店是最根本的目的，要让零售店首先认同产品、认同品牌、认同厂家，而不是首先认同经销商，厂家就有把握在经销商出现问题时，把零售店切换到新的渠道而不影响销量。具体的手段有以下4种。

1）建立基本的档案。制作零售店分布的地图，建立零售店档案，建立主要店员档案，建立竞争对手的档案，建立经销商档案，建立厂家基本情况档案。这些档案要在例会的时候经常更新，保证基础资料的准确性和完整性。

2）建立零售店的会员体系。有一些企业组建了零售店的会员体系，定期举行活动，增加零售店和厂家的联系。摩托罗拉不仅有零售店的会员体系，它甚至建立了零售店店员的会员体系，定期举行会员参与活动，根据店员销售的手机数量进行积分式奖励。

3）促销活动。企业要把促销活动落实到终端，甚至举行零售店店员奖励和零售店奖励方式的活动。只有这样促销活动的结果才具有最大效果，只有这种活动的开展才能增强终端与企业的感情，增强企业品牌的影响力。

4）培训店员。零售店的店员在销售中发挥的作用是最大的。一个性能价格比非常好的产品，如果店员不积极推荐，甚至打击这个产品，则它的命运可想而知。对店员的培训可以增加其对企业的认同、对产品的认同。有助于店员全面了解产品的性能和指标，增加销售技巧。

以上只是掌控终端的几个办法。最根本的还是要有一个好的档案，也就是当地市场状况的基础数据库，在这个数据库的基础上，开展针对终端的拜访和举行各种直达终端的各项活动。

5. 利益掌控

以上4种方法是在服务方面掌控经销商，考虑的是与经销商长久合作。但是每一个商家都是要一定的利益作为保障,尤其是短期的利益。这种短期利益要给经销商多少呢?经常听到销售代表这样和公司要政策"再多给点返利吧,给个好价格吧,如果不给,客户就不和我们做了。"果真是这样吗?虽然经销商不合作了,但还在经营其他产品,其变动费用在短期是减少不了多少的,房租等固定费用还会发生,折旧还会发生。如果经销商损失了合作的利润,则使得其整体利润降低,而费用没有降低多少,也就是说经销商很可能亏损,这样转换风险太大,经销商是不愿意冒险的。这时一定会充分尊重企业的意见,也就是企业掌控了经销商。

那么什么时候经销商的风险才小呢?如果企业为经销商带来的利润很少,经销商和企业不合作以后还是有赢利的,那么这样的合作关系对经销商来讲是无所谓的,企业也就没有掌控经销商。因此,对经销商的掌控除了服务方面之外,还要在利益上掌控,要给经销商足够的利益。也即企业给经销商的利润要大于经销商的纯利润。只有这时才会让经销商在和企业"分手"的时候感到"肉疼",才是企业掌控了经销商。具体方法有以下5种。

1)增大自己的返利和折扣,使自己给经销商的单位利润加大。
2)增加自己产品的销量。
3)降低经销商其他产品的销量。
4)降低经销商其他产品的单位利润。
5)增加经销商的费用。

触类旁通

渠道销售技巧两则

渠道销售技巧一 善于利用销售道具

渠道商每天都会听到不同商家对产品和市场的介绍,各个销售代表都把自己的产品吹嘘得很好。如何在众多商家的共同销售中脱颖而出,需要利用道具作为销售的润滑剂。在实际的销售过程中,要学会利用一些报刊、书刊、评论和评测等对公司有利的方面作为销售过程中有力的论证。

客户:"你们刚做数码产品,质量肯定不过关。"

销售人员:"先生您看过由南方日报社出版的《创业心经》吗?里面就有关于我们××的介绍,他们给我们的定义是'在欧洲打响的民族品牌'。先生,您可以试想一下一个在国际上拥有良好品牌形象的企业,会为了赚您一点钱而生产一些不符合标准的数码产品销售给您,而把自己的品牌形象打坏吗?所以您购买我们的产品绝对的放心(同时现场赠送一本《创业心经》)!"

渠道销售技巧二 善于利用调查数据

经常会听到一些销售代表在开会的时候说道:"没有调查,就没有发言权。"调查不但是作各种市场预测、促销策划等决策的依据,同时也可以作为销售的辅助工具。

客户:"我先进你们一个型号的产品试销,卖好了再进其他型号产品。"

销售人员:"老板,我们的市场调查结果表明,三种规格的销售比例分别是 X%、Y%和 Z%。如果您只进这一规格,则您只能得到 X%的生意量,而您如果能够进齐三种规格,你就会得到100%的生意量(拿出调查的数据证明)。"

 **分析与思考**

1）分析校园超市中某 5 类商品的一般销售渠道。
2）为本地区主要产业的大宗商品选择适当的销售渠道。

任务 3　维系忠诚客户

 任务要点

关　键　词：顾客满意度、顾客忠诚度。
理论要点：顾客满意度是对顾客满意作出的定量描述，顾客对企业产品和服务的满意度
　　　　　高是其忠诚企业的重要基础。
实践要点：把握顾客满意度内涵，熟悉顾客忠诚度提高要诀。

 任务情境

运输公司的订单会给谁？

　　某运输公司需要添置一批新车辆，A、B 两公司经理分别与运输公司经理进行了约谈。在洽谈时，运输公司有部车出了故障，因为其构造比较特别，一般的工程师解决不了，而运输公司的总工程师生病住院了，所以请 A、B 两公司经理找人协助修理。A 公司以工程师有事在忙为由，婉言拒绝了，并请对方理解和原谅。B 公司急忙派来专业修理人员进行修理。
　　两个月后，讨论投标公司时，运输公司的订单会给谁？

 **任务分析**

　　从顾客满意到顾客忠诚是一个从量变到质变的飞跃，顾客的高度满意都是形成顾客忠诚感的必要条件，而顾客忠诚感对顾客的行为无疑又会发挥巨大的影响作用。把握顾客满意度内涵，熟悉顾客忠诚度提高要诀，无疑为志存高远的人发挥强有力的助推作用。

 任务实施

步骤一　了解顾客忠诚的内涵

1．顾客的概念

　　顾客就是企业产品或服务的使用者或接受者，有内部顾客与外部顾客之分。所谓内部顾客就是企业的员工；而外部顾客不仅指产品或服务的最终消费者，也包括产品流通过程中的顾客，以及相关的社会团体。

2. 顾客满意和顾客满意度

（1）顾客满意

菲利普·科特勒认为，顾客满意"是指一个人通过对一个产品的可感知效果与他的期望值相比较后所形成的愉悦或失望的感觉状态"。亨利·阿塞尔也认为，"当商品的实际消费效果达到消费者的预期时，就导致了满意，否则，会导致顾客不满意。"

从定义中可以看出，满意水平是可感知效果和期望值之间的差异函数。如果效果低于期望，则顾客就会不满意；如果可感知效果与期望相匹配，则顾客就满意；如果可感知效果超过期望，则顾客就会高度满意、高兴或欣喜。

（2）顾客满意度

顾客满意度是对顾客满意作出的定量描述。可简要定义为"顾客对企业产品和服务的实际感受与其期望值比较的程度。"

3. 顾客忠诚和顾客忠诚度

（1）顾客忠诚

在营销实践中，顾客忠诚被定义为顾客购买行为的连续性。它是客户对企业产品或服务的依赖和认可、坚持长期购买和使用该企业产品或服务所表现出的在思想和情感上的一种高度信任和忠诚的程度，是客户对企业产品在长期竞争中所表现出的优势的综合评价。

（2）顾客忠诚度

顾客忠诚度指顾客忠诚的程度，是一个量化概念。顾客忠诚度是由于质量、价格和服务等诸多因素的影响，使顾客对某一企业的产品或服务产生感情，形成偏爱并长期重复购买该企业产品或服务的程度。

步骤二　了解顾客满意度与顾客忠诚度的关系

1. 顾客满意度与顾客忠诚度的关系

美国学者琼斯和赛斯的研究结果表明，顾客满意度和顾客忠诚度的关系受行业竞争状况的影响。影响竞争状况的因素主要包括以下4类。

1）限制竞争的法律。
2）高昂的改购代价。
3）专有技术。
4）有效的常客奖励计划。

顾客满意度与顾客忠诚度的关系如图7-1所示，虚线左上方表示低度竞争区，虚线右下方表示高度竞争区，曲线1和曲线2分别表示高度竞争的行业和低度竞争的行业中顾客满意程度与顾客忠诚可能性的关系。

在高度竞争的行业中，完全满意的顾客远比满意的顾客忠诚。在曲线1右端（顾客满意程度评分5），只要顾客满意程度稍微下降一点，顾客忠诚的可能性就会急剧下降。这表明，要培育顾客忠诚度，企业必须尽力使顾客完全满意。

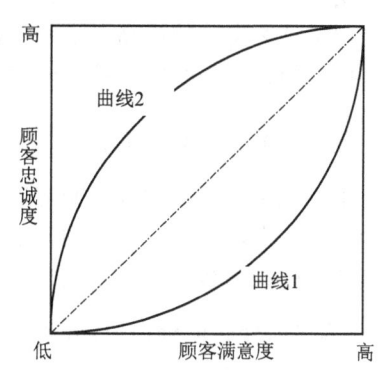

图7-1　顾客满意度与顾客忠诚度的关系

在低度竞争的行业中，曲线 2 描述的情况似乎表明顾客满意程度对顾客忠诚度的影响较小。但这是一种假象，限制竞争的障碍消除之后，曲线 2 很快就会变得和曲线 1 一样。因为在低度竞争情况下，顾客的选择空间有限，即使不满意，他们通常也会出于无奈继续使用本企业的产品和服务，表现为一种虚假忠诚。随着专有知识的扩散、规模效应的缩小、分销渠道的分享、常客奖励的普及等，顾客的不忠诚就会通过顾客大量流失表现出来。因此，处于低度竞争情况下的企业应居安思危，努力提高顾客满意程度，否则，一旦竞争加剧，顾客大量离开，企业就会陷入困境。

分析表明，顾客满意和顾客的行为忠诚之间并不总是强正相关关系。但有一点毋庸置疑，那就是无论在高度竞争的行业还是低度竞争的行业，顾客的高度满意都是形成顾客忠诚感的必要条件，而顾客忠诚感对顾客的行为无疑会发挥巨大的影响作用。

2．顾客忠诚度的层次

通常可以将顾客忠诚度划分成 4 个层次，构成顾客忠诚度金字塔，如图 7-2 所示。

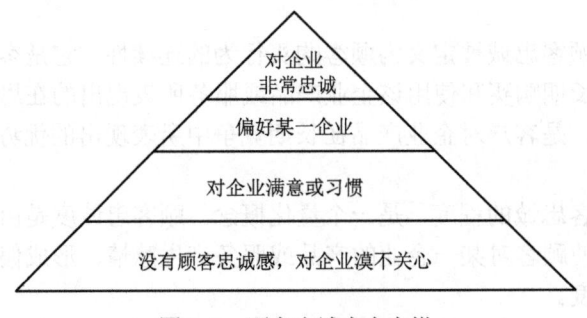

图 7-2　顾客忠诚度金字塔

最底层是顾客对企业没有丝毫忠诚感。他们对企业漠不关心，仅凭价格、方便性等因素购买。

第二层是顾客对企业的产品或服务感到满意或是习惯。他们的购买行为是受到习惯力量的驱使。一方面，他们怕没有时间和精力去选择其他企业的产品或服务。另一方面，转换企业可能会使他们付出转移成本。

第三层是顾客对某一企业产生了偏好情绪，这种偏好是建立在与其他竞争企业相比较的基础之上的。这种偏好的产生与企业形象、企业产品和服务体现的高质量以及顾客的消费经验等因素相关，从而使顾客与企业之间有了感情联系。

最上层是顾客忠诚的最高级阶段。顾客对企业的产品或服务非常忠诚，并有强烈的偏好与情感寄托。顾客对企业的这种高度忠诚，成为企业利润的真正源泉。

步骤三　理解顾客忠诚的战略意义

随着市场竞争的日益加剧，顾客忠诚已成为影响企业长期利润高低的决定性因素。以顾客忠诚为标志的市场份额，比以顾客数量来衡量的市场份额更有意义，企业管理者将营销管理的重点转向提高顾客忠诚度方面来，以使企业在激烈的竞争中获得关键性的竞争优势。

1．顾客忠诚使企业获得更高的长期赢利能力

1）顾客忠诚有利于企业巩固现有市场。高顾客忠诚的企业对竞争对手来说意味着较高的

进入壁垒,同时要吸引原有顾客,竞争对手必须投入大量的资金,这种努力通常要经历一个延续阶段,并且伴有特殊风险。这通常会使竞争对手望而却步,从而有效地保护了现有市场。

2)顾客忠诚有利于降低营销成本。对待忠诚顾客,企业只需经常关心老顾客的利益与需求,在售后服务等环节上做得更加出色就可以留住忠诚顾客,既无需投入巨大的初始成本,又可以节约大量的交易成本和沟通成本。同时,忠诚顾客的口碑效应带来高效的、低成本的营销效果。

2. 顾客忠诚使企业在竞争中得到更好的保护

1)顾客不会立即选择新服务。顾客之所以忠诚一个企业,不仅因为该企业能提供顾客所需要的产品,更重要的是企业能通过优质服务为顾客提供更多的附加价值。

2)顾客不会很快转向低价格产品,正如忠诚顾客愿意额外付出一样,他们同样不可能仅因为低价格的诱惑而转向新的企业。不过,当价格相差很大时,顾客也不会永远保持对企业的忠诚。

步骤四 掌握顾客忠诚度提高策略

1. 建立顾客信息库

为提高顾客忠诚度而建立的顾客信息库应具备以下 4 种特征。
1)一个动态的、整合的顾客管理和查询系统。
2)一个忠诚顾客识别系统。
3)一个顾客流失显示系统。
4)一个顾客购买行为参考系统。

企业运用顾客信息库,可以使每一个服务人员在为顾客提供产品和服务时清楚顾客的偏好和习惯购买行为,从而提供更具针对性的个性化服务。

2. 识别企业的核心顾客

建立和管理顾客信息库只是一种手段,而不是目的。企业的目的是将顾客资料转变为有效的营销决策支持信息和顾客知识,进而转化为竞争优势。企业的实践证明,企业利润的 80%来自于其 20%的顾客。只有与核心顾客建立关系,企业稀缺的营销资源才会得到最有效的配置和使用,从而明显地提高企业的获利能力。

识别核心顾客最实用的方法是回答 3 个互相交叠的问题。

1)你的哪一部分顾客最有利可图,最忠诚?注意那些对价格不敏感、付款较迅速、服务要求少、偏好稳定、经常购买的顾客。

2)哪些顾客将最大购买份额放在你所提供的产品或服务上?

3)你的哪些顾客对你比对你的竞争对手更有价值?

通过对这 3 个问题的回答可以得到一个清晰的核心顾客名单,而这些核心顾客就是企业实行顾客忠诚营销的重点管理对象。

3. 超越顾客期望,提高顾客满意度

顾客的期望是顾客希望企业提供的产品和服务能满足其需要的水平。达到了这一期望,顾客会感到满意,否则,顾客就会不满。超越顾客期望是企业不仅能够达到顾客的期望,而且还能提供更完美、更关心顾客的产品和服务,超过顾客预期的要求,使之得到意想不到的、甚至感到惊喜的服务和好处，获得更高层次的满足，从而对企业产生一种情感上的满意，发展成为稳定的忠诚顾客群。

4．正确对待顾客投诉

要与顾客建立长期的相互信任的伙伴关系，就要善于处理顾客抱怨。有些企业的员工在顾客投诉时经常表现出不耐烦、不欢迎，甚至流露出一种反感，其实这是一种非常危险的做法，通常会使企业丧失宝贵的顾客资源。

5．提高顾客转换成本

一般，顾客转换品牌或转换卖主会面临一系列有形或无形的转换成本。对单个顾客而言，转换购买对象需要花费时间和精力重新寻找、了解和接触新产品，放弃原产品所能享受的折扣优惠，改变使用习惯，同时还可能面临一些经济、社会或精神上的风险；对机构购买者，更换使用另一种产品设备则意味着人员再培训和产品重置成本。提高转换成本就是要研究顾客的转换成本，并采取有效措施人为增加其转换成本，以减少顾客退出，保证顾客对本企业产品或服务的重复购买。

6．提高内部服务质量，重视员工忠诚的培养

哈佛商学院的教授认为，顾客保持率与员工保持率是相互促进的。这是因为企业为顾客提供的产品和服务都是由内部员工完成的，他们的行为及行为结果是顾客评价服务质量的直接来源。一个忠诚的员工会主动关心顾客，热心为顾客提供服务，并为顾客问题得到解决感到高兴。因此，企业在培养顾客忠诚的过程中，除了作好外部市场营销工作外，还要重视内部员工的管理，努力提高员工的满意度和忠诚度。

7．加强退出管理，减少顾客流失

退出指顾客不再购买企业的产品或服务，终止与企业的业务关系。正确的做法是及时做好顾客的退出管理工作，认真分析顾客退出的原因，总结经验教训，利用这些信息改进产品和服务，最终与这些顾客重新建立正常的业务关系。分析顾客退出的原因是一项非常复杂的工作。顾客退出可能是由单一因素引起的，也可能是多种因素共同作用的结果。

8．坚持信守原则

一个信守原则的人最终会赢得客户的尊重和信任。因为客户也知道，满足一种需要并不是无条件的，而必须是在坚持一定原则下的满足。只有这样，客户才有理由相信你在向其推荐产品时同样遵守了一定的原则，才能放心与你合作和交往。比如，适当地增加某些服务和培训是可以接受的，但损害公司、客户甚至别人利益的要求绝不能答应。因为当你在客户面前可以损害公司或别人的利益时，他会担心他的利益也正在受到威胁。

 触类旁通

B 公司胜出的奥秘

某运输公司需要购进多部大型货车。由于项目重大，决定以招投标的方式进行。

参与投标的企业有 4 家，经过投标和调查，竞标最后主要在两家之间进行，一家是 A 公司，一家是 B 公司。这是一笔大生意，两家的销售部经理都亲自出马。

项目7　商品推销

A 公司的销售部经理是个急性子的人，充满自信，办事果断。他来到该运输公司总经理办公室对秘书小姐说："你好，我是 A 车辆公司的，找你们总经理有事！"

"什么事？"秘书小姐问。

"我得和他亲自谈！"

秘书小姐觉得他有些讨厌，不想再和他对话，就实话实说："总经理出去了。"

A 经理问："那他什么时候回来呢？"秘书应付式地回答说："不知道。"A 公司经理转身走了。

他刚走，B 公司经理来了："我是 B 车辆公司的，有一件事请你帮忙，我们曾经销售过车辆到你们公司，你们总经理很重视，想要和我谈一谈。你能帮忙联系一下吗？"说话时，他看到秘书小姐的计算机旁边放着一张 MC 的唱片，就说："你也喜欢 MC 的歌呀？我也很喜欢呢！我家里有好几张她的唱片。"秘书小姐很高兴，和他开心地聊了好一会。

最后，秘书小姐对他说："总经理出去了，我不知道他什么时候回来。这样吧，你留下电话，他一回来我就给你打电话。"秘书小姐又说："我们公司想买货车，如果你想谈这事，就得先和设备部长和总工程师谈。他们正好在，你现在就可以去找他们。"

B 经理于是见到了设备部长，又见到了总工程师，得知他们很重视质量、价格和售后服务问题。

第二天，秘书小姐又给他打电话，告诉他总经理在公司，可以约见他。他立刻来到该公司，先征求了他们对车辆的意见，又就这次投标问题进行了有效的咨询。

B 公司根据了解的情况制订了投标方案。价格比上次又降低了 20 万元，定在 600 万元，还提出了优厚的售后服务措施。

A 公司几天以后终于见到了运输公司总经理，并就投标问题进行了认真的探讨和洽谈。

回公司后，他们也根据得到的情况制订了投标方案。销售部经理认为高价格反映高品质，主张实行高价格策略。他们将价格定到了 800 万元。

A 公司经理和运输公司总经理洽谈时，运输公司总经理接到电话，说公司有部车出了故障，而且这部车构造比较特别，一般的工程师解决不了，正好该公司的总工程师生病住院了，于是请 A 公司经理找人协助修理一下。A 公司经理向自己公司的工程师打了几个电话，发现他们正有事在忙，于是便婉言拒绝了，并请对方理解和原谅。

运输公司的总经理只好再打电话给 B 公司经理，B 公司急忙派了专门的修理人员匆匆赶来，在他们看来，这些都是正常的服务项目。

两个月后，讨论投标公司时，运输公司的总工程师、设备部长都主张买 B 公司的车辆，总经理没有提出反对意见。

投标结果公布了，A 公司落选，B 公司中标。

 分析与思考

1）分析 B 公司中标的原因。
2）分析 A 公司没有中标的原因，从中吸取什么教训？
3）在本案例中，服务对于营销的成功发挥什么作用？

任务 4　店堂推销策略

任务要点

关　键　词：营业准备、商品陈列、接待顾客。
理论要点：营业前的准备是开门迎客的重要工作，商品陈列可烘托店堂氛围，激发顾客的购买欲望，促成交易。
实践要点：了解导购员营业前的准备工作，掌握营造氛围的方法与技巧。

任务情境

讨论交流：
1）大家熟悉哪些商场、大型超市？
2）在这些商场、大型超市中，大家印象最深刻的是哪家？为什么？
3）与平时相比，节假日长假期间，商场或大型超市的商品陈列有什么异样？

任务分析

导购员在营业之前首先应该做好检查商品、清理场所和摆放助销品等准备工作，接着要利用商品陈列等营造店堂氛围，吸引顾客进入店内。实地观察不同商业场所导购员的工作状态，观察商场专柜、专卖店和卖场等地点不同的商品的陈列方法与技巧，讨论总结营造氛围的方法。

任务实施

步骤一　做好营业前的准备工作

1．检查所销售的商品

这是导购员上班后的第一件事，可以帮助导购员清楚地了解商品的数量、价格及规格等。具体的检查内容和方法包括以下 4 个方面。

1）复点过夜商品并补充商品。在营业前，导购员应根据商品平时的摆放规律，对照前日的商品表单账目，清点过夜商品，检查实物与账目是否相符，有无缺失，如果发现账实不符，导购员应及时报告上级主管，寻找原因，及时处理。清点商品后，及时补充款式品种缺少的或货架数量不足的商品，尽量保证当天的销售。

2）做好商品的拆包分装和配套。营业前导购员还应做好商品的拆包、分类、挑选和整理配套工作，以便加快售货速度，节省顾客的等候时间。比如，服装类的导购员应注意面料要摆放整齐，服装要烫平整，检查扣子有无脱落的情况，衣缝有无开线，有无线头，拉链有无破损等，如果发现问题则要及时修理补救。日用品、礼品类的导购员，应将大包的商品拆包，并将每一小包整理好，便于顾客挑选，加快销售速度。

3）检查商品标签及价签。营业前导购员要认真检查商品的价签是否齐全，有无欠缺；商品与标签上的货号、品种是否一致；标签所要表明的内容是否完整，如商品的产地、品名、型号、规格、颜色和款式等。另外，商品要明码标价，方便顾客选购和监督，减少导购员与顾客的问答，帮助导购员熟悉价格，避免出错。

4）检查与准备辅助工具。辅助工具是那些能够帮助销售的工具。主要包括商品手册、样品、试衣镜、电视、计算机、电话、计算器、备用金、发票、复写纸、销货卡、笔、包装纸、剪刀、裁纸刀和绳子等。经营商品种类不同，所需要的辅助工具也不同。

对于这些物品，导购员在营业前应检查、预备齐全，放置在适当位置，以便随用随取，避免耽误顾客时间，引起顾客不满。

2. 创造舒适的营业环境

营业之前导购员要对营业场地进行清理打扫，为顾客创造舒适的购物环境。具体要做到通道、货架和橱窗无杂物、无灰尘，整体环境明亮洁净，井然有序。也要检查卖场的设备（电器、电话、音响和灯光等）是否齐全，是否整洁，是否能正常使用，如果有问题则要立即向主管汇报，及时维修。

3. 摆放助销用品

助销用品主要包括POP广告（购买点广告）、灯箱、宣传品和促销品等，是促进销售的有力武器，助销用品的科学摆放能增强宣传效果。导购员应依据以下原则摆放助销用品。

1）高度适中。不要将助销用品摆放得过高或过低，以免影响效果、遮挡视线。例如，悬挂式POP广告高度一般在距离地面2m左右，既不能遮挡顾客视线，也要避免因距离商品太远而影响促销效果；张贴式POP广告的高度在距离地面70～160cm的范围内比较合适。

2）数量适中。数量过多的POP广告、宣传品等会让人产生厚重感、压抑感，遮挡通道内的顾客视线，影响顾客的购物心情，而摆放过少则影响宣传效果，因此POP广告等物品的摆放数量要适中。

3）及时更新。助销用品在使用过程中需要保持清洁整齐，如有破损要及时更换或擦新。值得注意的是，POP广告设置时间要与促销活动时间保持一致，过期的POP广告要及时清理更新，以免误导顾客。

4）位置合理。如果把助销用品放在橱窗或者货架上，则要避免遮住商品；如果把POP广告等宣传用品直接贴在商品上，一般粘贴在商品的右下角，要注意POP广告的尺寸不能比商品自身还大。

步骤二 把握商品陈列要求

当顾客踏入店门，首先映入眼帘的是卖场的环境布局和商品陈列。同样的商品，摆放位置不一样，可能就会产生不同的销售效果。良好的商品陈列不仅可以突出商品的特点，增强商品的吸引力，美化卖场的布局，而且还可以传播一定的商品信息，加速商品流通，促进商品销售。商品陈列的原则有以下4点。

1. 整洁有序

商品陈列首先要给顾客以整齐、清洁的感觉。导购员对于所经营的商品、展示样品及陈列道具、展台、货架等设施，都应实行动态管理，使商品陈列达到整齐、清洁、有序的要求。

1）整齐。要求导购员在摆放商品时要按照商品的大类、分类、细类及其规格、用途、颜色和款式等方面的特征，分门别类地陈列摆放，使之一目了然。

2）清洁。要求导购员在商品摆放整齐的基础上，对商品勤加整理，保持商品的清洁。如陈列品、装饰品、宣传品等要随时保洁，定期更换；脏、残样品要及时撤换更新，使商品陈列处于整洁、完好的状态。

3）有序。要求在一定时期内固定商品的摆放货位，并随季节、需求量等的变化适当调整；所陈列商品的说明、标牌、价签、POP等均应面向顾客；新商品、高档商品要配以规范、简明的文字说明和POP广告标示牌；尽量采用裸露式陈列，使之尽可能地贴近顾客，给顾客以直观、真实的感觉。

2. 充足丰满

充足丰满即要求商品陈列尽可能地将同一类商品中的不同规格、颜色、款式的商品品种都展示出来，扩大顾客的选择范围，同时也给顾客留下一个商品丰富的好印象。目的是通过丰富的商品品种招徕顾客、吸引顾客，刺激顾客的购买欲望。

1）充足。要求导购员陈列商品时能使顾客感受到商品种类、品目的丰富，切忌单纯地大量陈列商品。要做到商品陈列充足，导购员可以在不增加品目数量的前提下，将品种按照用途和使用方法细分，并分别加以陈列，从而实现种类丰富的效果。

2）丰满。要求导购员陈列商品时做到商品多而不挤，少而不空，及时加货，不留空位，丰富多彩，方便顾客选购。

3. 赏心悦目

商品陈列要充分有效地利用有限的空间，努力创造美的环境，突出经营特色，以最简洁、美观的方式向顾客展示商品。商品外包装颜色、花色和灯光的搭配要协调，互相烘托。导购员可以在保持商品陈列的有序性和整洁性的同时，依据商品的特性及卖场的文化进行艺术性的陈列创造，从而达到商品陈列的美观、悦目。

4. 方便购买

商品陈列位置要符合顾客的购买习惯，方便顾客购买。

1）商品要正面朝向顾客，方便顾客看清楚商品的形状、规格和价格等。

2）要充分考虑人体的高度，让顾客易看、易摸、易挑选。

3）将相互关联的商品靠近陈列。例如，衬衫、西裤和领带应放在相邻的地方，方便顾客连带购买。

步骤三　掌握顾客接待技巧

1. 初步接触顾客的注意事项

1）热情招呼，不要冷落顾客。每个人都希望得到别人的尊重和欢迎，因此导购员看到顾客走近自己的销售区域时，要以职业的微笑向顾客致意，与顾客打招呼，让顾客感到亲切、舒服。

2)适时出现,不要给顾客压力。顾客进店后,导购员不要过分热情、急于讲解商品,应给顾客留一定的空间,当顾客需要介绍和帮助时,导购员再及时出现,让顾客在没有压力的环境下自由选购商品。那些寸步不离、喋喋不休的导购员会让顾客感到一种无形的压力。

3)当顾客注视某件商品时,导购员不要在顾客的背后说话,以免惊吓到顾客。导购员要开口讲话应转到顾客面前或旁边。

4)当看到顾客与同伴交谈时,导购员不要站在顾客与其同伴之间,"偷听谈话"会引起顾客的反感。

2. 准确判断顾客类型,选择接触顾客的时机

进店顾客中一部分是为了某种需求而来的,也有一部分并没有明确的购买意向。但后者也可能受到感情因素的影响而产生某种购买心理及购买行为。由于顾客的购买目的不同,需求各异,他们在商店所表现出的心态、表情和言行都会有某种区别。一般可以把顾客分为三种类型,即有明确购买目标的顾客、购买目标模糊的顾客和随意浏览的顾客。导购员要提高推销效率就要能够准确判断和接待不同类型的顾客,选择接触顾客的时机。如果在与顾客打过招呼后就迫不及待地开始介绍产品,容易引起顾客的反感。

1)有明确购买目标的顾客。这类顾客清楚地明白自己要买什么产品,对该种商品的性能、质量和价格等已经心中有数,会迅速地作出购买决定。这类顾客通常会目不斜视地快步直奔该产品的销售区域,看到该产品后会仔细审视,会以准确肯定的语气询问或要求营业员递上该产品或毫不犹豫地从陈列架上取下该商品认真观察。接待这类顾客时营业员应迅速上前迎接,通常不需要对此种产品作全面的介绍,除非顾客自己提出要求。对顾客就有关产品质量、性能和产地方面的提问,营业员只需要准确而简要的回答即可。营业员要注意向这类顾客"顺带"推荐配套使用的相关产品。

2)购买目标模糊的顾客。这类顾客计划购买某些产品,但尚未决定购买的品牌、规格和样式。他们上门的目的在于寻找合适的商品。这类顾客进门后也会直奔相关的商品区域,对与自己需要相符的有关商品进行审查比较。接待这类顾客时,营业员不要过早打扰,要在顾客对某件商品发生兴趣时接近顾客,根据顾客的职业、支付能力和使用产品的条件等相关情况介绍并推荐合适的产品。注意,不要一次向顾客推荐过多产品。

3)随意浏览的顾客。随意浏览的顾客没有购买商品的打算,只是"随便看看",了解行情,了解有何新产品,甚至只是想感受店堂里来往人群的热闹和商业氛围。但是这些顾客也可能在浏览的过程中产生购买欲望,从而产生交易的可能性,因此营业员对这类顾客也不可小视,仍要妥善接待。至少使顾客对营业员的服务、对本店及本柜台销售的产品留下一个深刻而美好的印象。这类顾客步履悠悠,不紧不忙,随意驻足,也随意走动。营业员应让这类顾客尽情地、随心所欲地浏览,当他们驻足于某一商品前仔细观赏时才是接近的时机。

要想在初步接触顾客时就能赢得顾客的好感,进而激发顾客的购买欲望,导购员必须把握好接触顾客的时机,同时注意接待技巧以及顾客的反应。

3. 通过有效提问探寻顾客的需求

很多导购经常是刚看到顾客就热情招呼,然后开始不停地介绍产品,可是顾客却一直沉默不语,直到走出店门。正确的做法应该是通过向顾客有节奏地提问,引导顾客参与到销售洽谈中,推动顾客向购买的方向前进,直至最后成交。

(1) 问顾客便于回答的问题

一个好的提问一般都是简单、具体明确或选择性的问题，否则顾客通常选择不回答。提一些简单并便于回答的问题，其目的就是让顾客开口说话。只要顾客一开口说话，导购就可以用后面一系列的问题来引导顾客。顾客便于回答的问题举例如下。

"先生，您是第一次来我们店吗？"

"请问您以前听说过我们这个牌子吗？"

"先生，您家里装修到什么阶段了？"

(2) 不要问顾客压力过大的问题

导购在接待顾客的时候经常被顾客冷落，最普遍的原因是因为使用了压力太大的提问，造成了戒备心理。在与顾客的沟通中，尤其是在沟通前期，导购应尽量不用压力过大的问题，如下。

"您要买衣服吗？"

"您喜欢这套家具吗？"

"要不要我给您介绍一下？"

(3) 顾客回应后，立即附加提问

问过简单而便于回答的问题，顾客作了回应之后，导购员要循序渐进，提问一些与顾客购买相关的问题，以探明顾客的需求，如下。

"请问您在什么场合下穿？"

"您家里的领带什么颜色的比较多？"

"您家里是什么装修风格？"

总之，要向顾客推荐产品就一定要了解顾客现在的问题和需求。通过有效的提问，导购员可以掌握主动，把握顾客的需求，引导顾客的思维，为成功销售打下坚实的基础。

 触类旁通

三家水果店的境遇

一条街上有A、B、C三家水果店。一天，有位老太太来买水果。她来到A店问"有李子卖吗？"A店主马上迎上前说："老太太，买李子啊？您看我这李子又大又甜，刚进回来的，新鲜得很呢！"没想到老太太一听竟扭头走了。店主纳闷"奇怪啊，我哪里得罪老太太了？"老太太来到B水果店，同样问道："有李子卖吗？"B店主马上迎上前说："老太太，您要买李子啊？我这里的李子有酸的也有甜的，您是想买酸的还是想买甜的？""我想买一斤酸李子。"老太太说。

第二天，老太太来到C水果店，同样问："有李子卖吗？"C店主马上迎上前说："我这里的李子有酸的也有甜的，您是想买酸的还是想买甜的？""我想买一斤酸李子"老太太说。

一切仿佛都和前一天在B店里发生的一样，但C店主一边给老太太秤李子一边问道"在我这买李子的人一般都喜欢甜的，可您为什么要买酸的呢？"

"哦，最近我儿媳妇怀上孩子啦，特别喜欢吃酸李子。"

"哎呀，那要特别恭喜您老人家快要抱孙子了！有您这样会照顾的婆婆可真是您儿媳妇天大的福气啊！"

"哪里，怀孕期间当然最要紧的是吃好、胃口好、营养好啊！"

"是啊,怀孕期间的营养是非常关键的,不仅要多补充些高蛋白的食物,听说多吃些富含维生素的水果,生下的宝宝会更聪明些!"

"是啊!哪种水果含的维生素更多呢?"

"书上说猕猴桃维生素含量最丰富!"

"那你这里有猕猴桃卖吗?"

"有,我这进口的猕猴桃个大汁多、含维生素多,要不您先买一斤回去给您儿媳妇尝尝?"

于是,老太太不仅买了李子,还买了一斤进口的猕猴桃,而且以后几乎每隔一两天就要来这家店里买水果。

分析与思考

1)A、B水果店主分别存在什么问题?
2)为什么老太太成为了C水果店的长期顾客?

任务5　正确处理异议

任务要点

关 键 词:顾客异议、顾客异议成因、处理策略。

理论要点:顾客异议是推销活动中的正常现象,推销成交经常通过顾客异议的产生和消除而得以实现,消除顾客异议有其科学的策略可循。

实践要点:了解顾客异议类型及其成因,掌握处理顾客异议的原则与策略。

任务情境

巧解"太贵"异议

有一个推销员上门推销化妆品,女主人很客气地拒绝说:"不好意思,太贵了,我目前没有钱,等我有了钱再买,您看行不行?"

但这位推销员看到女主人怀里抱着一条名贵的狗,计上心来。

"您这小狗真可爱,一看就知道是很名贵的品种。"

"是呀!"

"您一定在它身上花了不少钱和精力。"

"是呀。"

女主人眉飞色舞地向推销员介绍她为这条狗所花费的钱和精力。

"那当然,这不是一般阶层能做到的,就像这化妆品,价钱比较贵,所以使用它的女士都是高收入、高档次的。"

一句话说得女主人再不能以"太贵"为借口,反而非常高兴地买下了一套化妆品。

 **任务分析**

以学习小组为单位到本地商场进行实地观察,记录导购员在接待顾客时处理异议的方法,佯装顾客表现出购买兴趣,在听取导购员介绍的基础上,提出购买异议,并记住导购员处理异议的方法。组织交流导购员处理异议的方法,更好地理解处理顾客异议的原则和思路,掌握处理顾客异议的方法和技巧。

 任务实施

步骤一 了解顾客异议的类型

顾客异议是顾客对推销品感兴趣的表现,是顾客发出的购买信号。推销员只有正确认识并积极对待顾客异议,认真分析异议产生的原因,采取灵活的策略和方法,有效地对顾客异议加以转化和引导,才能最终说服顾客、促成交易。顾客异议可按以下 3 种方式分类。

1. 按顾客异议性质分类

1)真实异议。顾客确实愿意接受推销,但从自己的利益出发对推销品或成交条件提出质疑和探讨。例如,对商品功能、价格、售后服务和交货期等方面的考虑。

2)虚假异议。顾客并非真正是对推销品不满意,而是为了拒绝购买而故意编造各种反对意见和看法,这是顾客对推销活动的一种虚假反应。虚假异议的产生有多种原因,例如,有的顾客为了掩饰自己无权作出购买决定,就推说商品质量有问题或者托词要比较之后再作决定。而有的顾客已经决定要购买其他商品,只是为了了解更多情况也会提出虚假异议。

2. 按顾客异议指向的客体分类

1)价格异议。价格异议是顾客认为商品的价格过高或过低而产生的异议。商品的价格是顾客最敏感的问题之一,也是最容易提出的问题之一,因为这与顾客的切身利益息息相关。因此,总有一些顾客会认为价格太高不合理。有的顾客心里已经认为价格比较低廉,也会在口头上提出异议,希望降低价格获得更多的利益或者心理满足。许多顾客在产生购买欲望之后,首先就对价格提出异议。对价格的异议通常包括价值异议、回扣异议、支付方式异议以及支付能力异议等。

2)需求异议。需求异议是顾客提出自己不需要所推销的商品。顾客提出这类异议,可能是确实不需要推销的商品,也可能是对推销品给自己带来的利益缺乏认识。

3)产品异议。这是顾客对推销品的使用价值、质量、式样、设计、结构、规格、品牌和包装等方面提出的异议。它表明顾客已经了解自己的需要,但是却担心推销品不能满足自己的需要。这类异议带有一定的主观色彩,主要是顾客的认识水平、购买习惯以及其他各种社会成见影响所造成的,与企业的广告宣传也有一定的关系。

4)企业异议。这种异议是顾客把企业的社会知名度和美誉度等因素与企业的产品性能相联系而产生了顾虑。在企业信誉不佳、市场竞争激烈、售后服务跟不上,特别是顾客对推销员代表的企业不了解、受传统的购买习惯约束的情况下容易提出这类反对意见。

5)推销员异议。这是顾客针对某些特定的推销员提出的反对意见。这可能是由于推销员自身的不足造成的。顾客因对推销员不信任或反感而提出异议，意味着顾客并不是不想购买推销品，只是不愿意向某位特定的推销员购买。

6）货源异议。货源异议是顾客对产品来源如原产地、生产厂家、品牌型号等提出的异议。顾客不愿意接受信不过或不知名企业、品牌的推销品，经常会提出"我们通常用某厂的产品"等问题。

7）服务异议。服务异议是顾客对推销品交易附带承诺的售前、售中和售后服务的异议，如对服务方式、方法、服务延续时间、服务延伸程度和服务实现的保证措施等多方面的意见。

3．按异议产生的主体分类

1）购买时间异议。购买时间异议是顾客有意拖延购买而提出的反对意见。一般有三种可能性，第一种情况是顾客对推销品已经认可，但由于目前经济状况不好，现金不足，提出延期付款和改变支付方式的要求，比如，采取分期付款；第二种情况是顾客对商品缺乏认识，还存在各种各样的顾虑，害怕上当受骗，于是告诉推销员"我们考虑一下，过几天再给你准信""我们不能马上决定，研究以后再说吧"；第三种情况是顾客尚未作出购买决定，所提异议只是一种推诿的借口。

2）权力异议。在业务洽谈中，有时顾客会拿出"订货的事我无权决定""我做不了主"等理由来拖延或者拒绝购买。这类关于决策权力或者购买人资格的异议是顾客自认为无权购买推销品的异议，被称为权力异议。

3）财力异议。财力异议也称为支付能力异议，即顾客自认为无钱购买推销品而产生的异议。这类异议也有真实的和虚假的两种。一般，顾客是不愿意让人了解其财力有限，出现这种虚假异议的真正原因可能是顾客早已决定购买其他产品，或者是顾客不愿意动用存款，也可能是因为推销员说明不够而使顾客没有意识到产品的价值。

4）政策异议。顾客对自己的购买行为是否符合有关政策的规定而有所担忧进而提出的一种异议，也称为责任异议。提出政策异议的顾客大多属于组织购买者。在现实生活中，购买政策多属于向社会公开的信息。顾客认为推销员理应熟悉和掌握推销品的有关购买政策。可以说政策异议是顾客向推销员发出的请求帮助的信号，是顾客在探寻推销员并寻找应对措施的一种方法。

顾客异议是多种多样的，推销员必须根据推销品的特点，在推销计划实施之前对各种可能出现的顾客异议做出分析和预测，做好化解各类顾客异议的准备，这样就能大大提高推销洽谈中的应变能力，有利于妥善处理好顾客异议。

步骤二　了解顾客异议的成因

在推销过程中，顾客异议的成因是多种多样的。从社会心理的角度，顾客为了保护自己回避被迫接受的交往，只有在推销员与之建立起协调的可信赖的关系，使其感到推销员及其所代表的企业能真正地给予其帮助时，顾客才不会拒绝推销。为了更科学地预测、控制和处理各种顾客异议，推销员应该了解产生顾客异议的主要原因。

1．顾客方面的原因

1）顾客的自我保护。人有本能的自我保护意识，在没有了解事情之前，会对陌生人心存恐惧与警戒，摆出排斥的态度，实行自我保护。绝大多数顾客所提出的异议都是在进行自我保护，也就是自我利益的保护。他们总是把得到的与付出的作比较。

2）顾客不了解自己的需要。因为顾客没有发现自己存在的问题，没有意识到需要改变现状，所以会固守原来的消费方式，对购买墨守成规、不思改变，缺乏对新产品、新服务和新供应商的需求与购买动机。

3）顾客缺乏产品知识。随着现代科技的发展，产品的生命周期日趋缩短而新产品更是层出不穷。有些新产品尤其是高科技产品的特点与优势并不能一目了然，需要具有一定的相关知识才能够了解，因此会造成一些顾客的认知障碍，从而造成顾客异议。

4）顾客的情绪不好，心情欠佳。人的行为有时会受到情绪的影响。推销员和顾客约好见面，但是顾客临时遇到不开心的事情时就很可能提出各种异议，甚至恶意反对、借题大发牢骚。此时推销员需要理智和冷静，正视这类异议，做到以柔克刚、缓和气氛。反之，就可能陷入尴尬境地。

5）顾客的决策权有限。在实际的推销洽谈过程中，推销员会遇到顾客说："对不起，这个我说了不算""等我家里人回来再说吧""我们再商量一下"等托词，这可能说明顾客确实决策权力不足，或顾客有权但不想承担责任，或者是找借口。

6）顾客缺乏足够的购买力。顾客的购买力是在一定的时期内顾客具有购买商品的货币支付能力。它是顾客满足需求、实现购买的物质基础。如果顾客缺乏购买力，就会拒绝购买，或者希望得到一定的优惠。有时顾客也会以此作为借口来拒绝推销员，有时也会利用其他异议来掩饰缺乏购买力的真正原因。因此，推销员要认真分析顾客缺乏购买力的原因，以便作出适宜的处理。

7）顾客的购买经验与成见。偏见与成见通常不符合逻辑，其内容十分复杂并带有强烈的感情色彩，不是依靠讲道理就可以轻易消除由此而产生的异议的。在不影响推销的前提下，推销员应尽可能避免讨论偏见、成见或习惯问题。

8）顾客有比较固定的采购渠道。大多数工商企业在长期的生产经营活动中，通常与某些推销员及其所代表的企业形成了比较固定的购销合作关系，双方相互了解和信任。当新的推销员及其企业不能使顾客确信可以得到更多的利益和更可靠的合作时，顾客是不敢冒险丢弃以往的供货关系的，因而会对陌生的推销员和推销品怀有疑惑和排斥的心理。

2．推销品方面的原因

推销品自身的问题致使顾客对推销品产生异议的原因大致可归纳为以下4个方面。

1）推销品的质量。推销品的质量包括推销品的性能（适用性、有效性、可靠性、方便性等）、规格、颜色、型号和外观包装等。

2）推销品的价格。美国的一项调查显示，有75.1%的推销员在推销过程中遇到有价格异议的顾客。顾客产生价格异议的原因主要有，顾客主观认为推销品价格太高，物非所值；顾客希望通过价格异议达到其他目的；顾客无购买能力等。

3）推销品的品牌及包装。商品的品牌在一定程度上可以代表商品的质量和特色。在市场中，同类同质的商品就因为品牌不同，售价、销售量、美誉度都不同。一般，顾客为了获得的心理安全度高一些，通常在购买商品时都会挑选名牌产品，都喜欢购买包装精巧、大方、美观、环保的商品。可见，无论是品牌还是包装，都可能引起顾客的异议。

4）推销品的销售服务。商品的销售服务包括商品的售前、售中和售后服务。在日益激烈的市场竞争中，顾客对销售服务的要求越来越高。销售服务的好坏直接影响顾客的购买行为。

3. 推销员方面的原因

顾客的异议可能是由于推销员素质低、能力差造成的。例如，推销员的推销礼仪不当，不注重自己的仪表，对推销品的知识一知半解、缺乏信心，推销技巧不熟练等。

4. 企业方面的原因

在推销洽谈中，顾客的异议有时还会来源于企业。例如，企业经营管理水平低、产品质量不好、不守信用、企业知名度不高等。这些都会影响顾客的购买行为，顾客对企业没有好的印象，自然对企业生产的商品就不会有好的评价，也就不会去购买。

步骤三 把握处理顾客异议的原则

推销员在处理顾客异议的时候，为了使顾客异议能够最大限度消除或者转化，应树立以顾客为中心的营销观念，并遵循以下原则。

1. 尊重顾客异议原则

顾客对推销品产生异议有很多方面的原因，当顾客异议发生时，应当学会倾听并从顾客的立场出发考虑顾客异议产生的原因。顾客异议可以帮助推销员发现和分析工作中存在的不足和改进的机会，同时也为推销工作提供了工作开展的线索和努力方向。顾客对物美价廉的商品和优惠的交易条件缺乏了解导致异议，正说明推销活动还存在不足之处。另一方面，能否尊重顾客也是推销员是否具有良好修养的一个体现。只有尊重顾客，才能在此基础上做好异议转化工作。

2. 客观对待原则

顾客既然提出异议，一定有其理由。因此，对持有异议的顾客，推销员要尊重、理解、体谅，并找出异议的真正原因，然后帮助、说服他。另外，推销员还要学会洞察顾客的心理，认真分析顾客的各种异议，把握到底有哪些是真实的异议，哪些是顾客拒绝购买的借口，并探寻其异议背后的"隐藏动机"。要弄清这一"隐藏动机"，需要推销员向顾客提出问题并细致地观察。只有认真准确地分析各种顾客异议，才能从中了解顾客的真实意图，才能在此基础上有针对性地处理各种异议，从而提高推销的成功率。

3. 及时处理原则

对于顾客提出的异议，如果顾客异议是推销员必须答复的，而且能够给消费者一个圆满的答复，则应立即处理，及时化解顾客的疑虑；如果推销员不知如何回答或者顾客情绪激动，则不一定立即答复，可以策略性地转移顾客的注意力，比如，对顾客表示同情或者了解异议有关的细节，并告诉顾客会尽快向公司反映情况。对于不能直接回答的问题，推销员应及时向公司反映并将有关结果尽快回复顾客，不可言而无信、搪塞顾客。如果有的异议已在预料之中，则推销员应做好准备，先发制人，在顾客提出异议之前及时解答，消除顾客的疑虑。

4. 顾客受益原则

顾客之所以会产生异议主要是因为对产品及其公司不了解，或者产品功能与对自己的需要存在一定的偏差，或者对售后服务存在顾虑等。但现实经济生活中，不存在无风险的市场和不付出机会成本的购买，也不存在完美无缺的商品。推销员要完全满足顾客的需要是不可能的。因此，推销员对异议的处理应从积极方面入手，真正做到从顾客的立场出发，理解顾客的困惑，为顾客提供帮助，满足顾客的需求和利益要求，从产品性能、同类产品性价比分析、公司经营策略及服务保障等多方面阐述推销品能够为顾客带来的利益，使顾客相信使用推销品将能够为其带来真正的利益。

步骤四 掌握处理顾客异议的策略

在推销洽谈过程中，顾客异议是不能避免的。只有成功地处理各类顾客异议，才能有效地促成交易。处理顾客异议的基本策略主要有以下 3 种。

1. 处理价格异议的策略

推销员应当首先分析、确认顾客提出价格异议的动机是什么，然后有针对性地采取以下策略。如果判断顾客的价格异议是虚假异议，则可以友好地建议顾客比较同类产品的情况，给顾客一个台阶；如果顾客的价格异议是真实的，那么可以按照以下步骤开展工作。

1）先谈价值，后谈价格；多谈价值，少谈价格。推销员可以从产品的使用寿命、使用成本、性能、维修和收益等方面进行对比分析，说明产品在价格与性能、价格与价值、推销品价格与竞争品价格等方面中某一方面或几方面的优势，使顾客充分认识到推销品的价值。

2）强调产品的性价比。价格只是代表了产品的货币价值，是商品使用价值的外在表现。除非与使用价值相比较，否则价格本身没有意义。因此，在推销过程中，推销员应避免单纯地与顾客讨论价格的高低，而必须把价格与商品的性能、质量和服务等价值联系在一起。事实上"便宜"和"昂贵"的含义并不确切，带有浓厚的主观色彩，单纯考虑价格会造成顾客利益和价值的损失，在很大程度上，价格是人们的一种心里感觉，如果加以合适的引导和比较分析，则顾客对价格问题会有全新的认识和理解。

3）让步策略。在推销洽谈中，双方讨价还价是免不了的。在遇到价格障碍时，推销员首先要注意不可动摇对自己的企业及产品的信心，坚持报价，不轻易让步。只有充满自信，才可能说服别人。如果只想以降价化解价格异议，则很容易被对方牵着鼻子走，不仅影响推销计划的完成，而且有损企业和产品形象。但是，推销员的职业特性也决定了他不可能永远坚持不让步。在有些情况下，通过适当的让步可以获得大额订单，使顾客接受交货期较长的订货。

4）心理策略。在向顾客报价时，首先说明该报价是考虑顾客情况后给予顾客的最优惠价格，并暗示顾客这已经是公司所能够给予的价格底线，没有必要再讨价还价，以抑制顾客继续讨价还价的想法。推销员在介绍产品单价时，还可以使用尽可能小的计量单位报价，以减少高额价格对顾客的心理冲击。例如，在条件允许的情况下，改 t 为 kg，改 kg 为 g，改 km 为 m，改 m 为 cm，改大包装单位为小包装单位。经过这种处理后，相同的价格会使顾客感觉小计量单位产品的价格较低。

2. 处理货源异议的策略

许多货源异议都是由顾客的购买经验与购买习惯造成的，推销员在处理这类异议时可采用以下策略。

1）锲而不舍，坦诚相见。通常顾客在有比较稳定的供货单位和有过接受推销服务不如意甚至受骗上当的经历时，对新接触的推销员怀有较强的戒备心，由此而产生货源异议。推销员应不怕遭受冷遇，多与顾客接触，联络感情，增进相互了解。在互相了解且感情逐渐加深的情况下,顾客也容易对推销员敞开心扉,说出自己的顾虑和期望。此时推销员就可以对顾客进行具有针对性的解释和劝说,最终促成交易。在与顾客的交往中,推销员应当注意社交礼仪,以诚挚的态度消除顾客对公司或者产品的偏见。

2)强调竞争受益。顾客通常会提出已有稳定的供货单位或者已经习惯某种产品,并对现状表示出满意,从而拒绝接受新产品和服务。此时推销员应指出,不论是个人或者公司,在购买产品时采用单一来源的方法具有很大的风险性。如果供货单位一时失去供货能力或者破产,则将会导致顾客因购买不到所需产品而影响生活或者生产。为了抵御风险,顾客应当采取多渠道策略解决其购买需要。采取多渠道进货,会增强顾客采购中的主动性和灵活性,可以对不同货源的产品质量、价格、服务和交货期等进行多方面比较分析,择优选购,并获得引入竞争所带来的利益。

3)提供例证。在解决货源异议时,推销员为了说明其推销的产品是质量可靠、渠道合法的产品,可以向顾客提供一些第三方的客观证据来消除顾客疑虑。例如,厂家的代理授权证书、企业营业执照、产品生产和销售许可证、质量管理体系认证证书、产品质量鉴定报告、获奖证书以及知名企业和知名人士的订货合同或者使用记录等资料。由于这些证据顾客可以通过其他渠道进行求证,有利于顾客消除顾虑,促进购买。

3. 处理购买时间异议的策略

在推销活动中,在推销员进行详细的产品介绍之后,顾客经常会提出购买时间异议拖延成交的时机。实际上,顾客借故推托的时间异议多于真实的时间异议,他们主要是为了对所购产品进行更多的比较或者为了争取更大的价格或者服务优惠。针对这种异议,可以采取以下 4 种策略进行应对。

1)货币时间价值法。一般,物价的变化会随着时间的推移而上扬。推销员可以结合产品的情况告诉顾客未来产品的供求关系很可能会发生变化,随着物价水平的上升,顾客可能要花费更多的金钱来购买同等数量的商品,而且拖延购买不仅费钱,还要费时、费力,增大顾客的机会成本和时间成本,不符合现代社会"时间就是金钱,效率就是生命"的观念。

2)良机激励法。主要是采用对顾客有利的机会激励顾客,使其不再犹豫不决,当机立断,决定成交。例如,可以说"目前正值展销期间,在此期间购买可以享有20%的优惠""货已经不多了,如果你再犹豫的话,就可能被别人买去了"。但要注意的是,使用这种方法必须确有其事,不可虚张声势欺诈顾客,否则将适得其反,欲速则不达。

3)潜在风险法。这种方法是利用顾客意想不到但又很可能会发生的一些潜在风险对顾客进行影响。例如,厂家调价、原材料涨价、宏观政策调整和市场竞争格局改变等情况对顾客进行影响,使顾客认识到存在的这些不确定因素可能给自己带来的损失,促使顾客尽早作出购买决定。

4)竞争诱导法。推销员向顾客指出购买该产品将会使顾客在某些方面获益,而且这些益处已经在他的竞争对手那里得到了证实,顾客如不尽快购买推销产品,将会在与同行的竞争中处于不利位置。这种方法可以打破顾客心中假定的竞争均衡格局,引起顾客对其所处环境的关注,从而促使顾客为了改变其所处形势而作出购买决定。

 触类旁通

冰箱展销会上的一幕

在一次冰箱展销会上,一位打算购买冰箱的顾客指着不远处一台冰箱对身旁的推销员说：" 那种 AE 牌的冰箱和你们的这种冰箱同一类型，同一规格，同一星级，可是它的制冷速度要比你们的快，噪声也要小一些，而且冷冻室比你们的大 12L。看来你们的冰箱不如 AE 牌的呀！" 推销员回答："是的，你说得不错。我们冰箱噪声是大点，但仍然在国家标准允许的范围以内，不会影响你家人的生活与健康。我们的冰箱制冷速度慢，可耗电量却比 AE 牌冰箱少得多。我们冰箱的冷冻室小但冷藏室很大，能储藏更多的食物。你一家三口人，每天能有多少东西需要冰冻呢？再说吧，我们的冰箱在价格上要比 AE 牌冰箱便宜 300 元，保修期也要长 1 年，我们还可以上门维修。" 顾客听后，脸上露出欣然之色。

 分析与思考

作为消费者，在购买商品的过程中曾经遇到过怎样的烦心事，在与供应者的沟通中是怎样化解问题的？请分析供应商采用了怎样的异议处理策略。

任务 6　把握成交时机

 任务要点

关　键　词：成交信号、成交策略。
理论要点：成交促成是一个特殊的阶段，识别成交信号、把握成交机会、掌握成交促成的策略和方法是推销员的重要素质。
实践要点：捕捉成交信号，把握成交促成策略，掌握成交促成方法。

 任务情境

加一个蛋还是两个蛋？

有两个卖粥的小店，每天的顾客都差不多，都是川流不息。然而晚上结账时，左边的总量比右边的多出近百元，天天如此。

有一天顾客小钱走进了右边的小店，服务员微笑着把他迎了进去，给他盛好一碗粥。同时问："加不加鸡蛋？" 小钱说："加"。于是服务员给小钱加了一个鸡蛋。在吃粥的时候，小钱发现每个顾客进来后，服务员会问同样的问题，有的加，有的不加，大概各占一半。

第二天，小钱出于好奇，便走进左边的小店，服务员微笑着给他盛了一碗粥时，问："您加一个鸡蛋还是加两个鸡蛋？" 小钱说："加一个吧。" 同样的，服务员对每个进店吃粥的顾客问同样的问题。于是爱吃鸡蛋的加两个，不爱吃鸡蛋的加一个，当然也有不加的，但很少。

这样一天下来，右边的店比左边的店少卖很多鸡蛋，因而销售额低于左边小店。

 **任务分析**

结合案例讨论推销员使用的成交促成方法，在模拟活动中揣摩识别成交信号，培养把握成交机会的能力，掌握成交促成的策略和方法，理解成交之后的后续工作。

 任务实施

步骤一　捕捉成交信号

成交信号是顾客在表情、语言和行为等方面泄露出来的打算购买推销品的一切暗示或提示。对于推销员而言，必须善于观察顾客的言行，捕捉各种成交信号，及时促成交易。

1．表情信号

从顾客的面部表情和体态中表现出来的一种成交信号，如在洽谈中面带微笑、下意识地点头表示同意、对产品不足表现出包容和理解的神情、对推销的商品表示兴趣和关注等。

2．语言信号

语言信号种类很多，以下几种情况都属于成交的语言信号。顾客对商品给予一定的肯定或称赞；征求别人的意见或者看法；询问交易方式、交货时间和付款条件；详细了解商品的具体情况，包括商品的特点、使用方法和价格等；对产品质量及加工过程提出质疑；了解售后服务事项，如安装、维修和退换等。

3．行为信号

由于人的行为习惯，经常会无意地从动作行为上透漏一些对成交比较有价值的信息。例如，反复阅读文件和说明书；认真观看有关视听资料并点头称是；查看、询问合同条款；要求推销员展示样品，并亲手触摸、试用产品；突然沉默或沉思，眼神和表情变得严肃，或表示好感，或笑容满面；主动请出有决定权的负责人，或主动向推销人员介绍其他部门的负责人；突然为推销员倒开水，变得热情起来等。

步骤二　理解推销成交策略

成交策略是促成交易活动的基本战术，适用于各种商品或服务的买卖活动。成交的实现取决于推销员是否真正掌握并灵活运用成交策略。常用的成交策略主要有以下 4 种。

1．预防第三者"搅局"

在推销员与顾客接近成交的关键时刻，如果第三者突然出现，通常会给推销工作增加难度。尤其当不速之客不熟悉或者不欣赏推销品，通常会使生意失败。有鉴于此，推销员应尽量在没有别人干扰的情况下与准顾客成交，防止可能的第三者的"横加干涉"。为了防止顾客受到其他人的影响，推销员可以对准顾客说"咱们找个清静的地方谈吧。"以防患于未然。

2．保留一定余地，适时促成交易

保留一定的成交余地，有两个方面的内涵。一是针对顾客从产生兴趣到作出购买决定需要经过一定的过程，推销员把某个推销要点和优惠条件留到成交阶段再提示，在关键时刻亮出"王牌"能促使顾客下最后的购买决心。二是推销员为未成交的顾客留下一定的购买余地，希望日后还有成交的机会。比如，留下名片和产品目录，并对顾客说"如果有一天你需要的话，请随时与我联系。"

3. 充分利用最后的成交机会

在推销洽谈似乎是要以失败告终时,推销员仍不要放弃推销努力,实践证明,很多时候存在"峰回路转""柳暗花明"的成交机会。因为此时顾客紧张的压力已经得到充分的释放,心理上如释重负,心情变得愉悦,甚至对"可怜的"推销员产生一点同情心。这时,推销员要善于察言观色,捕捉顾客心理活动的瞬间,抓住时机,充分利用这一最后的机会促成交易。

4. 保持积极的心态,正确对待成败

成交是推销过程中的一个重要的"门槛",很多推销员或多或少对成交有恐惧感,总是担心提出成交请求后遭到顾客的拒绝。实际上,即使是最优秀的推销员,也不可能在每一次推销中都能成交。推销员只有充分地认识到这一事实,才能坦然接受推销活动可能产生的不同结果。也只有克服恐惧心理,加强心理训练与素质培养,敢于不断提出成交请求的推销员才能获得更多的成交机会。

步骤三 掌握推销成交的常用方法

成交方法是推销员用来促成顾客作出购买决定,最终促使顾客采取购买行动的方法和技巧。它是成交活动的规律与经验的总结,常用的成交方法主要有以下 10 种。

1. 请求成交法

请求成交法也叫直接成交法,是推销员用明确的语言向准顾客直接提出购买的建议。请求成交法一般适用于老客户和已发出购买信号的顾客。使用此方法的关键在于销售员要把握恰当的成交机会,如果急于成交也许适得其反。

2. 假定成交法

假定成交法是在尚未确定成交对方仍有疑问时,推销员就假定顾客已接受销售建议而直接要求其购买的成交方法。假定成交法特别适用于对老顾客的推销,但要求推销员要正确地把握时机,盲目假定顾客已有了成交意向而直接明示成交,很容易对顾客造成过高的心理压力,导致可能成功的交易走向失败。这种方法若使用不当,则还会使顾客产生种种疑虑,使推销员陷于被动,增加成交的困难。

3. 选择成交法

选择成交法是推销员向顾客提供两种或两种以上可供选择的购买方案来促成交易的成交方法。它是假定成交法的应用和发展,仍然以假定成交理论作为理论依据,即推销员在假定成交的基础上向顾客提出成交决策的比较方案,先假定成交,后选择成交。顾客不能在买与不买之间选择,而只是在推销品不同的数量、规格、颜色、包装、样式、交货日期等方面作出选择,使顾客无论作出何种选择,导致的结局都是成交。

4. 总结利益成交法

总结利益成交法是推销员将顾客关注的产品的主要特色、优点和利益加以概括总结,以得到顾客的认同并最终获取订单的成交方法。总结利益成交法能够使顾客全面了解商品的优点,便于激发顾客的购买兴趣,最大限度地吸引顾客的注意力,使顾客在明确自己既得利益的基础上迅速作出决策。此方法适用面很广,特别是相对复杂的产品购买决策或向中间商推销。

5. 从众成交法

从众成交法是推销员利用人们的从众心理来促成准顾客购买推销品的成交方法。在日常生活中，人们或多或少都有一定的从众心理。顾客在购买商品时，不仅要依据自身的需求、爱好和价值观选购商品，而且也要考虑全社会的行为规范和审美观念，甚至在某些时候不得不屈从于社会的压力而放弃自身的爱好，以符合大多数人的消费行为。由于产品已取得了一些顾客的认同，推销员的说辞显得更加有说服力，有利于顾客消除怀疑、增强购买信心。需要注意的是对喜欢标新立异、与众不同的顾客要慎用此方法。

6. 小点成交法

小点成交法又称局部成交法，是推销员利用局部成交来促成整体成交的方法。小点是指次要的、较小的成交问题。小点成交法主要利用"减压"原理，以若干细小问题的决定来避开是否购买的决定，培养良好的洽谈氛围，导向最后的成交。购买者对重大的购买决策通常心理压力较大，较为慎重，担心有风险而造成重大损失，导致难以决断，特别是成交金额较大的交易。为了减轻顾客对待成交的心理压力，帮助顾客尽快下定决心，推销员可以采取化整为零的方法，将整体性的全部决定变为分散性的逐个决定，先争得对方部分同意。让顾客逐个拿定主意，最后再综合整体，以促成购买决策的达成。

7. 最后机会成交法

最后机会成交法是推销员直接向顾客提示最后成交机会而促使顾客立即购买的一种成交方法。这一成交方法要求推销员运用购买机会原理，向顾客提示"机不可失，时不再来"的机会，对顾客施加一定的成交压力，使顾客感到应该珍惜时机，尽快采取购买行为。例如，汽车推销员说"这种车型的汽车非常好卖，这一辆卖出去以后，我们也很难进到同样的车子或由于原材料需要进口，这批货卖完后，可能要很长时间才有货。"

最后机会成交法的关键在于把握住有利的时机，若使用得当，则通常具有很强的说服力，产生立竿见影的效果，并能节省销售时间，提高销售效率。采用最后机会成交法最忌讳的是欺骗顾客。

8. 优惠成交法

优惠成交法是推销员通过提供优惠的交易条件来促成交易的方法。它利用了顾客在购买商品时希望获得更大利益的心理，实行让利销售，促成交易。例如，商业推广中经常使用的"买二送一""买大家电送小家电"等。

正确地使用优惠成交法，利用顾客的求利心理，可以吸引并招徕顾客，有利于创造良好的成交气氛。利用批量成交优惠条件，可以促成大批量交易，提高成交的效率。该方法尤其适用于销售某些滞销品，减轻库存压力，加快存货周转速度。但是，采取优惠成交法，通过给顾客让利来促成交易，必将导致销售成本上升。若没有把握好让利的尺度，还会减少销售收益。此外，采用优惠成交法有时会让顾客误以为优惠产品是次品而不予信任，从而丧失购买的信心，不利于促成交易。

9. 体验成交法

体验成交法是推销员为了让顾客加深对产品的了解，增强顾客对产品的信心而采取的试用或者模拟体验的一种成交方法。当推销员和顾客商讨完有关产品、服务保障和交易条件后，为了促成交易，就需要在可能的条件下用形象化的手段直观地展示推销品。例如，用计算机向顾客演示产品的多媒体效果图和有关公司的发展理念、服务网络、文化等方面的情况，以进一步增强用户信心。体验成交法能对顾客留下非常深刻的直观印象。目前在很多高价值、高技术含量的产品领域，体验成交非常流行，例如，汽车销售中的顾客试驾、软件销售中的顾客试用体验等。

10．保证成交法

保证成交法是推销员通过向顾客提供某种保证来促成交易的成交方法。保证成交法即是推销员针对顾客的主要购买动机，向顾客提供一定的成交保证，消除顾客的成交心理障碍，降低顾客的购物风险，从而增强顾客的成交信心，促使尽快成交。保证成交法是一种大点成交法，直接提供成交保证，直至促成交易。

保证成交法通过提供保证使顾客没有了后顾之忧，增强了购买信心，从而可以放心购买产品。另外，该方法在说服顾客、处理顾客异议方面也有不同寻常的效果。保证成交法的保证内容一般包括商品质量、价格、交货时间和售后服务等。注意，使用保证成交法时一定要做到言而有信。

步骤四　做好成交的后续工作

由于顾客需要的多样性，成交的后续工作包含的内容非常丰富，较为重要的是与顾客建立和保持良好的关系、售后服务和回收货款3个方面。

1．与顾客建立和保持良好的关系

在达成交易告别顾客后，推销员应抓紧时间落实买卖合同中的各项条款，了解顾客对购买的满意状况，保持与顾客的接触和联系，发展并维持与顾客的长期合作关系。

（1）了解顾客的满意程度

顾客满意度是顾客对购买活动及其购买物品的感受，即推销过程及推销产品满足顾客期望的程度。如果实际感受与购买预期相吻合，则顾客就会满意；如果实际感受与购买预期有较大的反差，则顾客就不会满意。如果顾客满意，则会倾向于继续购买推销员所推销的其他物品并保持品牌忠诚。

（2）与顾客保持联系的方法

推销员应积极主动地、经常地深入顾客之中，加强彼此之间的联系。联系的方法可以选择如下4种。

1）通过信函、电话、走访、面谈和电子邮件等形式与顾客保持联系。

2）在本企业的一些重大喜庆节日或企业举行各种优惠活动时，邀请顾客参加、寄送资料或优惠券等。

3）在国家规定的节日或者传统的节日到来之前，向客户致以节日的问候。

4）在属于顾客个人的节日，如生日、结婚纪念日等有特殊意义的时刻，向他们致以节日的问候，将会对顾客留下十分深刻的印象并迅速拉近与客户的距离。

2．售后服务

售后服务是企业及其推销员在商品到达消费者手中后，为保证顾客正常使用而继续提供的各项服务工作。售后服务的目的是为顾客提供方便，保证客户的满意度，促进企业的推销工作。随着人们收入水平的提高，顾客不仅要求买到中意的商品，而且要求买到商品后能够方便地使用。售后服务主要包括下列内容。

1）送货服务。对购买大件商品或一次性购买数量较多、自行携带不便以及有特殊困难的顾客，企业均有必要提供送货上门服务。之前这种服务主要是提供给生产者用户和中间商的，如今已被广泛地应用在对零售客户的服务中。例如，在激烈的市场竞争中，一些家具经销商十分重视及时送货上门。这种服务大大地方便了顾客，刺激了顾客的购买。

　　2）安装服务。有些商品在使用前需要在使用地点进行安装。由企业的专门安装人员上门提供免费安装，既可当场测试又可保证商品质量。同时上门安装还是售后服务的一种主要形式。例如，著名的海尔公司销售空调器后会为顾客提供免费安装，安装人员为了不为顾客带来麻烦，他们自带鞋套，自带饮水，并在空调器安装完毕后帮助顾客将室内收拾整齐，同时向顾客仔细讲解使用和保养方法，耐心解答顾客的疑问，深受顾客欢迎。

　　3）包装服务。商品包装是在商品售出后，根据顾客的要求提供普通包装、礼品包装、组合包装和整件包装等服务。这种服务既为顾客提供了方便，又是一种重要的广告宣传方法。如在包装物上印刷企业名称、地址及产品介绍，能发挥很好的信息传播作用。

　　4）"三包"服务。"三包"服务是对售出商品的包修、包换和包退的服务。企业应根据不同商品的特点和不同的条件，制定具体的"三包"方法，真正为顾客提供方便。实质上，其目的只有一个，就是降低消费者的购物风险，使其顺利作出购买决策，实现真正意义上的互惠互利交易。当顾客认识到企业为顾客服务的诚意时，包退、包换反过来会大大刺激销售。不仅提高了企业信誉，还赢得了更多的顾客。

　　5）帮助顾客解决所遇到的其他问题。推销员必须向对待自己的问题那样对待顾客的问题。因为从长远看，只有顾客获得成功推销员才能再次与顾客进行交易，以扩大自己的成交额。同时，推销员处理顾客所遇到的问题的速度也体现了企业对顾客的重视程度。

3．回收货款

　　销售的目的就是在顾客获得所需产品的同时，企业也能够快速回笼货款。收不回货款的推销是失败的推销，会使经营者蒙受损失，因此，在售出货物后及时收回货款就成为推销员的一项重要工作任务。要做好货款的回收工作，需要在下列3个方面加以注意。

　　1）在商品销售前进行顾客的资信调查。顾客的资信主要包括顾客的支付能力和信用记录两个方面。在推销前，从多方面了解顾客的资信状况，是推销员选择顾客的重要内容，同时也是能够及时全额地回收货款的安全保障。否则，即使销售了产品，但是由于顾客资信不良而造成烂账，还不如没有成交。

　　2）在收款过程中保持合适的收款态度。如果因为采取不恰当的态度而影响收回货款，则是得不偿失的。因此，推销员应针对不同的客户、不同的情况，采取相应的收款态度。在一般情况下，收款态度过于软弱则无法收回货款；收款态度过于强硬，则容易引起冲突，不利于企业形象，而且会影响双方今后的合作。所以，推销员在收款时，要态度认真，有理有节。这样，既有利于货款的回收，又有利于维持双方已经建立的良好关系。

　　3）正确掌握和运用收款技巧。推销员掌握一定的收款技巧有利于货款的回收。以下是7种常用的方法。

　　① 成交签约时要有明确的付款日期，不要给对方留有余地。

　　② 按约定的时间上门收款，推销员自己拖延上门收款的时间，会给对方再次拖欠的借口。

③ 如果不能及时收款,则以公司有规定为由暂停有关的产品安装程序,从而引起顾客的重视而早日付款。

④ 注意收款的时机,了解顾客的资金状况,在顾客账面中有款时上门收款。

⑤ 争取顾客的理解和同情,让顾客了解马上收回这笔货款对推销员的重要性。

⑥ 收款时要携带事先开好的发票,以免错失收款机会,因为客户通常是凭发票付款。

⑦ 如果确实无法按约收款,则必须将下次收款的日期和金额在客户面前清楚地作书面记录,让顾客明确认识到这件事情的严肃性和重要性。

这里介绍的只是一些常用的收款技术。在实际工作中,还需要推销员针对不同的顾客,灵活机动、临场发挥。无论采用何种技术,目的是明确的,即及时、全额地收回货款。

触类旁通

一句话促进成交

1)推销员推销某种化妆品,在成交时发现顾客露出犹豫不决、难以决断的神情,就对顾客说:"小姐,这种牌子化妆品是某明星常用的,她的评价不错,使用效果很好,价钱也合理,我建议您试试看。"

2)一位推销员对顾客说:"对于买我们的产品您可以放心,我们的产品在售后3年内免费保养和维修,您只要拨打这个电话,我们就会上门维修的。如果没有其他问题,请您在这里签字吧。"

3)"这种裤子每条卖60元,如果您买3条的话,我再送您1条。"

4)"先生,这种东西质量很好,也很适合您,您想买哪种样式的?"

5)"陈总,既然你对这批货很满意,那我们马上准备送货。"

6)一个推销员到顾客的单位推销化工产品,他认为所推销的产品价格合理,质量很好,断定顾客非买不可。所以在见到顾客寒暄了几句之后,就把话题转到化工产品上来,立即就问:"老王,我是先给你送50t过来,还是100t全部都送来?"

分析与思考

在上述6个"一句话促进成交"案例中,分别使用了什么成交方法?

学习成果展示

1. 展示方式

以交流会方式展示本项目学习的2个成果。要求每个学习小组推荐2名代表分别阐述学习小组的观点。

2. 展示内容

1)分析校园超市中某5类商品的一般销售渠道。

2)为本地区主要产业的大宗商品选择适当的销售渠道。

3．学习评价

（1）组内成员相互评价

组别_____　项目_____

成　员	学习参与情况		成果贡献率		得　分
	积极（5分）	一般（3分）	大（5分）	小（3分）	
成员1					
成员2					
成员3					
成员4					

（2）学习组相互评价

组别_____　项目_____

学习组	展示内容		表现效果		得　分
	好（5分）	一般（3分）	好（5分）	一般（3分）	
小组1					
小组2					
小组3					
……					
小组N					

项目 8

商务礼仪

 开篇案例

张总经理的困惑

张某是一家大型国有企业的总经理。有一次,他获悉有一家著名的德国企业的董事长正在本市进行访问,并有寻求合作伙伴的意向。他于是想尽办法,请有关部门为双方牵线搭桥。

让张总经理高兴的是,对方也有兴趣同他的企业进行合作,而且希望尽快与他见面。到了双方会面的那一天,张总经理对自己的形象刻意地进行一番修饰,他根据自己对时尚的理解,上穿夹克衫,下穿牛仔裤,头戴棒球帽,足蹬旅游鞋。无疑,他希望自己能给对方留下精明强干、时尚新潮的印象。

然而事与愿违,张总经理自我感觉良好的这一身时髦的"行头"却偏偏坏了他的大事。对此,张总经理大为不解。

项目描述

商务礼仪贯穿商务活动的全过程,每一个细节都将直接影响整个商务活动的成败。认知商务礼仪规范,加强商务形象礼仪、形体礼仪、沟通礼仪和商务活动礼仪训练,提升个人商务礼仪内涵。

学习目标

- 知识目标:认知商务礼仪要义,了解商务礼仪养成途径。
- 能力目标:能养成基本的商务礼仪规范,提升商务活动过程协调与沟通能力。
- 情感目标:通过个人商务礼仪的训练,提升个人礼仪素养,增强自信。

要点剖析

- 项目重点:形象礼仪、会面礼仪、商务沟通礼仪、商务活动礼仪。
- 项目难点:商务沟通礼仪、商务活动礼仪。

项目 8 商务礼仪

任务 1　商务形象礼仪

任务要点

关　键　词：容貌礼仪、着装礼仪、体态礼仪。
理论要点：形象是人的精神面貌和性格特征等的具体表现，并以此引起他人的思想或感
　　　　　情活动。
实践要点：注重个人形象设计，加强良好商务形态的训练。

任务情境

讨论开篇案例《张总经理的困惑》，为张总解惑。
张总经理与德方同行的第一次见面属国际交往中的正式场合，应穿西服或传统中山服，以示对德方的尊敬。而他的刻意着装，却给德方同行的印象为"此人着装随意，个人形象不合常规，给人的感觉是过于前卫，尚欠沉稳，与之合作之事当再作他议。"

任务分析

了解商务场合商务人士容貌形象要求，了解面部修饰的一般原则，掌握体态礼仪的要领，把握商务场合着装礼仪的规范，加强体态训练。

任务实施

步骤一　了解商务场合容貌形象要求

1. 容貌涵义与基本要素

容貌是人体不需要着装的部位，主要是面容及其他暴露在外的肢体部分，广义上还包括头发、手部以及穿着某些服装而暴露出的腿部。在人际交往中，每个人的容貌都会引起交往对象的特别关注，并将影响到对方对自己的整体评价。在个人的仪表问题中，容貌是重中之重。

容貌美的基本要素是貌美、发美和肌肤美，主要要求整洁干净。美好的仪容一定能让人感觉到其五官构成彼此和谐并富于表情；发质、发型使其英俊潇洒、容光焕发；肌肤健美使其充满生命的活力，给人以健康自然、鲜明和谐和富有个性的深刻印象。但每个人的仪容是天生的，长相如何不是至关重要的，关键是心灵的问题。从心理学上讲，每一个人都应该接纳自己，接纳别人。

2. 保持恰当的面部修饰

商务人员仪容的修饰是为了给交往对象以美感，留下良好的印象。修饰面部不是要求人

们去变更自己先天的容貌，而是要求人们"秀于外"与"慧于中"并举，使自己显得端庄大方。商务人员在出席公共场合时，对面部可以进行适当修饰。商务人员修饰自己的面部，首先是要让面部保持干净，其次才是通过美容化妆来修饰面容。

（1）商务人员化妆应遵循以下规则

1）化妆应根据一天的时间变化而有所区别。白天自然光强烈，化妆不宜过浓，应着重在眼周、脸颊和唇部化妆，粉底应淡薄透明，妆色明朗。夜晚光线暗淡，不易显露化妆痕迹，各色灯光也会使妆色发生一些变化，因此，化妆应考虑灯光下的效果，化妆的色彩也可以稍浓一些。

2）化妆应根据季节的转变而有所区别。一年四季的转变，自然界的色彩也会随之变化，化妆应与自然界的色彩相协调。夏季出汗多，多穿着淡色服装，宜淡妆。冬季万物凋零，人们通常着深色服装，化妆色彩可选择稍深一些。春秋季着柔色服装，化妆恰当则会增添个人魅力。

3）化妆还应根据不同场合、环境而有所区别。商务人员在工作岗位上应该化淡妆，妆容要求清丽、素雅和简约，要有鲜明的立体感，既要给人以深刻的印象，又不允许脂粉气十足。浓妆只适用于参加晚宴等一些社交性活动场合，夜色朦胧，光线幽暗，晚宴妆要亮丽。在外出旅游或参加户外运动时，女士不要化浓妆，这时的妆面要明朗自然。

（2）化妆的禁忌

1）不要过量地使用芳香型化妆品。商界人士在工作岗位上使用任何化妆品都不能过量，对芳香型的化妆品更应该铭记这一点。化妆与为人处世一样，都要含蓄一些才有魅力。

2）不要使自己的妆面出现残缺。在工作岗位上假如自己适当地化了彩妆，那么就要做到有始有终，努力维护妆面的完整性。如果一旦出现妆面的残缺，则要及时进行补妆或重新化妆。

3）不要当众化妆或补妆。商务人员对自己的化妆应当认真对待、一丝不苟，但不允许商务人员当众进行化妆或补妆。

4）不要借用他人的化妆品。化妆品是与人体皮肤直接接触的物品，可能成为疾病传染的媒介，因此，不能乱用他人的化妆品，也不要把自己的化妆品借给他人。

3．选择恰当的发型

商务人员发型、发式统一的标准就是干净整洁，并且要经常地注意修饰、修理，头发不应该过长。

一般认为，男士前部的头发不要遮住自己的眉毛，侧部的头发不要盖住自己的耳朵，同时不要留过厚或者过长的鬓角，男士后部的头发，应该不要长过自己西装衬衫领子的上部，这是对男士发型的统一要求。

女士在发型、发式方面需要注意，发型、发式应该简约、美观和大方，需要特别注意的是，在选择发卡、发带的时候，其式样应该庄重大方。

具体来说，发型的选择要遵循以下原则。

（1）选择发型要与脸形相符合

1）鹅蛋脸（又称瓜子脸）。鹅蛋脸属标准型，可以做任何发型。

2）圆形脸。可将发型安排在头顶，用前刘海盖住双耳及一部分脸颊，即可减少脸的圆度。

3）方形脸。类似于圆形脸，其发式应遮住额头，并将头发梳向两边及下方，并可以烫一下，造成脸部窄而柔顺的效果。

4）梨形脸。要保持头发覆盖丰满且高耸，分出一些带波浪的头发遮住额头，头发以半卷或微波状盖住下际线，造成宽额头的效果。

5）长形脸。可适当用刘海掩盖前额，一定不可将发帘上梳，头缝不可中分，尽量加重脸形横向感，使脸形看上去圆一些。

（2）选择发型要与性别相符合

商务男士应尽可能避免留长发或者某些时髦新潮的奇特发型，最好也不要留光头，不要把头发染成过分鲜艳扎眼的颜色。

女士的发型虽然并不拘泥于短发或直发，但也应注意要相对保守一些，不能过分张扬和花哨。

（3）选择发型要与年龄相符合

年长者要求简朴、端庄、成熟和稳重，因此，比较适宜大花型的短发或盘发，给人以温和可亲的感觉。年轻人则要注重整洁健康、端庄大方和新颖别致，比较适宜扎辫子、短发或长发等。

（4）选择发型要与性格和气质相符合

1）性格内向、羞于言谈的人，选择自然翻式的发型。

2）性格开朗、潇洒的人，则要选择长发波流式的发型。

3）性格活泼、天真的人，选择长发童花式的发型。

4）性格温柔、文静的人，选择曲直长发式的发型。

5）性格豪爽、具有男子气概的女性，适宜选择短发型。

（5）选择发型要与身材相符合

总的原则是简洁、明快、线条流畅。

1）个子矮小的人发型应以秀气、精致为主，避免粗犷、蓬松，可利用盘发增加身体高度。

2）高瘦身材的人发型要求生动饱满，避免将头发梳得紧贴头皮或将头发搞得过分蓬松，造成头重脚轻。一般，高瘦身材的人比较适宜于留长发、直发。

3）身体矮胖的人整体发式要向上，如选择运动式发型，此外可选择有层次的短发、前额翻翘式等发型。

4）高大身材的人发型一般以留简单的直短发或者大波浪卷发；对直长发、长波浪、束发、盘发和中短发式也可以酌情运用。注意，切忌发型花样繁复、造作，头发不要太蓬松。

（6）选择发型要与职业相符合

1）戴工作帽职业者的发型既要简洁，又要美观，一般以中长发和短发为宜，戴帽时头发不外露，脱帽后又能保持优美的发型。

2）文艺工作者的发型要求新颖多样，突出个性，富有艺术气息。

3）教师、机关人员的发型要求线条简单、波纹平淡自然，发型优美大方、朴实端庄。

4）商务人员的发型应以整洁美观为主，富有时代气息，给人以健康明朗、文明礼貌的良好印象。

步骤二 掌握体态礼仪要领

1. 站姿

站姿是人的双腿在直立静止状态下所呈现出的姿势。站姿是走姿和坐姿的基础，一个人想要表现出得体雅致的姿态，首先要从规范站姿开始。

（1）站姿的基本要点

双腿基本并拢，双脚呈 45°～60°夹角，身体直立，抬头，挺胸，收腹，平视。

所谓"站如松"是指人的站立姿势要像松树一样直立挺拔，双腿均匀用力。得体的站姿给人以健康向上的感觉，不好的站姿，如低头含胸、双肩歪斜、倚靠墙壁和腿脚抖动等会给人以委靡不振的感觉。

（2）站姿的种类

在工作场合可以根据自身条件选择以下站姿。

1）基本站姿。两脚跟相靠，脚尖展开 45°～60°，身体重心主要支撑于脚掌、脚弓之上。两腿并拢直立，腿部肌肉收紧，大腿内侧夹紧，髋部上提。腹肌、臀大肌微收缩并上提，臀、腹部前后相夹，髋部两侧略向中间用力。脊柱、后背挺直，胸略向前上方提起。两肩放松下沉，气沉于胸腹之间，自然呼吸。两手臂放松，自然下垂于体侧。脖颈挺直，头向上顶。下颌微收，双目平视前方。

2）前搭手式站姿。挺胸直立，平视前方，双腿适度并拢，双手在腹前交叉，右手握住左手的手指部分，双腿均匀用力，适用于女性。

3）双手背后式。挺胸收腹，两手在身后交叉，右手搭在左手腕部，两手心向上收。这种站姿通常用于男性。

4）丁字步。挺胸收腹，平视前方，右手握左手并轻搭小腹前，一脚在另一脚弓处成90°形成丁字形。站立时间长时左右脚可以互换以减轻疲劳感。此种站姿仅限女性。

站姿可以随着时间、地点和身份的不同而变化，但一定要自然大方，并且适合自己的外在和内在特点。

2．走姿

走姿是一个人在行走过程中的姿势。它以人的站姿为基础，始终处于运动中。站姿体现的是一种静态的美，走姿体现的是一种动态的美。得体走姿的最基本要点是抬头挺胸，上身直立，双肩端平，两臂与双腿成反相位自然交替甩动，手指自然弯曲，身体中心略微前倾。

所谓"行如风"是指行走动作连贯，从容稳健。步幅、步速要以出行目的、环境和身份等因素而定。协调和韵律感是步态的最基本要求。

女士在较正式的场合中的行路轨迹应该是一条线，即行走时两脚内侧在一条直线上，两膝内侧相碰，收腰提臀，挺胸收腹，肩外展，头正颈直收下颌。男士在较正式的场合中的行路轨迹应该是两条线，即行走时两脚的内侧应是在两条直线上。

不雅的步态会给人留下很不好的印象，如左右摇晃、弯腰驼背、左顾右盼、鞋底蹭地、八字脚和碎步等。

3．坐姿

坐姿是人在就座以后身体所保持的一种姿势。

（1）坐姿的基本要点

上身挺直，两肘或自然弯曲或靠在椅背上，双脚接触地面（跷脚时单脚接触地面），双腿适度并拢。

所谓"坐如钟"是指坐姿要像钟一样端庄沉稳、镇定安详。

一般,要求女性的双腿并拢,而男性双腿之间可适度留有间隙。双腿自然弯曲,两脚平落地面,不宜前伸。在日常交往场合,男性可以跷腿,但不可跷得过高或抖动。女性大腿并拢,小腿交叉,但不宜向前伸直。如女性着裙装,应养成习惯在就座前从后面抚顺一下再坐下。根据不同的场合和不同的座位,坐的位置可前可后,但上身一定要保持直立。

(2)坐姿的种类

工作场合可以根据自身条件选择以下坐姿。

1)正襟危坐式。上身与大腿、大腿与小腿、小腿与地面都应当成直角。双膝、双脚适度并拢。这是最传统意义上的坐姿,适用于大部分的场合尤其是正规场合。

2)大腿叠放式。两条腿在大腿部分叠放在一起,位于下方的一条腿垂直于地面,脚掌着地,位于上方的另一条腿的小腿适当向内收,同时脚尖向下。女性着短裙不宜采用这种姿势。

3)双脚交叉式。双脚在踝部交叉。交叉后的双脚可以内收,也可以斜放,但不宜向前方远远直伸出去。

4)前伸后屈式。双腿适度并拢,左腿向前伸出,右腿向后收,两脚脚掌着地。

以上坐姿男女均可采用,以下为女士坐姿。

5)双腿斜放式。双腿完全并拢,然后双脚或向左或向右斜放,斜放后的腿部与地面约呈45°夹角。

步骤三 把握着装礼仪要领

1. 着装原则

(1)协调原则

正如世间没有两片树叶是完全相同的,每个人也都有自己的特点,人人都希望在社交场合中树立自己独特的个人形象。不同的人由于身材、年龄、性格、职业和文化等不同,会有不同的个性特点。服装的选择首先考虑自身特点,"量体裁衣",扬长避短。只有当服装与个性协调时,才能更好地发挥其效应,塑造出自身的良好形象。穿着要与年龄、体形、职业、角色和环境相协调。

(2)交际原则

在社会交往中,应正确理解并充分利用服装的社会功能,在与他人交际的过程中,选择合适的服装有助于缩短彼此间的距离、协调彼此间的关系,从而使对方接受自己,达到交际的目的。

(3)TPO原则,即时间(Time)、地点(Place)、场合(Occasion)。

着装要得体、规范,要严格遵守TPO原则,即着装与时间、地点、场合相匹配的原则。

1)时间(Time)原则。时间不仅指每天的早晨、中午、晚上,也包括每年的春、夏、秋、冬四季以及不同的时期、时代。比如,冬要保暖、夏要凉爽这是基本的常识要求,夏季的裙装再美如果在冬天穿着也会让人感到不合时宜。

通常,早间人们在家中活动居多,不管是早起锻炼还是在家洗漱用餐,着装都应以方便、随意、舒适为主。日间工作时,着装要根据自己的工作性质选择,总体上以庄重大方为准则。宴会、舞会、音乐会等正式社交活动,则大多安排在晚间,着装应正式,体现高雅大方。

2）地点（Place）原则。服饰应与特定的环境相适应，以获得视觉与心理上的和谐感。试想穿着花色艳丽的海南岛岛服出现在沙滩或旅游景点，会让人感觉心情爽朗，但一旦出现在谈判的会场上，则会让人感到诧异。

3）场合（Occasion）原则。穿着服饰所蕴涵的信息必须与特定场合的气氛相吻合。比如，一个人身着款式庄重的服装前去应聘或洽谈生意，说明他郑重其事，老成持重，让人可信任。而刚出校园参加工作的青年如打扮太随意，穿向阳花图案的 T 恤，穿凉鞋，戴玻璃手链，则会显得幼稚、脆弱，让人质疑其工作能力。

（4）整洁原则

任何情况下，服装首先应该是干净整齐的。衣领和袖口尤其要注意不能污渍斑斑。衣服应该平整，扣子应齐全，不能有开线，更不能有破洞，衣服应勤换洗。尤其是西服衬衫，应非常洁净。皮鞋应保持鞋面光亮。

2．服装色彩的搭配

服装的美是色彩、款式和面料的统一。在生活中色彩美是最先引人注目的，色彩对人的刺激最敏感、最快速，因此，色彩是服饰的首要因素。服装穿着流行这样一句话"色彩要少，款式要雅"。在服装选择上要注意色彩的搭配，选择适合自己肤色的色彩，一次出现在身上的色彩不要过多，让人看着像个调色盘。

（1）色调

关于色彩的知识，首先要了解色调。色调通常分为暖色调，如红、橙、黄；冷色调，如绿、蓝、紫；中和色调，如黑、白、灰。色彩有很多，怎么判断是暖色调还是冷色调呢？人们有一个基本的判断是，大地的延伸色可以称为暖色调，大海的延伸色可以称为冷色调。而中和色调则可以称为安全色，因为它与冷暖色搭配都是和谐的，所以每个人的衣柜里都应该有最少一两件中和色调的衣服。

（2）色彩搭配的主要方式

1）对比色的搭配。强烈色搭配是两个相隔较远的颜色相配，如黄色与紫色、红色与青绿色，这种配色比较强烈。在日常生活中，常看到的是黑、白、灰与其他颜色的搭配。黑、白、灰为无色系，因此，无论它们与哪种颜色搭配，都不会出现大的问题。一般，如果同一个色与白色搭配时会显得明亮，与黑色搭配时就显得昏暗。因此，在进行服饰色彩搭配时，应先衡量是为了突出哪个部分的衣饰。不要把沉着色彩，例如，深褐色、深紫色与黑色搭配，这样会与黑色呈现"抢色"的后果，令整套服装没有重点，而且服装的整体表现也会显得很沉重、昏暗无色。黑色与黄色是最抢眼的搭配，红色和黑色的搭配，非常隆重，但是却不失韵味。

2）补色配合。补色配合是指两个相对的颜色的配合，如红与绿、青与橙、黑与白等，补色相配能形成鲜明的对比，有时会收到较好的效果。黑白搭配是永远的经典。

3）协调色的搭配。同类色搭配原则指深浅、明暗不同的两种同一类颜色相配，比如，青配天蓝、墨绿配浅绿、咖啡配米色、深红配浅红等，同类色配合的服装显得柔和文雅。粉红色系的搭配，让整个人看上去柔和很多。

4）近似色相配。近似色相配是两个比较接近的颜色相配，如红色与橙红或紫红相配，黄色与草绿色或橙黄色相配等。职业女性穿着职业女装活动的场所是办公室，低彩度可使工作在其中的人专心致志、平心静气地处理各种问题，营造沉静的气氛。职业女装穿着的环境多在室内、有限的空间里，人们总希望获得更多的私人空间，穿着低纯度的色彩会增加人与人之间的距离，减少拥挤感。纯度低的颜色更容易与其他颜色相互协调，这使得人与人之间增加了和谐亲切之感，从而有助于形成协同合作的格局。另外，可以利用低纯度色彩易于搭配的特点，将有限的衣物搭配出丰富的组合。同时，低纯度给人以谦逊、宽容和成熟感，借用这种色彩语言，职业女性更易受到他人的重视和信赖。

3．男士西服的穿着规范

随着经济的发展和世界各国人民的友好交往，西装已成为当今国际上最标准的通用礼服，它能在各种礼仪场合穿着。

（1）西装

西装有单件上装和套装之分。非正式场合，可穿单件上装配以各种西裤或牛仔裤等；半正式场合，应着套装，可视场合气氛在服装的色彩、图案上大胆选择；正式场合，则必须穿颜色素雅的套装，以深色、单色为宜。

（2）衬衫

与西装配套的衬衫须挺括、整洁、无皱折，尤其是领口。衬衣袖子应以抬手时比西装衣袖长出 2cm 左右为宜，领子应略高于西服领，下摆要塞进西裤。如不系领带，可不扣领口。

（3）领带

领带必须打在硬领衬衫上，要与衬衫、西服和谐，其长度以到皮带扣处为宜。若内穿毛衣或毛背心等，领带必须置于毛衣或背心内，且西服下端不能露出领带头。领带夹是用来固定领带的，其位置不能太靠上，以衬衫的第 4 粒纽扣处为宜。

（4）皮鞋

穿西装一定要穿皮鞋，且要上油擦亮，皮鞋的颜色要与西装相配套。穿皮鞋还要配上合适的袜子，使它在西装与皮鞋之间起到一种过渡作用。

4．女士职业套裙的着装规范

（1）套裙选择

1）面料选择。面料选择抓两个词，即质地上乘、纯天然。上衣、裙子和背心等必须是同种面料。要用不起皱、不起毛、不起球、匀称平整、柔软丰厚、悬垂挺括、手感较好的面料。

2）色彩。色彩选择应当以冷色调为主，借以体现出着装者的典雅、端庄与稳重。还须使之与风行一时的各种"流行色"保持一定距离，以示自己的传统与持重。一套套裙的全部色彩不要超过两种，不然就会显得杂乱无章。

3）尺寸。套裙在整体造型上的变化主要表现在它的长短与宽窄两个方面。

商界女士的套裙曾被要求上衣不宜过长，下裙不宜过短。通常，套裙中的上衣最短可以齐腰，而裙子最长可以达到小腿的中部。裙子下摆恰好抵达着装者小腿上的最丰满处乃是最为标准、最为理想的裙长。

(2) 套裙的穿法

1) 套裙的上衣可以短至腰部,裙子可长达小腿的中部。
2) 穿着到位,上衣衣扣必须全部扣上。
3) 考虑场合,协调妆饰,不可不化妆也不可化浓妆。
4) 佩饰物以少为宜,不超过 3 样。
5) 就座时,不可将双腿分开过大或跷二郎腿。
6) 内衣忌露,鞋袜得体。
7) 不穿黑色皮裙。

 触类旁通

王某为何得不到升职

王某是某贸易公司的业务员,她外形靓丽,青春时尚,工作主动性非常强,工作业绩也不错,但到公司 3 年了,却一直没有得到升迁机会,她不明白是什么原因。

王某对于流行因素非常敏感,装扮时尚性感,发型每隔一段时间就会有新变化,颜色也在不断调整,金黄色、酒红色等总是让同事眼前一亮,脸上的妆面就如同经常翻新的服装,变化多端,各种小配饰不断更新,办公室的一些男士都觉得她很养眼,经常与她开玩笑,王某从不恼怒。注重个人形象的她,喜欢照镜子,常在办公室补妆,若是看到哪位女同事的口红、眼影是自己没有的,她一定缠着别人借来试用一下,看看效果如何。热情开朗的她,与同事、与客户交谈时喜欢靠得很近,眼睛一直注视着对方,手势语非常丰富。

王某近年来发展了不少客户,与之同时进入公司的陈某虽然业绩不如王某,却已经升任为主管了,王某只是增加了薪酬,对于很希望在事业上有所发展的王某而言感到很困惑"难道我的工作能力不如陈某,领导为什么不提拔自己呢。"

 **分析与思考**

1) 王某为何没有得到升职的机会?
2) 请分析王某如何才能改变现在只加薪不升职的现状。
3) 你对王某在职场工作有何建议?

 练一练

1) 站姿训练。
2) 坐姿训练。
3) 走姿训练。

任务2　商务会面礼仪

任务要点

关 键 词：称谓、介绍礼仪、握手礼仪、名片礼仪。
理论要点：第一印象即首轮效应，有时也称首因效应，事关个人形象、单位形象塑造，在商务活动中至关重要。
实践要点：注重个人形象设计，加强商务体态的训练。

任务情境

第一印象即首轮效应，有时也称首因效应。它所探讨的主要是一个人或一个单位留给他人的客观印象是如何形成的问题。商务会面礼仪事关个人形象、单位形象塑造，在商务活动中至关重要。

小王为何愕然

小王大学毕业后被分配到一家贸易公司工作。一次，他接待几个没有见过面的同行客人，又是寒暄又是让座，非常热情。握手时，先伸向年轻的小姐，再握同行的其他客人。客人向他递名片，他忙着拿烟、倒水，一个劲儿地招呼对方"请坐、请坐"。接过客人递过的名片后，就随手塞到了口袋里，然后又忙着接待。"真不凑巧，我们经理临时有事刚走，您贵姓？"小王边点烟边问着。"姓杭!"客人不高兴地边回答边向外推着递上来的香烟，并向小王告辞。小王赶忙拉开办公室的大门，并主动伸手与客人告辞。客人神色不悦地走了，小王感到很愕然。

任务分析

学会准确运用称呼，掌握见面时的介绍礼仪、握手礼仪和名片礼仪是对客户留下良好印象的第一步，有时也会成为商务沟通成败的关键。

任务实施

步骤一　学会准确运用称谓

称谓是人们在日常交往应酬中所采用的彼此之间的称谓语。它表示人与人之间的关系，显示出一个人的修养，在某种程度上也反映了社会的风尚。
称谓总的要求是称谓得体、有礼有序、入乡随俗，并且要符合身份。

1．国内常用的称谓

（1）按职业称呼

直接以对方所从事的职业来称呼，如老师、医生、律师、会计等。也可以在职业前加上姓氏、姓名，如李老师、张会计、吴医生等。

（2）按职务称呼

按对方所担任的行政职务称呼，如部长、院长、主任等。也可以在职务前加上姓氏、姓名，如杨部长、方主任、李副院长等。

（3）按学位、职称称呼

按照对方所拥有的学位或职称称呼，如博士、教授等。也可以在学位、职称前加上姓氏、姓名，如周博士、方教授等。

（4）按性别称呼

这是一种泛尊称。一般，男性可尊称为"先生"，女性可尊称为"女士"。也可以在前面加上姓氏、姓名，如王先生、李女士等。已婚女士可称"夫人"，未婚女士可称"小姐"，成年女士在不明确其婚姻状况时一律称"女士"。

（5）按年龄、辈分称呼

将对方年龄与自己年龄作比较之后，按照大致辈分关系称呼对方为大爷、大妈、叔叔、阿姨、大姐、大哥、小朋友等。也可以在称呼前加姓氏、姓名，如王叔叔、赵大爷、张大姐、李飞小朋友等。需要注意的是，按年龄称呼对方时，会有一定的亲切感，但不够正式，因此，在工作场合，常用此种方法称呼服务对象，但不宜用来称呼同事、上级等。

（6）按姓名称呼

只以对方的姓氏或姓名称呼对方，一般只限于同事、熟人之间。有如下3种情况。

1）只呼其姓，但在姓之前加上"老""大""小"等前缀。

2）直呼其名，例如，直接称呼对方李小鹏、张明等。

3）只呼其名，通常限于同性别之间或上级称呼下级、长辈称呼晚辈，常用于亲友、同学、邻里之间。例如，称呼李小鹏为"小鹏"。此种称呼，也常将单字之名重叠使用，或在名前加"小"等前缀。例如，称呼张明为"明明"或"小明"。

2．使用称谓的注意事项

1）以绰号相称。在任何情况下，当面以绰号称呼他人都是不尊重对方的表现。

2）地域性称谓。有些称谓具有地域性特征，如"师傅""小鬼"等，不宜不分对象地滥用。

3）简化不当的称谓。在正式场合，有不少称谓不宜随意简化。例如，把"范局长"称为"范局"就显得不伦不类。

4）以生理特征相称。在工作中，特别在职场交往的时候，如果以生理特征相称是不尊重对方的表现，如"胖子""瘦子""瘸子""四眼"等。

5）称兄道弟。青年人称呼他人要慎用或不用"哥儿们""姐儿们"之类的称谓，以免给人以"团伙"之嫌。

总之，称谓的选择应根据不同的对象、不同的场合，以文明礼貌为原则。

项目8 商务礼仪

步骤二 掌握见面时的介绍礼仪

介绍是初次见面时陌生的双方开始交往的起点,通常给人第一印象而产生"首因效应",因此,必须慎重对待。

1. 自我介绍

(1) 自我介绍的形式

1) 应酬式。在公共场合或一般社交场合,自己不需要与对方深入交往,作自我介绍只是向对方表明自己的身份。这样的情况只需要介绍自己的姓名,如"您好,我叫张林"等。有时,也可以对自己姓名的写法作解释,如"我叫张林,弓长张,双木林"。

2) 工作式。主要适用于工作中,它是以工作为自我介绍的中心。应当包括自己的姓名、供职的单位及部门、担任的职务或从事的具体工作 3 项,通常缺一不可,如:"你好,我叫张林,是华中软件公司经理"。

示范举例如下。

"对不起,打扰一下,我叫张林,是华中软件公司经理。"

"很抱歉,可以打扰一下吗?我是张林。"

"两位好,请允许我自己介绍一下,我叫张林,弓长张,双木林。"

"女士们、先生们,你们好!对不起,我来晚了,我是张林,是华中软件公司经理,很高兴和大家在此见面,请多关照!"

(2) 自我介绍的注意事项

1) 注意时间。自我介绍一定要力求简洁,尽可能节省对方的时间。一般 30s 左右为佳,无特别需要最好不要超过 1min。

2) 掌握时机。应在对方有空闲、有兴趣或有要求时进行。

3) 讲究态度。举止庄重大方,表情应坦然、亲切,眼睛应看着对方和大家。

4) 力求真实。自我介绍应实事求是,真实可信,不可自吹自擂,夸大其词。

5) 注重顺序。自我介绍的顺序为职位高者与职位低者相识,职位低者先作自我介绍;男士与女士相识,男士先作自我介绍;年长者与年少者相识,年少者先作自我介绍;资历深者与资历浅者相识,资历浅者先作自我介绍。

2. 他人介绍

(1) 他人介绍的形式

1) 简介式。适用于一般的社交场合,其内容通常只有双方姓名一项,甚至可以只提双方姓氏。

2) 标准式。适用于正式场合,内容以双方的姓名、单位和职务等为主。

3) 强调式。适用于各种交际场合,其内容除被介绍者的姓名外,通常还会刻意强调其中某位被介绍者与介绍者之间的特殊关系,以便引起另一位被介绍者的重视。

示范举例如下。

"请让我来介绍一下,这是张先生。"

"王小姐,请允许我向您介绍一下,这位是张林,华中软件公司经理。"

"王小姐,我来介绍一下,这位是张先生,与黄先生是老乡,都是浙江人。"

(2) 他人介绍的注意事项

1) 要注意介绍人的身份。在商务交往中,介绍人应由公关礼仪人员、秘书担任;在社交场合,介绍人应由女主人或与被介绍双方都有交往的人担任。

2) 他人介绍的顺序。国际惯例是"尊者有优先知情权"。

3) 被介绍的双方在介绍完之后,应相互握手问好。他人介绍的顺序先将地位低者(集体)介绍给地位高者(集体),先将客人介绍给主人,先将年少者介绍给年长者,先将男士介绍给女士,把晚到的客人介绍给早到的客人,把客人介绍给父母,应先介绍给母亲。仅把个人介绍给集体,不向个人介绍集体的情况。

步骤三 掌握正确的握手礼仪

握手是最为普遍的一种表达见面、告别、祝贺、安慰和鼓励等感情的礼节。握手时的位置、用力的轻重、时间的长短以及是否用目光注视等,都可以反映出一个人的修养和态度。

1. 握手的种类

1) 支配式握手。与人握手时掌心向下握住对方的手。以这种方式握手的人想表达自己的优势、主动、傲慢或支配地位,一般不宜采用。

2) 谦恭式握手。用掌心向上与对方握手,表示自己谦恭、谨慎,对对方比较尊重。

3) 对等式握手。握手时,两人伸出的手心都不约而同地向着左方,表示自己不卑不亢,是一种较为常见的握手方式。

4) 双握式握手。在用右手紧握对方右手的同时,再用左手加握对方的手背、前臂、上臂或肩部。使用这种握手方式的人是在表达一种热情真挚、诚实可靠,显示自己对对方的信赖和友好。从手背开始,对对方的加握部位越高,其热情友好的程度也就越高。一般不适用于初识者或异性,因为它有可能被理解为讨好或失态。

5) 死鱼式握手。握手时,伸出一只毫无用力、毫无反应、不显示任何信息的手,给人的感觉就好像是握住一条三伏天腐烂的死鱼。给对方的感觉是缺乏诚意、怠慢无礼。

6) 捏手指式握手。有意或无意地只捏住对方的几个手指或手指尖部。女性与男性握手时,为了表示自己的矜持与稳重,常采取这种样式。

7) 拉臂式握手。将对方的手拉到自己的身边相握,且通常相握时间较长。这经常是社会地位较低者,特别是那些有较强自卑感的人在与社会地位较高者握手时采用的方式。这种人通常过分谦恭,在他人面前唯唯诺诺、轻视自我、缺乏主见与敢作敢为的精神。

8) 抠手心式握手。两手相握之后,不是很快松开,而是双手掌相互缓缓滑离,让手指在对方手心适当停留。

2. 握手的注意事项

1) 握手要遵循尊者先伸手的原则。握手顺序为男女之间,女士先伸手;主客之间,主人先伸手;告辞时,客人先伸手;长幼之间,年长的先伸手;上下级之间,上级先伸手;一人需与多人握手时,次序由尊而卑。

2) 握手时要注意神态。握手前,双方招呼或点头示意。握手时,应面带微笑,目视对方双眼并且致意,表现出关注、热情和友好之意。

3) 握手要把握力度。用力的大小应因人而异,把握好分寸,以不轻不重、适度为佳。

4) 握手要掌握好时间。正常情况下,握手的时间以 3s 为宜。

3．握手的禁忌

1）忌与异性用双手握手。

2）忌用左手握手。

3）忌交叉握手。

4）忌出手太慢。

5）忌在对方无意的情况下强行与其握手。

6）忌戴手套与他人握手，如果女士戴有装饰性的手套则可以不摘。

7）忌在手不干净时与他人握手。此时，可以礼貌地向对方说明情况并表示歉意。

8）忌握手后立刻用纸巾或手帕擦手。

9）忌在握手时戴着墨镜，患有眼疾或眼部有缺陷者例外。

10）忌在握手时将另外一只手插在口袋里。

11）忌在握手时长篇大论、点头哈腰、滥用热情，显得过分客套。

12）忌在握手时把对方的手拉过来、推过去，或者上下、左右抖个没完。

13）忌拒绝与对方握手。即便对方没有顾及礼仪次序，也要宽容地与对方握手。

步骤四　掌握正确的名片礼仪

"名片，名片，关系再现。"名片是人们用于交际或送给他人作纪念的一种介绍性媒介物，是一个人身份、地位的象征，是一个人尊严、价值的一种外显方式，也是使用者要求社会认同、获得社会理解与尊重的一种方式。

1．名片的用途

商务交往一般为商业名片，即为公司或企业进行业务活动中使用的名片，名片使用大多以营利为目的。商业名片常使用标志、注册商标、印有企业业务范围，大公司有统一的名片印刷格式，使用较高档纸张，名片没有私人家庭信息，主要用于商业活动。

2．名片的交换

（1）交换名片的时机

1）交谈开始前。

2）交谈融洽时。

3）握手告别时。

（2）递送名片

1）自己的名片应放在名片夹中，装在西服的内袋或公文包的外侧袋里，方便取出。

2）自己要递出的名片与收到的他人名片要尽量分开放置，以免使用时错拿他人的名片。

3）递出的名片应干净、平整，不可有皱折、破损、污渍，最好不要有涂改之处。

4）遵循"先客后主，先低后高"的原则，即地位低者先把名片递给地位高者，年轻者先把名片递给年老者，客人先把名片递给主人。

5）名片最好用双手郑重地递给对方。除非是对有"左手忌"的国家（如印度、缅甸、泰国、马来西亚、阿拉伯国家及印尼的许多地区，他们传统认为左手是肮脏的），来客要仅用右手递送名片。

6）递出名片时，应立正面向对方，双手执名片两角，要使文字的下面朝向对方，方便对方阅读。

7）双方同时递接名片时，应当用右手递出，左手接回。

8）有时向多人递送名片时，可按照"由尊而卑，由近而远"的顺序依次递送。不要"跳跃式"赠送，否则会给人以厚此薄彼之感。

9）用餐过程中，不要越过餐桌递送名片。

10）递上名片后，还应该说"初次见面，请多指教""非常高兴认识您""希望今后保持联络"。

（3）接收名片

1）接收他人的名片时要及时起立，态度谦敬地用双手接过来。还应该说"谢谢""非常高兴认识您"。

2）接收名片时需要表示感谢，并立即阅读以示尊重。

3）遇不懂之处可立即请教对方。如果有不认识的字，要立刻问清楚，以免日后念错对方姓名或单位名称等令对方不愉快。

4）阅读完毕可适当赞美，然后应将名片妥善收放。

5）接收他人名片后，需把自己的名片回赠对方。如果未带，则可以向对方解释。

6）无论是自己的名片还是他人的名片，都不要拿在手里随意摆弄，更不要不小心掉在地上或沾染污渍。

7）未经他人同意，不可在他人名片上随意书写。

3．索要名片的技巧

1）交易法。主动递上自己的名片，"将欲取之，必先与之"，如"吴经理，非常高兴认识您，这是我的名片，请您多指教"。

2）明示法。向对方（同年龄、同级别、同职位）提议交换名片，如"李经理，好久不见了，我们交换一下名片吧，这样联系更方便"。

3）谦恭法。询问对方（向长辈、领导或上级），如"汪老，您的报告对我启发很大，希望能有机会向您请教，以后怎样向您请教比较方便呢？"

4）暗示法。询问对方，如"今后如何与你联系？"

4．婉拒他人索取名片

1）名片的确发完，以道歉的态度承诺改日补上，如"抱歉，我的名片用完了，改日给你送去"。

2）不想递交，以道歉的态度婉转拒绝，如"对不起，我忘了带名片"。

讨论案例《小王为何愕然》，思考以下几个问题。

1）小王表现得很热情，可是为什么客人还是显得不高兴？

2）你认为小王这样对待客人送上的名片可以吗？为什么？

3）与他人握手时应注意哪些事项？

4）你认为小王应该怎样做才能留住客人？

项目 8　商务礼仪

 **触类旁通**

失误丢失了订单

B 公司新建的办公大楼需要添置一系列办公家具，价值数百万元。公司的总经理已作了决定，向 A 公司购买这批办公用具。

这天，A 公司的销售部负责人打电话来，要上门拜访这位总经理。总经理打算等对方来了就在订单上盖章，定下这笔生意。

不料对方比预定的时间提前了 2 个小时，原来对方听说这家公司的员工宿舍也要在近期内落成，希望员工宿舍需要的家具也能向 A 公司购买。为了谈这件事，销售负责人还带来了很多资料，摆满了台面。总经理没料到对方会提前到访，刚好又有事，便请秘书让对方等一会。这位销售员等了不到半小时，就开始不耐烦了，一边收拾起资料一边说："我还是改天再来拜访吧。"

这时，总经理发现对方在收拾资料准备离开时，将自己刚才递上的名片不小心掉在了地上，对方却并没发觉，走时还无意从名片上踩了过去。但这个不小心的失误，却令总经理改变了初衷，A 公司不仅没有机会与对方商谈员工宿舍的设备购买，连几乎到手的数百万元办公用具的生意也告吹了。

 **分析与思考**

分析案例《失误丢失了订单》中，销售员丢失订单的原因在哪里？

任务 3　商务沟通礼仪

 **任务要点**

关　键　词：拜访礼仪、洽谈会礼仪。
理论要点：拜访客户、组织好洽谈会作为沟通的一种方式，需要业务员具备良好的沟通技巧，更需要良好的沟通礼仪，否则将一事无成。
实践要点：加强拜访客户、洽谈会沟通礼仪训练，提升礼仪的素养。

 任务情境

乔·吉拉德的过失

乔·吉拉德向一位顾客销售汽车，交易过程十分顺利。当顾客正要掏钱付款时，另一位

229

销售人员跟吉拉德谈起昨天的篮球赛，吉拉德一边跟同伴津津有味地说笑，一边伸手去接车款，不料顾客却突然掉头而去，连车也不买了。吉拉德苦思冥想了一天，不明白顾客为什么对已经挑选好的汽车突然放弃了。夜里 11 点，他终于忍不住给顾客打了电话，询问顾客突然改变主意的理由。顾客不高兴地在电话中告诉他："今天下午付款时，我同您谈到了我们的小儿子，他刚考上密歇根大学，是我们家的骄傲，可是您一点也没听见，只跟您的同伴在谈篮球赛"。吉拉德明白了，这次生意失败的根本原因是自己没有认真倾听顾客谈起的自己最得意的儿子。

 **任务分析**

业务员如何拜访陌生客户，特别是拜访时要如何向对方巧妙询问以了解对方。业务员只有真正掌握了这方面的知识，并在实际工作中熟练应用，才能切实提高自己的业务水平和能力。洽谈会是传递商务信息、化解商务活动中的矛盾、达成双边或多边一致意见的一种沟通方式。成功拜访客户、组织好洽谈会均需要业务员有良好的沟通方式与沟通礼仪。

 任务实施

据统计，很多业务员在拜访陌生客户时成功率比预期低，甚至远远低于正常水平。其中最主要的原因就是没有注意沟通的方式，比如，询问的方式。有的可能因为拜访礼仪方面的问题致使拜访无法进行深入的交流。因此，在拜访客户前，业务员必须认真做好各项拜访前的准备，必须熟知拜访礼仪规范。

步骤一　做好拜访客户的准备

1. 销售人员在拜访客户前，应做好以下准备工作

1）掌握资源。了解公司的销售政策、价格政策和促销政策。当公司推出新产品时，更要了解新的销售政策和促销政策的详细内容，销售人员要了解新产品的特点、卖点是什么。不了解新的销售政策，就无法用新的政策吸引客户。不了解新产品，也就无法向客户推销新产品。

2）有明确的销售目标和计划。销售人员要为实现目标而工作。销售的准则就是制订销售计划，然后按照计划销售。销售人员每次拜访客户都要明白，自己拜访客户的目标是什么，如何做才能实现目标。

客户拜访目标分为销售目标和行政目标。销售目标包括要求老客户增加订货量或品种；向老客户推荐现有产品中尚未经营的产品、介绍新产品、要求新客户下订单等。行政目标包括收回账款、处理投诉、传达政策和感情建立等。

3）掌握专业推销技巧。掌握销售技巧，以专业的方法开展销售工作。

4）整理个人形象。销售人员要通过良好的个人形象向客户展示品牌形象和企业形象。

5）带全必备的销售工具。台湾企业界流传的一句话是"推销工具犹如侠士之剑"。凡是能促进销售的资料，销售人员都要带上。

调查表明，销售人员在拜访客户时，利用销售工具可以降低 50%的劳动成本，提高 10%

的成功率。销售工具包括产品说明书、企业宣传资料、名片、计算器、笔记本、钢笔、价格表、宣传品、样品、有关剪报、订货单和抹布等。

2. 开展行动反省

销售人员要将自己上次拜访客户的情况作反省,发现不足之处,及时改进。销售人员可分为两种类型,即做与不做的、认真做与不认真做的、工作完成后总结与不总结的、改进与不改进的、进步与不进步的。结果,前一类人成功了,后一类人失败了。

1) 上级指令是否按要求落实了。销售人员的职责就是执行、落实领导的指示。销售人员每次拜访客户前要检讨自己,"上次拜访客户时,是否完全落实领导的指示?哪些方面没有落实?今天如何落实?"

2) 未完成的任务是否跟踪处理了。

3) 客户承诺是否兑现了。一些销售人员常犯的错误是"乱许诺,不兑现"。朱熹说"轻诺必寡信"。销售人员一定要做到"慎许诺,多落实"。

4) 今后几天工作的计划、安排。今天拜访客户是昨天拜访客户的延续,又是明天拜访客户的起点。销售人员要做好路线规划,统一安排好工作,合理利用时间,提高拜访效率。

步骤二 掌握拜访客户的技巧

拜访客户、与客户面对面的访谈是营销人员工作中很重要的内容。如何搞好客情关系?对待不同的客户,要灵活运用不同的方法,接触客户时应该如何把握度?拜访客户时如何挖掘客户的需求?

1) 以准确的称呼、感恩的心态与客户相见。当营销人员敲开客户的大门拜访客户时,要准确地称呼对方,进行自我介绍并表示感谢,这样对客户留下了客气、礼貌的形象,更能赢得客户的好感。

2) 开场白、寒暄,表明拜访来意。开场白要尽量创造良好的第一印象。客户会带你进入合适的访谈场所,期间相互交换名片,营销人员拿出笔记本、公司相关资料等文件作访谈前的准备。此间,营销人员要迅速提出寒暄的话题,营造比较融洽、轻松的会谈氛围。寒暄的内容各种各样,此时寒暄的重点是迎合客户的兴趣和爱好,让客户进入角色,使对方产生好感。寒暄的目的是营造气氛,使客户接受自己,只要目的达到了,下一步工作也就容易开展了。

3) 陈述、介绍、询问和倾听。通过交谈使客户了解自己的公司及其产品和服务,在交谈中了解客户的现状和需求,尤其要询问客户目前的现状和潜在需求,避免客户的抵触情绪,想办法满足客户特定的利益。陈述时要注意,答话及时,不要太快,保持轻松、自然,多用日常用语,少用专用名词。陈述时还要注意,内容简单扼要,表达清晰易懂。陈述时切记不要夸夸其谈或过分卖弄文采,反而遭客户反感。

4) 总结、达到拜访目的。营销人员介绍了自己公司,了解了客户的现状和问题后,达到了目的,要主动对拜访结果进行总结并与客户确认,总结主要围绕潜在需求进行。

5) 道别,设定下次会见。与客户设定下次访谈时间是获得向客户进一步销售的承诺,此时要避免模糊的时间,要确定到具体时间,比如,下星期二还是下星期三。只有确定了进一步访谈的具体时间,才是真正获得客户的承诺,才能促进销售。

总之,决胜终端的战略思想的贯彻,要求营销人员在拜访前必须做好充分的准备,对拜访人士调查了解,预测客户可能提出的问题。只有进行充分的准备,才能在工作中应对自如。

拜访过程中要以客户为中心，俗语中的"围着客户转""让客户满意是我们的宗旨""在拜访过程中，营销人员要善于引导和控制客户的情绪并做到声色不露"就是销售技巧。在交流过程中不要与客户争辩，即使客户的观点是错误的，要记住"如果你争辩输了，那你就输了；如果你争辩赢了，你还是输了"。

步骤三　了解洽谈会的基本礼仪

洽谈会是传递商务信息、化解商务活动中的矛盾、达成双边或多边一致意见的一种沟通方式。一个成功的洽谈会，既要讲谋略，更要讲礼仪。

1. 洽谈会的礼仪性准备

安排或准备洽谈会时，应当注重自己的仪表，预备好洽谈的场所、布置好洽谈的座次，并且以此来显示对于洽谈的郑重其事和对洽谈对象的尊重。

洽谈会是单位和单位之间的交往，因此，应该表现的是敬业、职业、干练和效率的形象。在仪表上要有严格的要求，如男士不准蓬头垢面，不准留胡子或留大鬓角，女士应选择端庄、素雅的发型，化淡妆。时尚或超前的发型、染彩色头发、化艳妆或使用香气浓烈的化妆品都不可以。

因为洽谈会关系大局，所以，在这种场合应该穿着正统、简约、高雅和规范的最正式的礼仪服装。男士应穿深色三件套西装和白衬衫、打素色或条纹式领带、配深色袜子和黑色系带皮鞋。女士要穿深色西装套裙和白衬衫，配肉色长筒或连裤式丝袜和黑色高跟、半高跟皮鞋。

2. 洽谈会的座次安排

如果担任东道主安排洽谈，则一定要在各方面利用好礼仪这张"王牌"。在洽谈会的台前幕后，恰如其分地运用礼仪，迎送、款待、照顾对手都可以赢得信赖，获得理解和尊重。

在洽谈会上，不仅应当布置好洽谈厅的环境、预备好相关用品，而且应当特别重视礼仪性很强的座次问题。座次问题在举行正式洽谈会时，必须予以重视。只有小规模洽谈会或预备性洽谈会才可以不讲究。

举行双边洽谈时，应使用长桌或椭圆形桌子，宾主应分坐在桌子两侧。如果桌子横放，则面对正门的一方为上，属于客方。如果桌子竖放，则以进门的方向为准，右侧为上，属于客方。

在进行洽谈时，各方的主谈人员在自己一方居中而坐。其余人员应遵循"右高左低"的原则，依照职位的高低自近而远地分别在主谈人员的两侧就座。如果有翻译，则可以安排坐在主谈人员的右侧。

举行多边洽谈时，为了避免失礼，按照国际惯例，一般要以圆桌为洽谈桌来举行"圆桌会议"。这样，尊卑的界限就被淡化了。即便如此，在具体就座时仍然讲究各方的与会人员尽量同时入场同时就座。主方人员不要在客方人员之前就座。

步骤四　把握洽谈过程中的礼仪

在洽谈过程中，要注意尽可能创造出友好、轻松的洽谈环境，这样有利于商务洽谈的顺利进行。

1) 介绍要得体。作自我介绍时，要自然大方，不可显露傲慢之意。被介绍时，应起立微笑示意，可以礼貌地道"幸会""请多关照"等。双方介绍完毕，可选择双方共同感兴趣的话题进行交流，以便创造一个相对轻松的洽谈氛围。

2) 动作要得当。洽谈过程中的姿态动作要得当，目光注视对方时，应停留在对方双眼至前额的三角区域,表示关注对方,洽谈中的手势等肢体语言要自然,不宜乱打手势,造成轻浮的感觉,不可将双臂交叉,这样会显得傲慢无礼。

3)倾听要专注。商务洽谈与其他洽谈一样,不但要健谈,而且要善于倾听。倾听时要用心,要专注。高明谈判者不仅善于倾听,还善于在不显露表情的情形下,启发对方多说、详细地说。当对方有一种"言多有失"的警觉时,要尽力地掌握主动权。切忌不礼貌地打断对方的谈话,这会使对方产生强烈的反感,甚至使谈话无法顺利进行。

4)主题要明确。在进行商务洽谈时,主题要明确,不可随意乱谈。通常,在洽谈的实质性阶段,主要围绕报价、查询、磋商和处理冷场等主题。报价,要明确无误,恪守信用,不欺瞒对方,切忌报价不定,对方一旦接受价格,即不可更改。查询,事先要准备好有关问题,选择气氛和谐时提出,态度要开诚布公,切忌气氛比较冷淡时或紧张时查询,言辞不可过激或追问不休,以免引起对方反感甚至恼怒,但对原则性问题应当力争不让。对方查问时不宜随意打断,答完时要向解答者表示谢意。磋商,讨价还价事关双方利益,容易因情急而失礼,因此,更要注意保持风度,应心平气和,求大同存小异,不可因发生争执就怒气冲冲,甚至进行人身攻击或侮辱对方。处理冷场,此时主方要灵活处理,可以暂时转移话题,稍作松弛。如果确实无话可说,则应当机立断,暂时中止洽谈,不要让冷场持续时间过长。

步骤五　了解洽谈签约礼仪

通常,每项洽谈完成后,双方需要就洽谈的结果形成书面的文本,以便双方参照执行,即履行签约流程,重要事项需要举行签约仪式。在签约仪式上,双方参加洽谈的相关人员应该参加,共同进入会场,相互握手致意,一起入座。双方都应安排好助签人员,分立在各自代表签约人员外侧,其余人员排列在各自一方代表身后。助签人员要协助签约人员打开文本,用手指明签字位置。双方代表各自在己方的文本上签字,然后由助签人员互相交换文本,签约人员再在对方文本上签字。

签字完毕后,双方应同时起立,交换文本,并相互握手,祝贺合作成功。其他人员则应以热烈的掌声表示喜悦与祝贺。

 触类旁通

拜访流程设计

1)打招呼。

在客户(他)未开口之前,以亲切的音调向客户(他)打招呼问候,如"陈经理,早上好!"

2)自我介绍。

表明公司名称及自己姓名并将名片双手递上,在与(他)交换名片后,对客户会见自己表达谢意,如"这是我的名片,谢谢您能抽出时间让我见到您!"

3)破冰。

营造一个好的气氛,以拉近彼此之间的距离,缓和客户对陌生人来访的紧张情绪,如"陈经理,我是您部门的张工介绍来的,听他说,你是一个很随和的领导。"

4)开场白。

提出议程,陈述议程对客户的价值,约定时间,询问是否接受。如"陈经理,今天我是专门来向您了解你们公司对某产品的一些需求情况,通过知道你们明确的计划和需求后,我可以为你们提供更方便的服务,我们谈的时间大约只需要 5min,您看可以吗?"

5)巧妙运用询问术,让客户说。

① 设计好问题漏斗。通过询问客户达到探寻客户需求的真正目的,这是营销人员最基本的销售技巧。在询问客户时,问题面要采用由宽到窄的方式逐渐进行深度探寻。如"陈经理,您能不能介绍一下贵公司今年总体的商品销售趋势和情况?""贵公司在哪些方面有重点需求?""贵公司对某产品的需求情况,您能介绍一下吗?"

② 结合运用扩大询问法和限定询问法。采用扩大询问法,可以让客户自由地发挥,让他多说,从而了解更多情况。采用限定询问法,可以让客户始终不远离会谈的主题,限定客户回答问题的方向。在询问客户时,营销人员经常会犯的错误就是"封闭话题"。如"陈经理,贵公司的产品需求计划是如何报审的呢?"这就是一个扩大式的询问法。如"陈经理,像我们提交的一些供货计划是需要通过您的审批后才能在下面的部门去落实吗?"这是一个典型的限定询问法。营销人员千万不要采用封闭话题式的询问法来代替客户作答,以造成对话的中止,如"陈经理,你们每个月销售某产品大概是 6 万元,对吧?"

③ 对客户谈到的要点进行总结并确认。根据会谈过程中所记下的重点,对客户所谈到的内容进行简单总结,确保清楚、完整,并得到客户一致同意。如"陈经理,今天我跟你约定的时间已经到了,今天很高兴从您这里听到了这么多宝贵的信息,真的很感谢您!您今天所谈到的内容一是关于……二是关于……三是关于……,是这些,对吗?"

6)结束拜访时,约定下次拜访的内容和时间。

在结束初次拜访时,营销人员应该再次确认本次来访的主要目的是否达到,然后向客户叙述下次拜访的目的、约定下次拜访的时间。如"陈经理,今天很感谢您用这么长的时间给我提供了这么多宝贵的信息,根据你今天所谈到的内容,我将回去好好地做一个供货计划方案,然后再来向您汇报,我下周二上午将方案带过来让您审阅,您看可以吗?"

分析与思考

1)拜访客户要做好哪些准备?
2)拜访客户时要注意什么问题?

任务 4　商务活动礼仪

任务要点

关　键　词:会务安排礼仪、展览会礼仪、茶话会礼仪。
理论要点:"会务安排无小事,会务礼仪大如天",稍有疏忽就可能导致商务活动失败。
实践要点:把握会务礼仪规范,开展会务礼仪训练。

项目8 商务礼仪

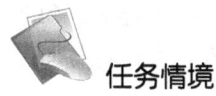 **任务情境**

一口痰的代价

某医疗设备厂准备引进"大输液管"生产线欲与美国客商约瑟先生合作。经过详细的考察,约瑟先生对企业的发展和管理很满意,他已经决定要与医疗设备厂长期合作。双方决定第2天正式签定协议。

医疗设备厂厂长请约瑟先生到车间参观。车间秩序井然有序,约瑟先生赞许地点着头。突然,厂长感到嗓子不适,本能地咳了一声,到车间的墙角吐了一口痰,然后连忙用鞋擦去,油漆地面留下了一片痰迹。

第2天一早,翻译送来了约瑟先生的信,信中写道:"尊敬的厂长先生,我十分佩服您的才智和精明,但是您在车间里吐痰的一幕使我彻夜难眠。恕我直言,一个厂长的卫生习惯可以反映一个工厂的管理素质,况且,我们今后生产的是用于治病的输液管。贵国的成语说得好,人命关天!请原谅我的不辞而别,否则上帝会惩罚我。"

 **任务分析**

商务活动涵盖内容很多,主要从会务安排礼仪、展览会礼仪和茶话会礼仪入手,研究分析会务活动礼仪规范,通过学习掌握会务礼仪规范,开展会务礼仪的训练,提高会务礼仪素养。

 任务实施

步骤一 掌握会务安排礼仪

会务安排事无巨细,必须认真仔细,通常要注意以下6个方面的礼仪。

1)要提前布置会场,对必用的音响、照明、空调、投影、摄像设备认真检查。将需用的文具和饮料预备齐全。凡属重要会议,在主席台每位就座者面前的桌子上,应事先摆放写有其姓名的桌签。

2)排列主席台座次,通常前排高于后排,中央高于两侧,左座高于右座。当领导同志人数为奇数,1号首长居中,2号首长排在1号首长左边,3号首长排右边,其他依次排列;当领导同志人数为偶数时,1号首长、2号首长同时居中,1号首长排在居中座位的左边,2号首长排右边,其他依次排列。听从席的座次,一是按指定区域统一就座,二是自由就座。

签字仪式,主人在左边,客人在右边。双方其他人数一般对等,按主客左右排列。合影时人员排序与主席台安排相同。

3)会场服务礼仪。要安排好与会者的招待工作,对于交通、膳宿、医疗和保卫等方面的具体工作,应精心、妥当地做好准备。在会场之外,应安排专人迎送、引导和陪同与会人员。对与会的年老体弱者要重点照顾。会议进行阶段,会议的组织者要进行例行服务工作。

4)与会者礼仪。无论参加哪一类会议,衣着整洁、举止大方都是必要的礼仪。与会者要准时到场，进出井然有序。在会议中，要认真听讲，切忌与人交头接耳、哈欠连天。每当发言精彩或结束时，都要鼓掌致意。中途离开会场要轻手轻脚，不影响他人。会议进行时禁止吸烟，应将手机关闭或调整到振动状态。

5）会议主持人要注重自身形象，衣着应整洁、大方，走向主席台时步伐稳健有力。如果是站立主持，则双腿应并拢，腰背挺直。持稿时，右手持稿的底中部，左手五指并拢自然下垂。双手持稿时，应与胸齐高。坐姿主持时，应身体挺直，双臂前伸，两手轻按于桌沿。主持过程中，要根据会议性质调节会议气氛，切忌出现各种不雅动作。在会议期间，主持人对会场中熟悉的人不能打招呼，更不能寒暄闲谈，会议开始前或休息时间可以点头、微笑致意。

6）会议发言。会议发言有正式发言和自由发言两种，前者一般是领导报告，后者一般是讨论发言。正式发言者，应注意自己的举止礼仪，走向主席台步态应自然、自信、有风度。发言时应口齿清晰，逻辑分明。如果是书面发言，则要时常抬头环视会场，不要只是埋头苦读。发言完毕，应对听者表示谢意。自由发言较为随意，但要讲究顺序、注意秩序，不能争抢发言。与他人有分歧，态度应平和，不要与人争论无休。如果有参加者提问，则发言人应礼貌作答，对不能回答的问题，应巧妙地回应，不能粗暴拒绝。

步骤二 了解展览会礼仪

展览会是商界有关方面为了介绍本单位的业绩、成果，推销其产品、技术或专利，以集中陈列实物、模型、文字、图表以及影像资料供人参观了解的形式，组织的宣传性聚会，也可称为展示会。

通常，展览会的组织者要做好的具体工作主要包括参展单位的确定、展览内容的宣传、展示位置的分配、安全保卫的事项和辅助服务的项目等。

1. 参展单位的确定

按照商务礼仪的要求，主办单位事先应以适当的方式对拟参展的单位发出正式的邀请或召集。邀请或召集参展单位的主要方式为刊登广告、寄发邀请函和召开新闻发布会等。不管是采用其中任何一种方式，均须同时将展览会的宗旨、展出的主要项目、参展单位的范围与条件、举办展览会的时间与地点、报名参展的具体时间与地点、咨询有关问题的联络方法、主办单位拟提供的辅助服务项目、参展单位所应负担的基本费用等，如实地告之参展单位，以便对方据此加以定夺。

当参展单位的正式名单确定之后，主办单位应及时以专函进行通知，以便让参展单位尽早做好参展准备。

2. 展览内容的宣传

为了引起社会各界对展览会的重视并且尽量地扩大其影响，主办单位有必要对其进行大力宣传。宣传的重点应当是展览的内容，即展览会上的展示陈列之物。因为只有它才能真正地吸引各界人士的注意和兴趣。

对展览会尤其是对展览内容所进行的宣传，主要可以采用下述8种方式。一是举办新闻发布会；二是邀请新闻界人士到场进行参观采访；三是发表有关展览会的新闻稿；四是公开刊发广告；五是张贴有关展览会的宣传画；六是在展览会现场散发宣传性材料和纪念品；七是在举办地悬挂彩旗、彩带或横幅；八是利用升空的彩色气球和飞艇进行宣传。以上 8 种方式，可以只择其一，亦可多种同时并用。在具体进行选择时，一定要量力行事，并且要严守法纪、注意安全。

为了做好宣传工作，在举办大型展览会时，主办单位应专门成立对外进行宣传的组织机构。其正式名称可以叫新闻组，也可以叫宣传办公室。

3. 参展位置的分配

对于展览会的组织者，展览现场的规划与布置通常是其重要职责之一。在布置展览现场时，基本的要求是展示陈列的各种展品要围绕既定的主题进行互为衬托的合理组合与搭配，要在整体上显得井然有序、浑然一体。

一般，所有参展单位都希望自己能够在展览会上拥有理想的位置。展品在展览会上进行展示陈列的具体位置称为展位。大凡理想的展位，除了收费合理之外应当面积适当、客流较多，处于展览会场中较为醒目之处，设施齐备，采光、水电的供给良好。

在一般情况下，展览会的组织者要想尽一切办法充分满足参展单位关于展位的合理要求。如果参展单位较多，并且对于较为理想的展位竞争较为激烈，则展览会的组织者可依照展览会的惯例采用下列方法之一对展位进行合理的分配。

方法一是对展位进行竞拍。由组织者根据展位的不同而制定不同的收费标准，然后组织一场拍卖会，由参展者在会上自由进行角逐，由出价高者拥有自己满意的展位。

方法二是对展位进行投标。即由参展单位依照组织者所公告的招标标准和具体条件自行报价，由组织者按照"就高不就低"的常规将展位分配给报价高者。

方法三是对展位进行抽签。即将展位编号，然后将号码写在纸签之上，由参展单位的代表在公证人员的监督之下每人各取一个，以此来确定其各自的具体展位。

方法四是按"先来后到"分配。所谓按照"先来后到"进行分配即以参展单位正式报名的先后为序，先报名者有权优先选择自己满意的展位。

不管采用上述何种方法，组织者均须事先将其广而告之，以便参展单位早作准备，尽量选到称心如意的展位。

4. 安全保卫的事项

无论展览会举办地的社会治安环境如何，组织者对于有关的安全保卫事项均应认真对待，以免由于事前考虑不周而产生麻烦或"大意失荆州"。

在举办展览会前必须依法履行常规的报批手续。此外，组织者还须主动将展览会的举办详情向当地公安部门进行通报求得其理解、支持与配合。

举办规模较大的展览会时，最好从合法的保卫公司聘请一定数量的保安人员，将展览会的保安工作全权交予对方负责。

为了预防天灾人祸等不测事件的发生，应向声誉良好的保险公司进行数额合理的投保，以便利用社会的力量为自己分忧。

在展览会入口处或展览会的门券上，应将参观的具体注意事项正式成文列出，使观众心中有数，以减少纠葛。

展览会组织单位的全体工作人员均应自觉树立良好的防损、防盗、防火和防水等安全意识，为展览会的平安进行竭尽一己之力。

按照常规,有关安全保卫的事项必要时最好由有关各方正式签订合约或协议,并且经过公证。这样,一旦发生事故,可以明确责任。

5. 辅助的服务项目

主办单位作为展览会的组织者,有义务为参展单位提供一切必要的辅助性服务项目。否则,不仅会影响自己的声誉,而且还会授人以柄。

由展览会的组织者为参展单位提供的各项辅助性服务项目宜事先说明,并且对有关费用的支付进行详尽的说明。

为参展单位所提供的辅助性服务项目通常主要包括下述各项。1)展品的运输与安装;2)车、船、机票的订购;3)与海关、商检和防疫部门的协调;4)跨国参展时有关证件、证明的办理;5)电话、传真、计算机和复印机等现代化的通信联络设备;6)举行洽谈会、发布会等商务会议或休息时所使用的适当场所;7)餐饮以及有关展览时使用的零配件的提供;8)供参展单位选用的礼仪、讲解和推销人员等。

步骤三 了解茶话会礼仪

茶话会是社交色彩最浓的一种,它是为了联络老朋友、结交新朋友的具有对外联络和招待性质的社交性集会。参加者可以不拘形式地自由发言,并且备有茶点。茶话会一般不排座次,或者座次安排不会过于明显。可以自由活动,与会者不用签到。

茶话会的主题可以分为三类,即联谊、娱乐和专题。以联谊为主题的茶话会最多;以娱乐为主题的茶话会一般为了活跃气氛安排一些文娱节目,并以此作为茶话会的主要内容,以现场的自由参加与即兴表演为主;专题茶话会是在某个特定的时刻或为某些专门问题而召开的茶话会,以听取某些专业人士的见解或是和某些与本单位有特定关系的人士进行对话。

1. 围绕主题邀宾客

主办单位在筹办茶话会时必须围绕主题邀请来宾,尤其是确定好主要的与会者。来宾可以是本单位的顾问、社会知名人士和合作伙伴等各方面人士。茶话会的来宾名单一经确定,应立即以请柬的形式向对方提出正式邀请。根据惯例,茶话会的请柬应在举办日的 15 日之前被送达或寄达被邀请者,被邀请者可以不必答复。

2. 时空选择要恰当

时间与空间的合理选择是茶话会取得成功的重要条件。辞旧迎新、周年庆典、重大决策前后和遭遇危难挫折时都是召开茶话会的良机。

根据惯例,举行茶话会的最佳时间是下午 4 点左右。有些时候,也可以安排在上午 10 点左右。在具体进行操作时,也不用墨守成规,应该以与会者特别是主要与会者的方便与否以及当地人的生活习惯为准。茶话会通常是可长可短的,关键是要根据现场有多少人发言、发言是否踊跃决定。如果把时间限制在 1~2h 之内,则其效果通常会更好。

适合举行茶话会的场地主要有主办单位的会议厅、宾馆的多功能厅、主办单位负责人的私家客厅、主办单位负责人的私家庭院或露天花园和包场高档的营业性茶楼或茶室。餐厅、歌厅和酒吧等地点不适合举办茶话会。

3. 茶点准备要精细

茶话会不上主食,不安排品酒,只提供茶点。茶话会是重"说"不重"吃"的,没有必要在吃的方面下过多工夫。

在茶话会上，为与会者所提供的茶点应当被定位为配角。对于用来待客的茶叶、茶具务必要精心准备。应尽量挑选上品，不要滥竽充数。还要注意照顾与会者的不同口味，如使用绿茶、花茶还是红茶。

除主要供应茶水外，在茶话会上还可以为与会者略备一些点心、水果或地方风味小吃。需要注意的是，在茶话会上向与会者所供应的点心、水果或地方风味小吃，品种要适合、数量要充足，并要方便拿取，同时还要配上擦手巾。

4．座次安排较随意

茶话会与会者座次安排较为随意，可以采取以下办法。

1）环绕式。即不设立主席台，把座椅、沙发和茶几摆放在会场的四周，不明确座次的具体尊卑，而听任与会者在入场后自由就座。这一安排座次的方式与茶话会的主题最相符，也最流行。

2）散座式。散座式排位常见于在室外举行的茶话会。它的座椅、沙发和茶几四处自由地组合，甚至可由与会者根据个人要求而随意安置。这样就容易创造出一种宽松、惬意的社交环境。

3）圆桌式。圆桌式排位即在会场上摆放圆桌，请与会者在周围自由就座。圆桌式排位又分以下两种形式，一是适合人数较少的，仅在会场中央安放一张大型的椭圆形会议桌，请全体与会者在周围就座；二是在会场上安放数张圆桌，请与会者自由组合。

4）主席式。在茶话会上，这种排位是在会场中主持人、主人和主宾被有意识地安排在一起就座，并且按照常规就座。

5．基本议程要讲清

第一项，主持人宣布茶话会开始。宣布开始前，主持人要请与会者各就各位。宣布开始后，主持人可对主要与会者略加介绍。

第二项，主办单位的主要负责人讲话。其讲话应以阐明这次茶话会的主题为中心内容，还可以代表主办单位对全体与会者表示欢迎和感谢，并且恳请大家一如既往地理解和支持。

第三项，与会者发言。这些发言在任何情况下都是茶话会的重心。为了确保与会者在发言中直言不讳、畅所欲言，通常，主办单位事先不对发言者进行指定和排序，也不限制发言的具体时间，而是提倡与会者自由地进行即兴式的发言。一个人还可以多次发言，以不断补充、完善自己的见解和主张。

第四项，主持人总结。主持人略作总结后，可以宣布茶话会结束。

6．现场发言要踊跃

现场发言在茶话会中举足轻重。茶话会假如没有人踊跃发言或者与会者的发言严重脱题，都会导致茶话会的最终失败。

茶话会中，主持人更重要的作用是在现场上审时度势、因势利导地引导与会者的发言，并且控制会议的全局。大家争相发言时，主持人决定先后。没有人发言时，主持人引出新的话题或者恳请某位与会者发言。会场发生争执时，主持人要出面劝阻。在每位与会者发言前，主持人可以对发言者略作介绍。在与会者发言的前后，主持人要带头鼓掌致意。

与会者在茶话会中的发言以及表现等必须得体。在要求发言时可以举手示意，但也要注意谦让，不要争抢；不管自己有什么见解，都不要打断别人的发言。肯定成绩时，要力戒阿谀奉承。提出批评时，不能讽刺挖苦。切忌当场表示不满，甚至私下进行人身攻击。

触类旁通

会务接待工作内容

1. 会议报到之前的工作

1）与会议主办单位确认会议的报到日期、会议名称、会议用标牌、到会的大致人数、使用会议室的日期和会议室摆设方式、会务组工作人员、到达日期（确认航班或车次）、会务组的会议要求（会议主办单位内容，到会讲课老师的安排和待遇、接送问题、酒店住宿安排、讲课的时间、有关会议安排的细节问题、会后考察的具体行程安排）。同时提供所掌握的酒店情况，在推荐酒店的过程中需要注意选择的酒店价格应该在符合会议要求的范围内。

2）在上述情况落实后尽快将所选酒店订妥（房间、餐标、会议室价格按天计算、酒店位置），落实在会议报到日期接站所用的车辆和联系方式（需根据报到人数安排相应接站用车）。落实会后考察行程的用车、导游、火车票、飞机票、地接社（只是提前进行大致预订）。落实会议场地要求、地点、容纳人数。

3）在酒店预订完毕后，将酒店的情况以书面的形式将传真件发送至主办方，尤其是将酒店的具体准确位置和从机场或火车站出发到达酒店的乘车（公交车）方式告知会议主办方。同时，可以再次与会议主办方确认会议报到人数和日程安排有无变化或更改。

4）在第3）项工作完毕后可以向行程用车单位或个人、导游、机车票、地接社作出相对准确的答复，以便对方作出相应的安排和接会准备。

5）准备会议所用相关用具、会议所在酒店或团队车辆使用的各类标志、签到登记的表格、文具用品、学习资料袋（包括笔记本、笔和文件袋）、预订返程交通所用表格和车次时刻表、相应的返程交通价格表、会后考察的纪念品（礼品）、座签牌。同时，通知会议所用酒店此次会议的名称和对于提前到达的人员如何安排住宿。

6）通知酒店，会务工作人员需要提前一天（也可以根据到会人员的情况而定）进驻酒店并准备会务组用房。通知接站所用的车辆并确认司机的联系电话、车型及接站人员以及会议所在酒店和会务组房间号。与会议主办方联系告知会务工作人员参会人员已经入住酒店。在入住酒店后须将会议的名称和报到地点、乘车方式、酒店联系电话、会务组所在房间通知办公室职守人员。

2. 会议报到前准备工作

1）入住酒店的工作人员须将会务组房间布置好以便会议报到时使用；与酒店各个相关部门协调好会议细节问题（如，会议用布标、标牌、会议室和餐厅的情况）；将会务组标志张贴在容易看到的地方。

2）详细了解本会议所用场所的位置（如，餐厅、会议室、会务组老师和讲课老师所用的房间）。

3）相关会议使用设备的准备情况（如，会场布置情况和多媒体投影仪）。

3. 会议期间的工作

1）会议在报到期间最重要的是收费。在收费过程中必须细致、准确、书面登记。收费过程中必须严格按程序操作，确定人员情况，根据情况计算应交费用，填写收费收据，收款，将收据撕下交于缴费者，填写报到表。

2）在出现收费后、收据已开出的情况下，客人行程出现变化必须在原收据的基础上进行加注或更改，更改后的内容必须有客人签字和日期。

4．会议期间注意问题

1）会务组必须始终保持整洁、干净和安静的环境。
2）会务组所用的书面文件需保存完好。
3）会务款的支出或相互来往必须以书面形式体现，相互出具凭证。
4）会务款必须保管好，做到每天进行清点，保险安全地寄存。

练一练

策划一个新产品发布会，拟订发布会的会务安排。

学习成果展示

1．展示方式

模拟商务洽谈。单号学习小组与双号学习小组抽签组对，根据老师指定的内容进行准备。

2．展示内容

1）商务会面时介绍、握手、互换名片和座位安排等。
2）活动过程中的站姿、坐姿和走姿。
3）商务谈判技巧的运用。

3．学习评价

（1）组内成员相互评价

组别_____项目_____

成员	学习参与情况		成果贡献率		得 分
	积极（5分）	一般（3分）	大（5分）	小（3分）	
成员1					
成员2					
成员3					
成员4					

（2）学习组相互评价

组别_____项目_____

学习组	展示内容		表现效果		得 分
	好（5分）	一般（3分）	好（5分）	一般（3分）	
小组1					
小组2					
小组3					
……					
小组N					

参 考 文 献

[1] 徐国庆．职业教育项目课程开发指南[M]．上海：华东师范大学出版社，2009．
[2] 高红梅．推销实训教程[M]．北京：清华大学出版社，2010．
[3] 赵志群．职业教育与培训学习新概念[M]．北京：科学出版社，2003．
[4] 汪志祥．商贸实务[M]．北京：高等教育出版社，2000．
[5] 杨再春，陈方丽．商务礼仪实训教程[M]．北京：清华大学出版社，2010．
[6] 刘必荣．中国式商务谈判[M]．北京：北京大学出版社，2011．
[7] 张建华．市场营销策划[M]．北京：中国人民大学出版社，2010．
[8] 杨晶．商务谈判[M]．北京：清华大学出版社，2006．
[9] 彭石普．商品推销能力教程[M]．北京：北京邮电大学出版社，2009．
[10] 崔玉华．实用推销技巧——学习与训练[M]．上海：上海财经大学出版社，2008．